初回面接入門
心理力動フォーミュレーション

著 妙木 浩之

岩崎学術出版社

目　次

序　章　はじめて出会うとき　*1*

　　　　はじめに　*1*
　　　　心のより所　*8*
　　　　ホームのパラドックス　*11*
　　　　迫害的な対象　*15*
　　　　スリルと退行　*19*

第１章　最初の出会い：場を設ける　*25*

　　　　前提となる文脈　*25*
　　　　予約（電話）を受ける　*29*
　　　　出会いの前提：構造と設定　*33*

第２章　治療同盟を作る　*38*

　　　　連れてこられる人たちが多い　*38*
　　　　作業同盟への道　*42*
　　　　よく分からないものへの驚き　*46*

第３章　不安への対処：足場を作る　*49*

　　　　不安を読み取る　*49*
　　　　構造を設定する：面接の場所　*56*
　　　　セラピストの姿勢　*62*
　　　　合意形成の確認　*68*

第4章　治療様式を選択する　75
　　　　偶然の出会いから体系的な選択をする　75
　　　　パーソナリティと症状　78
　　　　内省と交流　82
　　　　分析可能性を探す　92

第5章　仮の宿：抵抗，転移，逆転移の話　99
　　　　語りにくいことや語られざること　99
　　　　抵抗＝防衛が常に働いていると見なす　103
　　　　出会いの新鮮さ：転移の出現　107
　　　　ある程度まとまった物語になっていく　111
　　　　セラピストの「独り言」　118
　　　　査定（アセスメント）という芸　123

第6章　失われた居場所：緊急対応　128
　　　　緊急対応の場合　128
　　　　居場所の喪失と崩壊　137

第7章　心理力動ケースフォーミュレーション　142
　　　　初回面接の到達点　142
　　　　フォーミュレーションのための心理テスト　146
　　　　無意識を浮き彫りにする読解方法　150
　　　　実際のやりとりから　153
　　　　再びホームへ：ウィニコットの実例から　173

終　章　now/here　今ここでの／どこでもない場所　185
　　　　心は細部に宿る　185
　　　　終わりを有効に使う　188

参考文献　195
索　引　207

序章　はじめて出会うとき

はじめに

　本書は心理療法の初回面接，そしてそこで行われる力動フォーミュレーションと一般に呼ばれる手続きを主に取り扱っています。心理療法というのは狭くは治療法ですが，同時に，ある特定のコミュニケーションの方法とみなすこともできます。つまり問題を抱えている人，悩んでいる人，そして病んでいる人とどのようにコミュニケーションするかという意識から発展した技術です。そこではどうやって病んでいる人たちに接して，彼らと共同作業していくかというプロセスについての配慮が働いています。

　初対面という言葉があるように，人とどう出会うか，最初の出会いが，きわめて重要であることは間違いありません。初回はその後の出会いをかなり左右します。入り口で「場を設ける」ということです。その場合，「居場所」「より所」「文脈」がキーワードになります。心は単体では存在しない，というのは精神分析家ドナルド・ウッズ・ウィニコットの「居場所」や抱える環境論の発想ですが，文脈という言葉のほうが私にはフィットしますので，多くの場合，こちらを使わせていただきます。最初に良い文脈を構成できると，つまり初回面接が順調に始まると，心理療法はその人の心のより所になったり，居場所になったりします。つまり，この3つの概念は連続しているのです。

　最初に表記についてお話ししておきたいと思います。心理療法は，精神科医療場面では精神療法と呼ばれて，治療者は医師，対象者を患者としてきた

歴史があります。心理療法やカウンセリングあるいは精神療法は，似たようなことをしていても，人によって使う言葉が違います。分析的な治療でも，厳密に言えば週4回以上を精神分析，週1回程度を精神分析的心理療法と区別できますが，その使い方を守っている人もいれば，二つを漠然と精神分析と呼んでいる人もいます。また医療場面では患者，心理や司法領域ではクライアントという言葉がよく使われます。心理職においては，心理療法やカウンセリングが使われて，対象者にはクライアントという言葉が好まれます。患者という言葉は医療の専売特許になっているのかもしれません。でも私は心理職ですが，「患者」，つまり患い，困っている人という言葉もなかなか捨てがたく思っています。ですから私は，それほど表記にこだわってはいませんが，本書では「クライアント」という，語源的に「お客さん」「頼る人」という意味に近縁の言葉ではなく，「患者」を使わせてもらいました。英語の patient という，「受苦」「我慢している」といった意味に近いこの日本語は，苦しんでいる人の主観的な実情を反映している良い言葉だと思います。そしてそれに対応する「セラピスト」を，治療の技術者，援助者という意味で使いたいと思います。また文脈によっては，専門家，心理療法家という言葉も使いました。読みづらいかもしれませんが，少し我慢してください。

　治療を導入する場合に患者とセラピスト双方に必要なのは，同盟関係をつくっていくことです。コラボレーションのなかで，ともに治療の戦略と技法の選択をしていくことです。現代のセラピストに共通していることですが，私たちはそうしたコラボレーションのなかで治療（作業）を組み立てていくことに細心の注意を払います。どんな人も最初から心理療法や精神分析のことを詳しく知っているわけではないので，それをどうやって説明して導入するか，しかも動機の低い患者とその「場」を作っていくのかということは，私たちが治療を構成するうえで土台となります。

　精神分析が登場してから100年ほどですが，今日までさまざまな治療技法が開発されてきました。行動療法をはじめ，うつ状態に対する認知療法，あるいは境界性パーソナリティ障害に対する弁証法的行動療法，心的外傷に特化したEMDR（眼球運動による脱感作と再処理）などの技法は，特定の症状や疾患を治療するにはきわめてすぐれたエヴィデンスを残しています。患者をクライアントと見なす場合，治療を最初に説明するときに，そうした治

療技法の存在を知らせて，インフォームド・コンセントをとる作業は，ますますその重要性を増しています。もちろん患者によっては，社会的，経済的な資源の問題からそうした治療にアクセスできない人もいますし，そうした治療よりも話を聞いてもらいたいというニードの人もいます。精神分析家のウィニコットが，子どもの患者に「在宅での治療」として1回から2回で治療的なコンサルテーションをしていたのは有名です（その一部は『小児医学から精神分析へ』〔Winnicott, D. W. 1958〕，『子どもの治療相談』〔1971b〕に収録されています）。どんな臨床場面でも，治療資源にアクセスできない事例が多くあるのは確かですし，その場でできる限りのものを提供しようとするのが，臨床家の仕事です。本書では，患者のもつ資源とニードにどのようにセラピストが応えていくのか，その体系的な方法についても考えてみたいと思います。

　私は，基本的に週4回以上の精神分析から月に1回程度のコンサルテーションまで，さまざまな治療技法を提供できる立場にいて痛切に感じているのですが，さまざまな場面で体系的に治療技法を提供する方法を持っておくことは，多様な臨床場面で働いている心理療法家や精神科医の助けになるでしょう。その場合，心理療法に訪れた患者が，どのような状況であれ，次第に打ち解けて，その場をより所として治療していく，その場が仮の居場所のように感じられてくることが大切です。

　本書では，そうやって心理療法の時間と空間が次第に患者の「より所」「心の居場所」になっていき，そして治療が提供されるまでの道筋や手法を示したいと思います。力動フォーミュレーションというのは，その暫定的な到達地点，「取り付く島」です。最初に，「居場所」あるいは「拠（寄）り所」という言葉についてお話しして，最終的にはその島に到達するように，論を進めていきましょう。

　ウィニコットや北山修の言う「居場所」は，心理療法を比較的長く行っている間に，患者が自分のより所としているような物や場として，治療空間を使うようになる，そんな場のことを指しています。私は精神分析や臨床心理学を専門にしていて，日常的に心理療法という作業を通して，問題や悩みをもって訪れる人たちとの相談，治療を行っています。そして実際のところ，悩んでいる人や問題を抱えて困惑している人，混乱している人が，世界を危

機的に感じたり思ったりする背景にあるのは，この「居場所」「より所」感覚の喪失なのです。そうした失った感覚をいかに取り戻すか，あるいは取り戻すめどをつけるかが，心の治療の非常に大切な第一歩です。けれどもそれは言葉でいうほど簡単ではありません。

　自分の居場所やより所がいったいどこにあるのかと言えば，みな少しばかり困ってしまうのではないでしょうか？　ひとつの事例を話しましょう。ある主婦が，私の勤めている心理療法クリニックに，ひどいうつ状態で来所しました。彼女はほとんど家事が手につかない状態で，数年前から精神科で投薬を受けてきました。今日，優秀な向精神薬が開発されてきたおかげで，うつ状態には一般に投薬治療が非常に有効だと言われていますし，確かにひどいうつ状態は薬によって一時的には軽快します。でも彼女の場合，しばらくするとうつうつとした気分になりはじめて，またひどいうつ状態が訪れるということが繰り返され，なかなかうつ状態から晴れる日がないのだそうです。そんななかで精神分析という言葉を聞いて興味を持ち，クリニックの門をたたいたというわけです。聞いてみると，うつになったきっかけは，子どもの父母会で近所のお母さんと仲たがいをしてしまい，いがみ合うように口を利かなくなって，相手を殺してしまいたいと思うほど憎んでいたのですが，その頃にちょうど同居していた義理の母親が亡くなって，忙しくしているときに，身体が動かなくなったことらしいのです。

　心理療法では，私は何回かお会いしてから今後の方針を決めることにしているため，数回お会いしているうちに，うつ状態がちっとも軽快しない理由が大まかに分かってきました。彼女は結婚して8年目で，今度小学生になるお子さんがひとりいます。ところがこのお子さんが不登校でなかなか学校に行きたがりません。もともと結婚してすぐに義理の母親と同居することになったのですが，姑は嫁である彼女には厳しいのに，孫のことは甘やかしぎみでした。彼女は不満はあったのですが，また厳しく当たられるのが嫌で口を出しませんでした。そのため子どもを自分なりに育てた気がしておらず，今の不登校の原因は，姑が甘やかしたせいだと思っています。事実，息子は好き嫌いが激しくわがままで，わが子ながら，あまり好きになれなかったのでした。姑は彼女と夫の結婚には内心反対であり，彼女が仕事をやめて同居で家に入ることを結婚の条件にしましたが，一緒に暮らしはじめてから「でき

ないことをいちいち指摘されて，いじめられてばかりだ」という印象でした。でも簡単に離婚はできないと思ってきましたし，遠方の実家に話をしても家庭というのはそういうものだと取り合ってくれませんでした。ご主人は仕事が忙しくてなかなか家庭におらず，母親との関係は良かったので，なぜ嫁と姑が仲たがいするのか理解できないようで，彼女の味方をすることなどありませんでした。彼女の居場所は徐々に狭くなっていき，それは親子の間にも，夫婦の間にも，ましてやこの家の伝統のなかにもなくなっていきました。同居している姑との関係は，もうどうにもならなくなっていたらしいのです。でも彼女にとっては「家」が大切で，離婚してもどこにも行く場所がないと思っていました。その矢先に，子どもの父母会での問題です。彼女にとって家庭は心のより所でなくなっていましたから，数少ない居場所としてPTAがあったのです。その仲間の間でつまらないことから村八分にあってしまいました。自分は理解されていないという気持ちと，仲たがいとのダブルパンチです。「自分はどうしてこんなに不幸なのか」「きっと自分はだめだ」「もう生きていたくない」そんなことばかりを考えるようになり，もうかなり心が煮詰まっていた状態だったのです。そんな頃に姑が亡くなって，その忙しさのなかにたがが外れたのでしょう。うつ状態，無為状態になったのです。こうしたひとつの引き金でうつ状態になることはよくあります。

　彼女はうつ状態によってはじめて，自分が陥っている悪循環を外に訴えられたという言い方もできます。そして心理療法と出会えたとも言えます。世のなかには，うつ状態を薬で抑えながら，ちっとも心が晴れない日常を送っている人は多いので，心理療法と出会えたことは，新しい転機でした。彼女には長い間，より所となるものがなかったのです。結婚して失った仕事，結婚して陥った姑との関係，姑がいるからこそ歪んでしまった息子との関係，なんら援助をしてくれない夫との関係，そして友人関係のいざこざのどれもが，自分のより所としていたものを失わせるに十分でした。抗うつ剤は一時的に気分を高揚させてくれて元気になるのですが，八方ふさがり状態は何ら解決していませんでした。唯一，うつ状態の背景にある，姑から「いじめられている」という環境は，姑の死によって排除されていますが，それら悪循環を作り上げてきた記憶は，「もうお姑さんはいないのだから」という言葉だけでなくなってしまうようなものではありませんし，実際に息子さんの不

登校，夫の理解のない態度，そして友人との不仲は，今も姑の遺産，というよりも現行のシステムとして続いていたのです。彼女は自分のより所とするものを失ったまま，自分に居場所がないと感じていたのです。

では彼女はどうすれば，この八方ふさがりの状態から脱出できるのでしょうか。薬で元気になってくれば自然と対応する力がわいてくる，というのはあまりに楽観的すぎます。ですから彼女が精神科的な投薬治療以上のものを求めて心理療法にやってきたのは正解です。でも，どうしたら彼女のうつ状態は本当に軽快するのでしょうか。いくつか読者が考えそうなことを挙げてみましょう。

1. 自分で子どもを育てたという感覚がないのが問題だから，不登校になっている息子との関係をどうにかすればよいのではないか。

なるほど，そんな気もします。かわいいと思えない息子が，亡くなった姑の亡霊であるかのようにして，わがままで甘えん坊になって不登校を起こしていることが，目の前の重荷であることは確かです。でも，これがなくなれば負担が減るかというと，残念ながら実際にはそんなに簡単なことではないように思います。確かに息子を重荷に感じるためにうつ状態になっているという発想は当を得ているかもしれませんし，息子が変化すれば，気分を少しばかり晴らすにはよいかもしれません。実際悩みの種はないにこしたことはないのです。でも，夫との間に「私は彼から理解されていない」という思いがある限りは，夫と自分の間にできた子どもをかわいいと思うのは難しいでしょう。それに姑への恨みがある限り，息子の一挙手一投足に姑の遺産を発見することは不登校でなくてもできます。現実に彼女は，わがままな息子が食事のときにする，自分の好きなものが好きなときに出てくると思っているようなふるまいを見るたびに，息子ではなくて姑に対する不快感が再現されるのだそうです。ですから息子との関係が解消しても，姑や夫に対する解消されない気持ちの行き場はないでしょう。とすれば，

2. 自分の味方でもないし理解者でもないと思っている夫との関係を，よりよいものにしていけばよいのではないか。

確かに，彼女は夫が苦しいときに支えてくれなかったために姑への恨みを募らせてきたわけですし，夫婦関係さえしっかりしていれば，姑のつらい仕打ちに対して，自分の居場所を見出せたのではと思います。でももう時間が

戻るわけではないのです。息子の件にしても，夫の件にしても，大切なときに大切な関係を失ってしまった事実は消えません。すでに姑が亡くなっている限りは，彼女にその償いをしてくれる人はいませんし，そのため，自分が守られていないという感覚，理解されていないという感覚を，夫婦療法だけで修正できると考えるのはあまりに楽観的すぎます。もちろん可能性はありますが，うつ状態を完全に晴らすものではありません。それにうつ状態のもう一つの引き金である，PTAでの仲たがいによって世界が狭くなってしまった現実があり，そのなかで，夫があまり家にいないことを考えても，夫婦関係を取り扱っただけでは望み薄です。ならば，

3. 心のより所としてきた友人関係を修正して，もう一度自分が一緒にいて楽しいと思えるような場にPTAがなればよいのではないか。

　そうですね。これもあり得ます。これを社会資源の活用と言います。世のなかの人間関係を精神的な病を癒すために使うという意味です。でもうつ状態の契機が単にPTAでの仲たがいというより，姑の葬儀にあることは意味深いという気がします。それにPTAにしろ自治会にしろ，こうした仲たがいやいがみ合いは日常茶飯事です。そんなことに一喜一憂してうつ状態になっているのだとすると，彼女はやはり何年かすれば，同じ状態を繰り返すように思います。他人は本来，人が依拠する場所ではないのです。そして何よりもPTAはいつか解消されるものです。子どもが中学校に入れば中学校のPTA，高校に入れば高校のPTAと，所属の変化によって集団構成は変化しますし，子どもとの関係が変化すれば，その親御さんとの関係も変化します。その意味で，PTAの仲間はより所としてはいかにも薄弱という感じがします。

　さて，どうでしょうか。どれを考えてもすっきりしません。ということは，彼女のうつ状態がすっきりしないのと似ています。つまり彼女はこうしたことをきっと彼女なりに考えているのですが，彼女自身でどうにかしようとしても，気づいている範囲ではどうもうまくいかないのです。どの選択肢も，タイムマシンで時間を遡行して関係を一からやり直せれば彼女は軽快するかもしれません，という話で，はじめからうつ状態にならない可能性を探るという話です。でも，過ぎてしまったこと，体験してしまったことは変えられないのです。重要でもこだわっていない記憶はあっという間に消えてしまう

のに，忘れたいのにこだわっている記憶はなかなか消えません。ただ可能性として書き換えられるだけです。こうして，心の悪循環の結果として生じたデッドエンド，袋小路から，私たちがなかなか抜け出せないことはお分かりいただけるでしょうか。

　彼女が失ったものは，まさに「心の居場所」「より所」です。それは，それがあるときには，たいしたものとは思えないらしいのです。人は，夫婦，家庭，嫁姑，親子，そういった関係や場を，自分は健康で幸せだと思っている限り，当たり前のように思っています。でもいったん失ってしまうと，物理的な，あるいは関係調整のような現実的な形での修正はなかなかできないのです。それは，一度失った信用は，以前と同じ状態になったからといって回復するわけではないということです。ゆがんだ釘をもう一度まっすぐにして打ち直すのが難しいように，いったん進行してしまった時間は逆戻りできません。そのときに，自分の在り処，根拠，居場所が問われることになります。そうして心理療法への道筋ができるのです。この文脈全体が，心理療法という，彼女の人生へのメッセージである病気の意味を理解する道程の，出発点なのです。

心のより所

　「心の居場所」「より所」と言うと，どのような場が思い浮かぶでしょうか。居場所という言葉だけを聞いて多くの人たちが思い描きやすいのは，家庭，故郷，会社，友達，親，子ども，学校など，何か所属感や帰属感をもたらしてくれるものかもしれません。思うに，これらは安心感と言い換えられる何かです。

　先の事例のうつ状態の女性が考えていたように，「家」を居場所と感じている人はかなりいます。家というのは，人の集まりである家族，その単位としての家庭，そして居住空間である家屋の3つが考えられます。ちなみに生きがいという言葉に関して大学生や社会人を対象にアンケートをとって見ると，自分が拠って立つ所を何に求めるかは，かなり年齢差や男女差があるように見えます。若い人たちには学校・勉強と言う人が多いのに対して，成人男性の多くは仕事と家庭と言います。女性は，成人期には家庭が多く，次第

に趣味や仲間になっていきます。さらに言えば，日本人の心性もだいぶ変化しているようで，以前はほぼ70パーセント以上の男性が仕事の世界で生きていたのに，今では40パーセント以上の人が家庭こそ重要と考えるようになってきました。確かに，心のより所は「家庭」「家族」だと考える人は多いかもしれません。安心できるホームというわけです。

　この延長に，自分の居場所は住まい，土地だと考えている人がいます。和辻哲郎が『風土』（1935）で述べているように，人は土地に特別な結びつきを求めるもので，その原型が，故郷に対する強い思いです。つまり，家屋や部屋，あるいはもっと広く故郷を居場所だと感じる可能性は高いのです。確かに多くの人は，自分が高い値段を出して買った家，育った家，受け継いだ家に特別な思いがあります。これには，それなりの生態学的根拠があります。より原始的な生き物には，場所が非常に重要だからです。よく犬は主人に，猫は家になつくと言います。その意味は実際に犬や猫を飼っていると非常によくわかりますが，でもそうでない面も多々あるということに気がつきます。たとえば，犬でも特にオスはマーキングをして縄張りを強く意識させますし，猫も自分にやさしい人とそうでない人ではかなり対応が違います。対象を求める気持ち，つまり対象希求性と，自分を抱えてくれる環境や庇護空間を求める気持ちは，どちらも生物にとって，多かれ少なかれ重要な二つの軸のようなものなのです。つまり，その適応パターンによって，どちらを前面にした生活をするかのちがいなのです。犬はどちらかというと主人に依存する生活パターンを，猫は自分を守ってくれる空間に依拠する生活パターンを，長い進化の歴史において獲得してきたのだと思います。

　故郷への思いも同じようなもので，帰巣本能（巣に帰ろうとする思い）をもつ動物はたくさんいます。それは一種のテリトリーです。行動生物学など，空間を一種のテリトリーと見なして研究する学問でも，人間はナワバリに近いものをもっていると見なされています。ですから，この感覚の起源は古い層にあるのです。

　精神分析家のウィニコットによれば，赤ん坊が一人の連続した存在になるための最初のプロセスでは，環境から抱えられることによって，「いることbeing」が保障される必要があります（Winnicott, D. W. 1965）。この抱えられる環境が失敗すれば，身の置きどころがなくなり，まだ自立していない

自分がいることすら難しくなるのです（前掲書）。それゆえ，日本の精神分析家である北山修は，「居場所」とは「自分が自分であるための場所」であると述べています（北山 1993）。それは，ありのままの自分を抱えてくれる場という意味なのです。

　つまりここで「居場所」の意味するところは，その人がその人らしくいることが保証される場ということです。おそらくここには，二つの意味があります。つまり自分らしくできる場所という意味と，安心して人といられる場所という意味です。ウィニコットは早期の抱える環境が絶対的に重要なものだと述べましたが，それは主に安心ということと関連しています。このことは多くの心理学者が指摘してきたことです。最近では文部省までもが，学校が「心の居場所」になることを目指すと述べていますし，不登校の子どもたちが年々増えていることから学校とは別のフリースクールが設置されるようになり，そうした不登校児たちが安心して集まれる場所のことを「居場所」と考える機会も増えています。やはりここでも，安心感，あるいは安心して人といられる場所という意味が強調されています。その原型はホームです。

　私たちは，心理療法を行っている，あるいは人と会っているときに，会話ややりとりをしている相手との間で，私たち自身が，ホーム，あるいは抱える環境の一部であるということを忘れがちです。相手のこと，あるいは自分と相手が何をしているかを気にとめることはあります。文法で言えば，主語と目的語，そして動詞（関係）のことは意識しやすいのですが，その関係を成り立たせている場のことは忘れやすいのです。それは空気のようなものだからです。第1章でお話しますが，心理療法では，このことはとりわけ重要ですし，実際には私たちの日常的なコミュニケーションのなかでは，場，あるいはその場を成り立たせている文脈が，抱える環境として安心できるかどうかが重要なのです。

　心理療法という出会いを考えるうえで，公式のようなものがあります。それは人と出会うときに物事を考える順序でもあります。図0-1を見てください。私たちセラピストはコミュニケーションを考えるときに，まず①談話あるいは文脈を考えます。文脈というのは，何かを考えるうえでの前提のようなもので，5W1Hのようなものです。たとえば「私は今ここで本を書いている」という文章があるとします。依頼を受けたときに書きたいことがあった

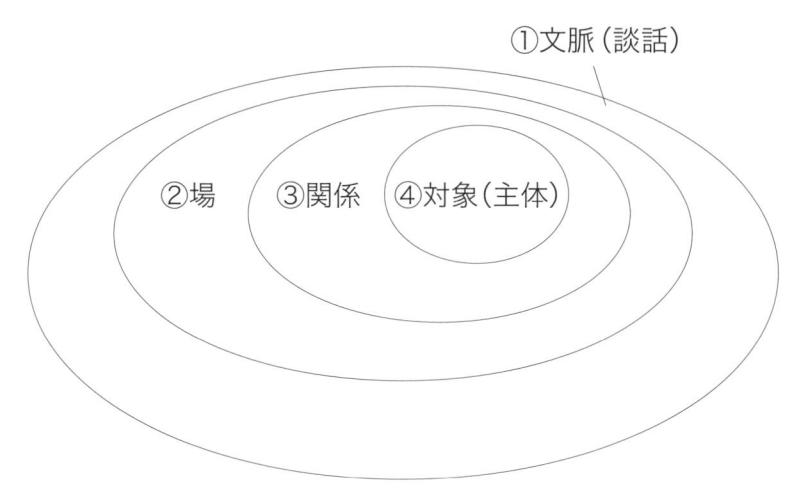

①文脈（談話）
②場　③関係　④対象（主体）

図 0-1　心の居場所やより所

ので、それを引き受けて、今ここで本を書こうとしている私がいる、こうした前提が、ここにはあります。そして本書は、その前提があるからこそ、成り立っています。私が今研究室にいて、本を書いていられるのはさまざまな前提のおかげなのです。そして②場が成り立ちます。これは時間と空間を含むものですが、言語では副詞句として表現されるものです。そして③関係です。つまりその場のなかで、私は、不特定多数の読者を相手に、本を書くという関係をもっているのです。最後は④主体と対象です。もちろんここでの主体は「私」であり、対象は「あなた」です。繰り返しますが、発想の順番はつねに①から④であって、逆ではありません。図にあるように、全体が優先されます。アーサー・ケストラーが述べているように、「全体は部分の総和以上のもの」です（Koestler, A. et al. 1969）。いつも全体的な状況、副詞的な認識を忘れないようにすることが、心理療法のような人間関係を考えるうえでは重要なのです。

ホームのパラドックス

けれどもこれらの「ホーム」という、基地のような感覚や所属感、あるいは生きる理由のようなものと、本書でこれから述べる、心理療法の結果とし

て得られる「心の居場所」とは，「心」という言葉がある分だけ，少しニュアンスが異なります。安心感のある場所は確かに重要ですが，そこにはもうひとつの，自分らしくある，という意味が欠けているからです。

　ヘルマン・ヘッセの有名な『車輪の下』を思い出してもらいたいのですが，主人公ハンスは優秀な模範生で，さまざまな期待を背負って聖職者になるべく神学校に入学します。彼にとってはそこが居場所であり，運命によって導かれた場所でした。ところが自由奔放な友人の放校を機に，しだいにこれまでの居場所に疑問を持ちはじめる。そしてついには神経症になってしまいます。家も学校も，彼の居場所にはなりえなかったのです。彼は，冷たい川のなかで自らの命を絶ちます。この小説はヘッセ自身の神経症的な体験がモデルになっていると言われていますが，このように，家族や学校が抱える環境でいられるのは，思春期までのことなのです。

　いつまでも自分が人と安心して共有できる場所にこだわっている人は，ハンスの神経症のように，八方ふさがりになりやすいのです。ここで，私たちが安心を求める気持ちには一種のパラドックスがあることが分かります。つまり安心感は重要ですが，それを求めてこだわると，自分がひとりでいられなくなるのです。なぜなら，私たちの心の傾向，つまり物や対象があるとそれにしがみつきやすい心性は，かえって心の居場所を狭める可能性があるからです。このことは先の事例の女性が家や家族，その住まいにしがみついていたことからも分かります。

　確かに家族というのは，ⓐ親密な人間関係であり，ⓑその関係のあり方がその人の心のなかの構成要素（対象関係）に決定的な影響を及ぼすもので，ⓒその経済的，社会的環境がその人の不安や娯楽のパターンを提供する枠組みになるという意味で，重要です。けれどもいつまでも「家庭」をより所とすることは少しばかり注意が必要，というか問題があります。というのも，心の病を引き起こす多くの人々の背景に，実はこの家庭があるからです。親密だからこそ問題が起きやすい，家庭というのはそういう場なのです。先の女性もたいそう家庭のあり方にこだわって，家の人がどのように自分に接しているかよりも，自分が手にした家庭という幻想にしがみついているかのようです。

　夏目漱石の高等遊民が登場する諸作品や，志賀直哉が父親との葛藤を描い

た『和解』のことを思い描いていただければよいのです。日本の近代文学は，家族からいかに自立して個人であるかということを主題としてきました。それは家族との葛藤，そこからの脱出が主題だったのです。

　臨床的にも，家族との葛藤はあらゆる場面で顕在化します。たとえば，不登校や家庭内暴力などは，子どもが自分の家庭がより所だというときに起こりやすいことなのです。不登校は，家から学校，つまり内から社会への行動範囲の拡張の途上で失敗してしまった場合です。家庭内暴力では，子どもはより家のなかにあって，内弁慶をひどくしたように，外の世界だけでなく，家のなかの人たちに対しても敏感で神経質になり，自分が攻撃されるのではないかと怯えています。だから家の人たちにまで暴力を振るうのです。日本の家庭内暴力は子どもが親にというパターンが圧倒的に多かったのですが，最近では夫が妻や子どもにというアメリカ的なパターンも増えています。いずれにしても彼らは自分にとっての家庭にこだわっています。そこから離れられないために，あるいは外の世界にうまく適応できないために，しだいに家のなかに追い詰められていったわけです。明治期の文学のほとんどに，家制度のなかで葛藤する個人が描かれています。家庭からの個人の分離と自立とは，近代における大きな主題になってきたものなのです。つまり近代における心の病の起源は，家庭と個人との関係のなかにあります。精神分析では心の原型にある家族の問題を「エディプス・コンプレックス」と呼びました。この原型はさまざまな変遷を遂げてきましたが，近代において家族と個人の間の悲喜劇は重要な心の主題でありました。

　非常に逆説的なことですが，家にこだわるということは，心のなかに安定した「家（うち）」を持っていないということなのです。逆に言えば，自立にこだわる人も同じです。多くの家庭で家族から離れていくプロセスは自然で無意識的なものですが，家の人に自分の不満をぶつけたり，家族から離れられないで不安になったり，あるいは家族を目の敵にしたりするのは，もともとの家族がその個人の心のなかに居場所をもたない，つまり不安定なためです。父親コンプレックス，母親コンプレックス，兄弟（劣等感）コンプレックスなど，人の心のなかに形成される複雑な綾を「コンプレックス」と呼びますが，その起源はたいてい家族にあります。家にこだわる人は安定した家を求めていて，自立にこだわる人は不安定な家から離れたいと思っている

のです。どちらも極端ですし，心は家族から自由ではない。そこに束縛されている限り，心の居場所を求めて得られない状態なのです。思春期の子どもは自分の部屋を欲しがりますが，それは家族とのコンプレックスが複雑になる時期だからです。

　その意味で思春期は，心のなかの家族が作りだしているコンプレックスと自分が自分であるというアイデンティティとが衝突して，対峙したり，対話したり，妥協したりする時なのです。自分であるというアイデンティティの問題とは，人間が自己意識をもつからこそ存在するのだと言えます。自分に目を向けてみると，内側への意識と外側への意識が微妙に異なるのも，そのためです。思春期になると第二次性徴期という身体の変化が起きます。もともと身体のなかへの感覚は不鮮明で，どちらかというと漠然としていますが，それに加えて思春期には自分の体の一部，あるいは内部に特有の関心が向かざるをえない。そのため自分自身が誰であるかという問題と自分の体の問題とが不可分なのです。思春期に発症しやすい，たとえば摂食障害のような病気がそうですが，それはお腹や頭といった身体の一部に，自分が閉じ込められてしまうような，そんな症状を伴うものです。

　思春期には自分の心のなかの家族と，自分の身体の変化が混乱しやすい。家のなかで彼らが荒れたり暴れたりするのは，そのためです。フロイトが述べているように，人間の自己には，そうした内部外部からの侵入を不安として感じる信号装置が付属しているのです。けれども，自己が一種の閉所になってしまうなら，それは家族の構成要素や場所の配置に制約を受けて動けなくなっている状態です。そしてそれにこだわり続ける限り，自分の生活が狭窄化してしまうことが，思春期の事例ではありませんが，先の事例から分かります。心理学的な視点から見れば，それらは数少ないより所に左右されているにすぎませんし，そこにこだわることは，私たちの認識の幅を非常に狭くするものなのです。

　私たちが自分のまとまりである同一性を育てるなかで依拠しているものは，物や肩書きの集合体です。家族，家，共同体，町，友人，出身大学，学歴，会社，社会的地位，お金，経済状況などなど，それらは多かれ少なかれなくてはならないものではあります。でもそれにこだわることは，視野狭窄か，あるいはフェティシズムであり，生活の狭窄化を起こしやすいのです。お金，

学歴，自分の地位など，そうしたものにこだわるために起きる悲喜劇は，多くの人が体験してきているはずです。

迫害的な対象

　自分の所有物，あるいは居場所が，安心の基盤であり，それが物理的なものである場合，なぜこのように問題が多いのかといえば，そこへのこだわりが，人々に外部＝他者，他者＝異質，異質＝外敵という発想を生み出しやすいからなのです。私には失いたくない大切なモノ（所有物）がある。だからそれは失うわけにはいかない。それゆえそれはいつも脅かされている。この三段論法は，人がいかに余裕を失っていくかというプロセスを描いています。

　心の居場所，より所というときのゆとりや余裕は確かに，経済的な基盤や物理的な環境と無関係ではありません。経済的な基盤を無視した心理主義，心理社会化というのは，心の肥大化ですし，自己中心的なものにすぎません。ですから現実的な計算を無視しては，私たちの居場所は単なる妄想ですが，過度にものや地位，あるいは所有にこだわることはフェティシズム（もの崇拝）です。

　もともと私たちが意識している，心と経済，あるいは心と環境の間には，大きな落とし穴，というよりもクレバスがあります。たとえば，神戸大震災でたくさんの家が倒壊して人が亡くなりました。多くの人が路頭に迷い，しかも突然の惨事に傷ついていました。こうした大災害の時に，人はしばしばPTSD（心的外傷後ストレス障害）に陥ります。不安や恐怖，あるいは不眠や自律神経失調が症状で，たとえば外に車が通っただけでも，地震ではないかと目が覚めてしまう。あるいは亡くなった人たちのことを思い出すと涙が出てきて止まらなくなってしまう。狭い部屋にいると不安で仕方がなくなってしまうなどの症状です。今日PTSDの理解が流布していますので，心理臨床学会でも心理的なケアのできる人たちに，ボランティアとして支援活動に参加してもらったことがあります。実際，神戸の多くの人たちの心は傷ついていました。以後，災害や事故，犯罪被害などさまざまな領域で，心の傷を取り扱う必要性が説かれるようになったのはご存知の通りです。ただ，災害にあった人々のなかには，住居を失ったり，親をなくしたりといった実質

的な喪失を体験し，本当にどこに住んでよいのか，どうやって暮らしていったらよいのか先が見えないという不安を持っている人も多かったのです。彼らに第一に必要なのは，仮設住宅をはじめとする経済的，物質的な援助でした。先の経済の話で言えば，社会保障，あるいは政府の主導による公共投資ということになるでしょうか。住む所がないから，不安は当然だと言えます。ボランティアに参加していた知り合いの臨床心理士が，明らかにPTSDに苦しんでいた人が「話を聞いてくれるのはありがたいけど，はやいところ住むところを見つけて，仕事を始めんと生きていけないから」と言って面接を断ってきたのに，自分は何も答えられなかったと言っていました。経済的な貧窮の前に，心の相談など無意味ではないかという思いは，精神科領域で働いたことのある人なら，一度ならず抱いた経験があるはずです。つまり心にとってある程度の経済的な基盤は重要な前提だということで，それが脅かされると，人は迫害されているような気持ちになるということです。

　反対に，経済的な基盤が用意されている非常に豊かな社会になって，不登校やひきこもりが起きやすくなったことも確かです。また食事が自由に手に入らない貧困地域には過食症などありませんが，社会が豊かになってくると不思議と摂食障害の人々が現れます。例外が多々あることは承知の上であえて言うならば，一定の生活環境が用意されていないと，社会的なひきこもりなどの現象は起きません。それは摂食障害が贅沢病であるという意味ではけっしてなく，経済学者のフリードマンが述べているように，「最低所得が達成されると，それ以上の所得は幸福感と相関しない。貧困という水準を越えてしまえば，所得と幸福は驚くほど相関しない」のです。これまでの話からお分かりのように，こうした病気に悩んでいる人たちは安心感を求める気持ちが非常に強く，同時に外の世界を非常に危険で，脅威，あるいは迫害的なものと思っているということです。

　本書の目標である心の居場所，より所は，場所や空間，仲間や家，土地，親族，同属，会社といった外のものではありません。かといって，ある程度の経済力がないと，生活が脅かされてしまうので，それでは自分の居場所は確保できません。そのため貧しかった時代において，居場所の多くが経済的な生活と同義であったことは間違いありません。でも今日，私たちは不況だ，あるいは不幸だと言いながらも，戦後の食べるものもない時代から見れば，

はるかに豊かな世界に生きています。でも今日の社会は不安，そして不幸が支配しているように見えます。今日，居場所は実質的な物理的な場所ではないのです。

　私は大学で教員もしているので，試しに，大教室で次のようなことを聞いてみます（質問は佐藤啓二の著書より引用した）。「たいていの人なら平気な状況でも突然不安に駆られたり，おびえたり，不安感や落ち着きがない気持ちになったなどの身体の不調や発作を，一度以上経験したことがありますか？　その発作は10分以内に最高度に達しましたか？　その発作が10分以内に最高度に達した場合のみ『はい』と答えてください」。すると意外にも数人の人が手を上げます。これはいわゆるパニック障害の症状です。そして「逃げることができないかもしれない場所や状況や救いの手が得られないような場所（たとえば，人ごみのなかや列に並んで立っていたり，自宅から離れたところに一人でいたり，自宅で一人っきりになったり，バスや列車や車で橋を渡っている時）で，不安になったり，特に落ち着かない気持ちになりましたか？」と聞いてみる。するとこれも意外に多いのです。これはいわゆる広場恐怖（空間恐怖）と呼ばれている症状です。さらにまた「人から見られているとか，注目の的になることに恐れを感じたり，まごついたりしたことがありますか？　あるいは恥をかくのではと恐怖感を抱いたことがありましたか？　これには公衆でまたは他の人たちと一緒に，話したり，食事したり，誰かに見られているときに文字を書いたり，また社交の場にいるときなどの状況が含まれます」ということを聞いてみます。これは思い当たる人がかなりいるようです。恥や人見知りという反応は日本人に多いからかもしれません。これらは対人恐怖や社会不安障害と呼ばれる症状群です。あるいは「職場や家族や親しい人といる時，日常的な事柄で，極端に心配したり，不安になったりしたことがありますか？」という質問にも，やや思い当たるという程度の人ならたくさんいます。

　これらの症状はパニック障害を中心とした神経症の諸症状です。そして上の質問に多かれ少なかれ，人々が手を上げたことはそれほど不思議なことではありません。たいていの人は自分の存在に不安定な感じを持っている，と同時に，外を非常に脅威に感じているのです。この感覚は高度経済成長期以前では，生活への脅威でした。でも，それが今日では，漠然とした何か，

「不安」と呼ばれるものです。そしてこの脅威の感覚は，病んでいる人ではかなりはっきりとした形を取って現れます。先の例はパニック障害から対人恐怖でしたが，いずれも外部の脅威と，自分の不安定性とに怯えています。

　何かに脅かされている，あるいは心配でしょうがない，この感覚は精神病的な精神障害でも，社会的引きこもりのような行動の病でも，そして先の例のような神経症でも共通して持っているもので，被害的，迫害的な感覚と呼べるものです。神経症の人はこの不安が漠然としている。それに対して精神病的な，統合失調症の人は，自我境界が薄くなっているので，より侵入されて迫害される不安に脅かされています。不安は迫害不安の様相をもつのです。

　動物の例が分かりやすいのですが，犬は外に外敵がいると思うと，非常に敏感に吼えます。外を脅威であり，危険だと，あるきっかけから信号のように感じるからです。猫は自分のなわばりの外に連れて行くと，非常に敏感になって周りに反応するようになります。それぞれ認識のパターンは異なっていても，自分の基盤のなさと外部への脅威を同時に感じているときに，生物は自然とそれを危険だと感じるのです。ですから心の安全は，環境や外部の物理的な切迫感と自己と内部の心理的な不安定感の間に獲得されるものです。今の時代，明らかに多くの人が物理的な環境が脅威になることは少ないために，むしろ心理的な不安定感を感じているのです。そのために，外部が脅威に感じられて，迫害感をもつことが増えています。外部は主観的な心の光景として迫害的な環境になり，自分にとって危険な人（人々）は，ちょうど犬がおびえて吼えるような脅威，つまり迫害的対象 persecutory object になりやすいのです。この概念をもっとも明確に示したのは精神分析家のメラニー・クラインです。人の心のもっとも基本的，原初的な不安の形は迫害対象に対するものです（クライン著作集は誠信書房から翻訳が出ています）。その世界は精神病的ではありますが，でも精神病だけにその不安があるわけではありません。同じく精神分析家の W. ビオンが提示したことですが，人々の心のなかには精神病的な部分が多かれ少なかれ存在していて，それは程度の差でしかないということなのでしょう。自分が何かに責められる，怒られる，そして無に帰される，飲み込まれる，見捨てられる，リストラされるなどなど，さまざまな被害感，迫害感のなかに，その対象は見え隠れしています（Bion, W. 1967）。

でも，人はどうしてこうも簡単に自分が脅かされているという感覚をもつのでしょうか。はっきりしていることは，私たちの心に心的な空間とでも呼べるものがあるということなのです。経済的，物理的な基盤がなくては，居場所の確保はできませんが，その基盤だけでは，心の居場所は確保できない，そして経済的，物理的な基盤が自分の居場所であると思っている限りは，それはけっして安全なものではない，安全な物理的な居場所などどこにもないということなのです。ものや地位，あるいは物理的なものにこだわる気持ちは，外部＝他者，他者＝異質，異質＝外敵という三段論法の結果，被害的，迫害的な気持ちを強くします。心が弱っていれば自分の脆弱さはすぐに露呈しますので，家庭，家屋，地位といったものに居場所を求めている人は，それが少しでも危機になると，精神的に崩れてしまうのです。それが存在するときにはそれは気になりませんし，発見されませんが，ひとたびなくなると，不幸な感覚が強まっていき，最終的には悪循環のなかで袋小路に入ってしまい，深刻な精神の不調や混乱にいたるのです。しかも安心感を求める気持ちが強いほど，不安も強くなる。これは安心感を求める気持ちにつきまとうパラドックスです。

スリルと退行

　安心感を求める気持ちだけでは不安ばかりが強くなるということを分かっていただくために，こんなことを考えていただきたいのです。ジェットコースターに乗っているとき，危険を楽しめるのはなぜでしょうか。あれは結構危ない乗り物です。あるいはバンジージャンプを好んでする人がいるのはなぜでしょうか。これまた命綱が切れてしまう可能性はゼロではないし，危険な遊びです。でもスリルを求めて，人はジェットコースターに乗り，バンジージャンプをし，怖い幽霊屋敷や血の飛び散るホラー映画を見ます。それは「私はこの乗り物では死なない，傷つかない」と思っているからです。ここには自分は大丈夫だという気持ちがあるのです。恐怖映画やアクション映画をエンターテイメントとして見ていられるのも，そこに一種の保護幕があるからです。この保護幕は，普段の生活では前面に出てきません。当然のことながら，きょう自分が事件に巻き込まれたり事故に遭遇したりして死ぬと思

っている人はいません。いつ死んでもおかしくない，と毎日危険に敏感に生きている人はいますが，それでもすぐに自分が死ぬとは思っていません。それは私たちが大丈夫だと思う何かがそこにあるからです。

　それは安全とか，安心という言葉だけでは片付けられません。バンジージャンプを安全だからと思ってする人はいません。危険だからこそ興奮するのです。私たちの心は，ただ安心するだけのために使われるとは限りません。恋愛にしても同じようなもので，最初から安全なことばかり考えていては興奮がありません。恋愛について社会心理学で有名なつり橋実験というのがあります。つり橋などのドキドキする状況で出会った男女は，普通の日常生活で出会った男女よりも恋愛に陥る可能性が高い。興味深いことですが，ちょっと危険な状況のほうが恋に落ちやすいというのは，古典の時代から文学の主題でした。この実験の理解によると，これはドキドキを自分の心のなかで，ときめきの興奮として解釈するから起きるのです。危険でドキドキしている感覚が恋愛をもたらすという感覚はみなが共有しているのです。もし私たちにとってもっとも重要な心理が安全，安心感だとするなら，わざわざリスクをかけて，危険なスポーツや冒険には乗り出しませんし，恋愛もしません。大丈夫だと思えるという気持ちは，単なる安全感とも違うらしいのです。もちろんどの恋愛にも打算的な側面がありますから，安心感や保障は重要ですが，安心感ばかり求めていると，安定は得られても，人生の目標や生きがいという点で退屈なものになってしまいます。安心ばかり考えていては，リスクをかけて新しい楽しみを得ることはできないのです。

　つまり，安全がすべてでも危険がすべてでもないということです。心はそうした性質を持っているのです。そして心の「居場所」とは，心がそこにあって大丈夫だと思える場，心のスペースのことです。そしてそのスペースは単に安全だからというだけで決まるものではないのです。普通の人は安心ばかり求めていれば退屈になってしまうので，安全な環境から少しばかり出て行ける生活が必要です。それを超えると危険，でもあまりに刺激のない生活は退屈だという，ある種の閾値のようなものがあります。興奮と平静のバランスの間に，私たちの心の居場所はあるのです。図0-2のように，二つの円の重なっている部分が，自分が大丈夫だと思える範囲です。そしてその範囲のなかには，A＝安心とB＝興奮を両極とする軸があり，多くのエンターテ

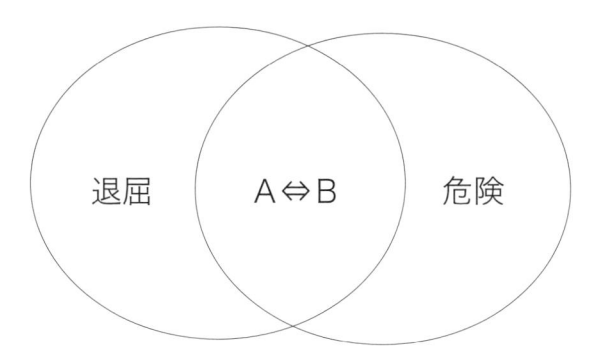

図 0-2　安心と興奮，退屈と危険（リスク）

表 0-1　二つの傾向の分類

A．安心（安定志向）	B．興奮（リスク志向）
ホッとする	ワクワクする
落ち着いている	興奮している
退屈である	不安である
現在 - 過去志向的	現在 - 未来志向的
熟慮性	新奇性
結婚したい	恋愛したい
保守	革新

イメントはその間を行き来して成り立っていると言えます。そしてもしその範囲が生活の質や充実感を決めているとするなら，人がよって立つ居場所というのは，この範囲にあると考えてもよいでしょう。そしていかなる感覚，感情，思考，行動，習慣にもこの両極があります。表0-1に分けてあるように，それぞれの傾向はどのような認識と行動にもある程度含まれています。そして迫害対象に追われて被害的になっている人が失っているのは，この「間」にまたがる余裕，スペース，言い換えれば「遊び」なのです。精神分析家のマイケル・バリントは，この二つの領域の発達的な生成が，オクノフィリックな対象へのしがみつきに始まって，フィロバティックな対象とのスキルを使うことによって獲得されるものと考えました（Balint, M. 1959）。

オクノフィリアは分離が怖いので対象にしがみつく，甘えている子ども（バリントは土居健郎の甘えを評価した人物です），そしてフィロバティズムはむしろその素地のような土台から反転して，スリルを楽しむようにして，自分のスキルを対象との間で使う子ども，それぞれの心理的な状況を意味しています。

ですから私たちの心の居場所は，安心する場所というだけでは不十分なのです。安心して人といられるというだけの場所には，興奮と安心の間に，あるいは集団のなかで他人とは別の自分らしさを見出すという作業が欠けています。興奮と不安，安心と退屈が表裏一体であると指摘したのはアプターの逆転理論です。つまりこの二つは逆転して，安心が退屈に，興奮が不安に変化することがあり得るのです（Apter, M. 2001）。バリントの発達論的な類型とアプターの社会心理学的な研究は，同じ現象を異なる視点から研究したものです。臨床的に重要なことは，この二つの間，安心するだけでなく，驚きや興奮もあるような遊びの領域で面接が展開することではないかと思います。

一人でいられる能力はきわめて重要だとウィニコットは言いました。つまり誰かが自分を抱えてくれる，空気のように環境に抱えられるという体験があって，私たちははじめてひとりでいられるのです。

ひとりだけになることが簡単ではないということは，遍歴流浪の文化人たちの生き方，あるいは多くの宗教人の生き方を考えていただければよく分かります。日本には漂白の伝統があります。佐々木時雄はこれを「流離」と言いましたが，定住に抗って遍歴放浪のなかに自分を見出そうとする人たちです（佐々木 1985）。宗教者としては空也，一遍，親鸞，円空など数多くいます。もちろん仏教に出家というシステムがあるからですが，彼らはむしろ定住しないこと，放浪遍歴をすること自体に意味を見出したのです。「何くにも身を捨ててこそ」と語る空也は，法華経を信じ，理論よりも体験のなかに信仰があると考えました。また捨聖と称される一遍は，「捨てても，捨てても仏の中」と，その境地を語っています。彼らの思想は，『一言芳談』にある次の言葉がよく表しています。すなわち「雲のはて，海のはてに行くとも，此の身のあらんかぎりは，かたのごとくの衣食住所なくてはかなふべからざれども，執すると執せざるとの，事のほかに変わりたるなり。つねに一夜の

宿りにして，終始のすみかに存ずるは，さはりなく念仏の申さるるなり」と。ここには生きていることそれ自体が，仮の宿りであるという発想があります。また文学者としては，西行をはじめとして，芭蕉，近年では尾崎放哉，山頭火などを上げれば十分でしょう。彼らは完全に依存しない，つまり世を捨て「御身ひとつ」に，一人になることを通して，自分が普通は居場所だと思っている人生も，仮の宿りであるという発想に行き着きました。彼らが発見したのは，どこにいても大丈夫だという，ある意味で，仏教の無常観，不浄観，無我観という大きな洞察に至る，究極的な生き方です。

　上述してきたように「居場所」というときに，私たちが第一に思い浮かべるものは，「より所」「避難所」「ホーム」「住まい」などでしょう。それは私たちがどのようにして自分を成り立たせているか，そのあり方と関係しているからです。でも居場所を確保できたときに重要なのは，物理的な空間ではなく，実際の時間でもありません。それは放浪遍歴の人々が悟ったような自己意識，どこにいても大丈夫だという感覚を理想としたものです。それは自分の人生をどれだけ自分の一部と感じているか，ということなのです。それはすなわち，心のなかに生み出される心理的な時空，スペースとか間とか，あるいは余裕やゆとりと呼べるような何かがそこにあるかどうか，なのです。「心」という言葉が重要になるのはそのためです。

　興奮が不安に，平静が退屈になるときは，心がその居場所を見出せないとき，ものとしての居場所が心の居場所になってしまったとき，心が自分の身体や意識のなかに居場所を見出せないときなどです。その場合人は，どこにいても大丈夫ではない，どこにも自分の居場所はないと感じています。ここで心理療法の出番です。どこにも行き場がない気持ち，心の居場所を求める気持ちが心理療法の出発点です。ですから，そうした不調や乱調のときに，心の治療の専門家として私たちがどのようなことに配慮して，どのように対応しているのかを分かってもらうことは，人と出会い，その人の心の居場所を考える，主にコミュニケーションを考えているあらゆる人にとって，いろいろな領域で有用ではないかと推察します。心理療法はそのための手段です。

　一応，その入り口の手順をお話しておきましょう。まず患者から見た場合，それは

　① 場を設ける

② 足場を作る
③ 関係を築く
④ 心の居場所，より所を発見する

という順番になります。心理療法はあくまで仮の宿ではあるのですが，その場を有効に使うためには，そこが一時的にでもより所になる必要があるからです。そしてこれに並行して専門家は，患者とともに，安心でき，お互いが交わる場を築けるようにするために，治療のための同盟を作る，症状や診断からその人の状態を査定して緊急対応する，あるいは治療の方向付けをしていく，そして治療の選択をしながら，状態像や心の内面を探求する仕事をしていくのです。つまり，セラピスト側から見るなら，場を設けながら

(1) 治療同盟を作る

のです。そして関係を促進しながら参与観察する，つまり

(2) 症状や診断からその人の状態を査定する

ことで，心理療法的な関係を築きます。そうやって二人で

(3) 治療様式の選択をする

わけです。そして心理療法に入っていくのですが，ここでもし必要ならば，緊急な対応をします。そして患者が自分自身の力で

(4) 症状の詳細を取り扱う，あるいは内面を探求する

ように援助していくのです。これは①から④と相互に共鳴しながら行われるコラボレーションです。さてその詳細に入っていきましょう。

第1章　最初の出会い：場を設ける

前提となる文脈

　セラピストと患者が出会う最初の場面を，「文脈」から考えてみましょう。思い出してもらいたいことは，安心感が脅かされる場面では，人はすぐに被害的になるということです。ひとたび自分の居場所が脅かされれば，すぐに不安になり，迫害対象を発見します。そのとき，ほとんどの人が，自分の八方ふさがりの状態を人に報告することができません。人から変だと思われたくないからです。そして自分のことなど誰にも分からない，人は自分を嫌っている，と，さまざまな水準で孤立し，苦しんでいます。ですから，セラピストのところに足を運ぶまでに，人の心はかなり狭窄化しています。そういう人にどれだけ安全な場を作り出せるか，ウィニコットのいう「抱える環境」をいかにして整備するか，がセラピストの勝負どころであり，優先課題です。

　被害的になって不安になっている人とどのように会うかを考えるには，まず出会いの全体から考える必要があります。最初の出会いのときに，セラピストはどのようなことを考えて，何を確認したらいいのでしょうか。社会心理学の研究が明らかにしているように，初期印象というのは大事です。今までにカウンセリングや心理療法を受けたことのある人もいるかもしれません。その人たちのなかには，すごく良かった，役に立ったと思う人たちもいれば，反対にどうもうまくいかなくってやめてしまった人，ひどい扱いをされたと恨めしく思っている人などもいるかもしれません。そうした今までの経験と

いうのは，最初の出会いのなかでの初期印象を決める大きな要素です。ですから患者を紹介された場合，「どういう経緯でこちらにいらっしゃることになりましたか」と，紹介の経緯を聞くことはとても大切なことです。

　たとえば，患者は今まで自分ひとりで悩んでいて，一般向けの本から情報を得て相談に来る場合もあるでしょうし，今かかっているセラピストとどうもうまくいかないので，それを理由に紹介されてくることもあります。前者なら治療は初めてかもしれませんが，後者はすでに治療を経験しているものの，今の治療がどうもうまくいかないと思っているのかもしれない。あるいは患者は週１回の治療を希望しているのだけれど，今のセラピストは都合でどうしてもそれができないのかもしれません。いろいろな可能性のなかで特に重要なのは，前のセラピストがさじを投げたという，うまくいかないという文脈です。文脈が変われば，心理療法のあり方が変わってくるのです。誰かと出会うということは，それだけでひとつの文脈であり，その人から新たに新しい人との出会いができるということは，そこにもうひとつの出会いが重なり合うということなのです。

　心理療法での紹介のあり方はさまざまで，本人が単独で公の情報源を使って訪ねてくる場合をひとつの極とすると，警察や病院が強制的に，本人に治療が必要だと迫って連れてくる場合がもうひとつの極です。前者では，そこに含まれるのは一人の人の思いですが，後者ではいろいろな人の思いが重なっている，と私たちセラピストは考えます。たとえば，ある不登校の高校生は，「母親に言われてきた」と言います。その高校生は，自分ではもう学校はやめてもいいと思っている。聞けば，お父さんがリストラにあって家計が火の車になり，家族みんながギクシャクしているのを見ていられないので，働きに出たいというのです。働きたいという動機はなかなか立派ですが，母親は学校に行ってもらいたい，というよりも行くべきだと思っている。確かに不登校は病気，あるいは問題ですから，不登校という名前でくくってしまった時点で，母親が悩んでいるという文脈が消えてしまいやすいのです。このとき，もし紹介の経緯あるいは文脈を理解するなら，この高校生と話し合う必要があるのは，不登校の問題ではなく，母親が不登校だと思っているその思いについてです。母親は学校に行かないことは問題だと思っている。これがひとつの文脈です。だから相談に来るように言われた。でも本人の心の

なかでは不登校は問題ではなく，それは学校に行きたくないというメッセージ，さらに言えば，家のために働きたいというメッセージなわけです。これももうひとつの文脈です。この場合，心理療法では，「母親が問題だと思っていること」を，ここに相談に来た理由，原因として，この高校生と話し合っていきます。もちろん高校生の言い分が全面的に正しいわけではないでしょう。母親の言う通りに，高校ぐらいは出ておいたほうがよい。母親のほうが長い目で見たら正しいかもしれません。でも短期的には，今のままでは家庭がばらばらになってしまうかもしれないと心配する彼の言うことも正しい。つまり問題は，どうしたら母親を説得して安心させられる程度に，彼がこれからの生き方を計画することができるか，ということなのです。

　無理やり連れてこられる人は，極端な場合，法に触れていることがあります。触法患者らは，強制的に治療が必要だと思われているため病院に収容されてしまうことが多く，私のような心理療法の相談機関，クリニックなどで出会うことはあまりないのですが，それでも時々，軽犯罪などのためにクリニックに連れてこられることがあります。そこでよく思うのは，彼らがある潜在的な意図をもって捕まったのではないかということです。意図といっても意識的ではなく無意識的なものですが，彼らはひょっとして，せっぱ詰まって八方ふさがりになり，自分の病気を治すために，ここにたどり着いたのではと思うのです。どこにも居場所がないので，仕方なく極端な表現を選んだのかなと思う例が多くあります。また生育歴を見ていくと，これでは仕方がないと思う例もあります。彼らの失敗は，多くの場合，無意識的な成功なのです。ですからそこにも，「今ここで」心理療法の場に訪れざるをえなくなる文脈があるわけです。生きてきた歴史が蓄積された結果が，不幸にも，触法という形をとったということです。

　いずれにしても，「連れてこられる」と「自分で来る」の二つの極の間に，さまざまな出会いを決定する文脈があります。ここで「安心を求める気持ち」と「ひとりでいたい気持ち」の二つを想定してもらい，心理療法がどのような文脈を前提にしているか考えてほしいのです。連れてこられる人たちは，ひとりでいたい気持ちが大きく損なわれていますから，どうやってひとりの人として彼と出会うかが重要になります。反対に，自分で来た人は，安心できない気持ちがひとりでは手にあまり，どうしようもなくなってやって

くる。心理療法としては後者のほうがはるかに取り扱いやすいのです。そしてこの文脈が，場を作り出す前提となります。

　患者はさまざまな経緯で心理療法にやってきます。自分の問題を自分だけで抱えてくる場合から，家族あるいは周囲の人たちが問題だと思って，説得された本人が来る，あるいは来させられる場合まであります。もちろん本人が来ないこともあります。このことから，「問題」「悩み」は，必ずしも個人の心のなかにあるのではないと言うことが分かります。そうなのです。悩みというのは，心の中と外，人の中と外の「間」にあることが圧倒的に多いのです。内と外，人と人の間というのは，ひとつの場をつくっています。ですから出会いの場をどのような形で設定するか，そのことに心を配っていくことが心理療法の専門家の仕事です。これは人と人との間で，ある関係をつくる仕事人にとって，基本的な視点です。

　気をつけなければならないのは，あまりごちゃごちゃとして，ごった煮になった文脈です。錯綜した文脈は，人との出会いを非常に複雑にし，安全な居場所作りの妨げとなります。「安心して人と出会う」，これが理想です。

　患者の側からみると，以下に挙げるようなセラピストは，ごった煮の文脈，つまり色濃い，すでにあらかじめ重なっている文脈をもっています。

- 同僚や友人が良いと言うセラピスト
- 個人的にプライベートで知っているセラピスト
- 自分の子どもが同じ学校に行っているので知っているセラピスト
- 大学の先生や講師として知っているセラピスト
- 自分の上司であるセラピスト
- ラジオやテレビで知っているセラピスト
- 友人の友人であるセラピスト
- 私的なパーティで会ったセラピスト
- セミナーの講師であるセラピスト
- 恋人，あるいはその知り合い，同僚，友人であるセラピスト
- お父さんやお母さんの知り合いのセラピスト
- 同僚，あるいは友人がかかっているセラピスト

患者はこれらのセラピストをプライベートの世界で知っているために，純粋に，単純に出会うことが不可能です。最初から個別な文脈で出会うことがで

きません。談合やインサイダー取引と同じことですが，私的な関係によって新しい人と人との出会いの場がゆがめられてしまいます。あまりに多くの媒介が雑音として入ってきてしまうので，出会いの場は非常に錯綜します。患者にとって，上にあげたようなセラピストは最初から良い聞き手になりにくいと思っておいてください。

また紹介に関しては，他のセラピストや専門家から紹介を受ける場合には，誰が誰に対して，ということを知っているのが非常に大切です。知り合いの人から「あそこの病院は良い」と言われた，というのはよくあることですし，かまいませんが，専門家というのは，どのようなセラピストがどのように治療するのか知っていることも含めて専門家なのです。よく「病院あて」「クリニックあて」という形で紹介を受けることがありますが，これは紹介状の形をなしていないと考えてよいと思います。最初からなくてもよいという意味です。そもそも病院や施設に紹介するといっても，その施設に複数の医師や専門家がいれば，さまざまな専門と技術をもっていますし，ある意味で誰に当たるか分かりません。すでにお話したように，文脈は人と人との間で作られ，その文脈を前提として場が設定されます。機関や施設，つまり病院あての紹介状など，専門家としては丸投げに近く，親戚や家族が「あそこの病院は良い」と言っているのと同じだと思っておいてよいと思います。

予約（電話）を受ける

患者はセラピストのところに訪れるとき，最初に電話をかけて，そこがどんな場所か問い合わせると思います。電話の受け方は重要です。たいてい心理療法のクリニックは予約受付時間が決まっていて，それ以外の時間に電話がかかってきても，留守番メッセージや「ただいまの時間は……」という代理メッセージが流されるようになっています。電話をかけてきた患者は，問題や悩みで頭がいっぱいで，八方ふさがり，どうしても話を聴いてもらいたい，あるいはどうしてもはやく問題を解決したいと思っていますから，ここで「あれ」と思うかもしれません。専門家はいつも患者の問題に対処してくれるはずなのに，どうしてすぐに対応してくれないのかな，と思うはずです。そして今度は受付時間に電話してみます。とてもどきどきして緊張しており，

話をすることを躊躇しますが，相手の対応は非常に簡潔で，「あなたが今困っていることは何ですか」ということ，そしてあとはその相談場所をどこで知ったのか，あるいはそこにはどのようにして行ったらよいのかという程度の対応です。ちょっと肩透かしにあったような気がするかもしれません。意気込んで相談するつもりだったし，ある程度どのような問題も自分の心のなかでは緊急事態ですから，「では1週間後の……」という程度ですまさず，もう少し親身に対応してくれればいいのにと思ったりします。

　セラピストの側から言うと，患者にはこんなことを考えてもらいたいと思います。まず，緊急に対応してくれる病院というのはどういう病院でしょうか。患者さんが長い行列をなし，いかにも困っている人たちが長いすの空いているところを探して座っているような，そんな病院の光景が浮かびます。そこへ突然，救急車のサイレンが聞こえて，患者が運び込まれたりすれば，すごく待たされそうな感じがします。でも，これは心理経済的に考えると仕方がないのです。緊急で受けてくれる場所というのは，緊急で外される可能性のある場所なのです。「困ったとき」に受けてくれる場所というのは，困っている程度が重い人を優先してくれる場所なので，そんなに困っていないと思われたが最後，いつも後回しにされることになります。

　場を設けるという仕事では，一定の時間，決まった部屋を確保することが重要なのです。そして患者の予約した時間枠は，約束によって守られているものです。心理療法は，じっくりと話を聴くことで成り立っています。患者のどんな些細な「困ったこと」も重要なものと見なす以上は，時間枠，空間枠について淡々としている必要があるのです。

　さらにもうひとつ，この態度には二次的な効果があります。心の問題というのは，せっぱ詰まって，焦って性急になっている，そのこと自体がさらに問題を悪化させている可能性が非常に高いのです。患者は，「早いことどうにかしなければならない」「急いでこの問題を取り除きたい」，そんなふうに，自分の問題をあたかも歯痛のように感じていることが多いのです。ですから，患者に待ってもらう時間も専門家にとっては大切な判断の材料です。待てる人というのはじっくり腰をすえて問題を見つめていくことができる人ですし，待てない人はかなり焦っているか，あるいは問題が重くて自分では抱えきれない，そのどちらかです。1週間ぐらい待ってくれる人なら，ある程度，自

我の容認する力があり，観察する力もあります。自我の力のある人には，分析的な治療の効果も上がるというわけです。

　体の病気は，手術や処置であっという間にそれを切り離すという外科的な対応で終わってしまうと思いやすいのですが，内科的な処理のことを考えてもらえばわかるように，致命的ではないものの，血液検査の値が悪かったり，だるかったりして発見される慢性疾患などは，すぐにどうこうなるというものではないのです。アメリカの医療は ER，つまり救急医療以外は予約制であることが多いのです。そのため専門家は，相手が緊急かどうかを聞くことがあります。あるいは緊急で電話をかけている場合には，その人がどの地域にいて，どうやって電話してきたかを確認します。そもそも緊急で焦っていると，遠い地域であるにもかかわらず，やみくもに電話帳を調べて電話をかけてくることがあるのです。そのような場合には，相手の近所に機関や施設がないか探す必要があります。

　患者に待ってもらうといっても，もちろん限度があります。1週間以上待たせるということになると，これは疑問です。たとえば，患者が留守番電話に自分の電話番号と名前とともに「お電話ください」のメッセージを入れているにもかかわらず，1週間以上，なんの返答もないなら，これはどうも一貫した場所と時間を提供していないクリニックだと思われます。もちろん忙しいから，あるいはシーズンだからと考えることはできますが，読者なら，きっとこれは当てにならないなと思うでしょうし，私もそう思います。心理療法にもよりますが，精神分析的な治療は週に1回以上が普通です。これは長い間にわたって作り上げられてきた習慣で，それなりに根拠があります。テレビ番組も1週間に1回です。これは便宜的というだけでなく，それぐらいの頻度で見ていれば記憶の連続性を保てるという時間間隔なのです。ですから1週間に1回あるいはそれ以上なら，面接には連続性が保たれるというわけです。間隔を置いて，問題があったときに連絡をもらってセッションを持つというオン・ディマンド法という技法もあります。でも初回面接から査定までの数回は，どんな技法を使うにしろ，週1回以上の頻度であることが多いと思います。

　電話という媒体はまず相手が見えませんし，しかも音の幅が狭くて音色がそれほど分かりません。ですから対面のコミュニケーションで行われている

ような相手の確認というのは難しいものです。もちろん恋人たちが電話で話をするとき，電話はとてもロマンティックな媒体に変わります。けれどもそこで恋人たちは，実はあまり相手の声を聴いているわけではないのです。恋人という文脈は非常に強力なもので，お互いが強い思い込みによって声を聴いているので，あたかも相手がそこにいるかのように感じます。つまり心に強い影響をもつものは耳ではなく，思いのほうなのです。昔の友人から久しぶりに電話をもらったときもそうです。相手の名前を聞いて，昔の状況や情景が生き生きと思い出されるために，電話が情緒的な道具に変身するのです。もちろん患者が最初に電話をかけてくるときには，紹介を受けたのでなければそうした文脈はありませんから，電話口の反応によって相手の印象を決めることになります。

　患者側から見たら，注意すべきは次のような対応です。
- 誰か分からない人が電話に出てきた。
- 留守番電話に入れたのに，返事が返ってこない。電話をかけると彼（彼ら）は忘れている。
- 話が緊急であるかどうかを気にしていない。
- セラピストは自分がどんな大学に出たか，あるいはどのような人物かを話す。自己開示をする。
- 精神科医ならば，電話で薬を処方する。あるいは入院を勧めたり，入院先を決めたりする。

これらの対応はどういただけません。特に自己開示するセラピストというのは，一見すると社交的で良い人のように感じますが，自分のことをぺらぺらしゃべるセラピストは，無意識には「おしゃべりな人」として認知されるので，患者の相談内容も人に軽くしゃべるという印象を与えますし，現実にその可能性は高いのです。これは専門的な出会いであり，普通の集団とは異なって，守秘義務は絶対です。また，自分の力に酔うタイプの精神科医は，しばしば相手の事情を聞いてすぐに対応を指示してしまいます。事情を詳しく知らないのに，医療行為をしてしまうのです。たとえば，患者の母親が，ある有名な精神科医の先生の著書を読んで九州から東京に連絡しました。電話を受けた精神科医は，患者に会ってもいないのに，母親からの数回の電話だけで，「入院すること」をすすめたそうです。これはセラピスト，コミ

ュニケーションの専門家としてはしてはいけないことです。「あなたの近くに私の知っている医師がいるので，まずそこで相談するように」，あるいは「私はそちらの地域の事情に詳しくないので，あなたが相談できるような近所の医療相談機関に行ってみて」という程度のこと以上は言えないはずです。セラピストは，自分の受容能力（キャパシティ）を超えて人と会うことはできません。1時間（45分から50分）に一人の人としか会えないのです。身が二つないのだから仕方がありません。

出会いの前提：構造と設定

　さて専門的なセラピストの場所ならば，だいたい次のような配慮がなされていると思います。場が清楚で，しかも守られていることが重要です。
- 開かれた場にあって，誰もが利用できる場所にある。
- トイレ，洗面所がある。
- 待合室が人であふれかえらない，あるいは次の人とすれ違わないような工夫がしてある。
- 部屋は誰かが簡単に入ってこないような工夫がしてある。
- 音が外に漏れないようにしてある。

以上は当たり前のことのように感じるかもしれませんが，反対の場合は意外に多いのです。たとえば，自宅を相談室代わりにしている人がいます。これは経済的な事情で仕方がないことが多いのですが，どうも私的な空間が治療の場に入ってきやすいのです。たとえば，患者が自分の人生を楽しめない，今まで娯楽にお金をかけたことがないという悩みを持っているとします。するとセラピストに対して，「私のセラピストは自分よりも人生を楽しんでいるかもしれない」「自分は車にのれないのに，セラピストは乗れるかもしれない」といった疑惑が生じるかもしれません。そのときに，その疑惑の意味を考えてみる作業はとても大切です。つまり，あまり根拠がないのにセラピストをそういう人だと考えやすい理由を見直すということです。ところが，自宅に面接室があると，セラピストの家にはりっぱな車があったりして，そのため疑惑というよりも本当のことを取り扱う作業になってしまいます。それはそれで意味はありますが，患者本人の気持ちを取り扱う作業はより複雑

になってしまいます。未婚の，あるいは子どものいない患者が，セラピストの家の洗濯物をみて，「先生のおうちは良いですね」などと発言することも考えられます。待合室に関しては，後述するように，賛否両論あるでしょうが，トイレや洗面所がない場所だと，これはもうセラピストの良識が問われます。あまりに余裕がないセラピストというイメージを与えます。

　待合室は不思議な場所です。さきほどお話したように，緊急の患者を取らないという原則をもっているなら，実は待合室はいりません。でもセラピストの経済事情に余裕があるなら，緩衝帯のような場所としての待合室をもってもかまいませんし，もし待合室というものがあるなら，それを積極的に使わない手はありません。ただできれば，面接を終わって部屋を出てくる患者と次の患者は出会わないほうがよいと言います。守秘義務という面からもそうですが，セラピストが他の人にも会っていると患者が知ることは，守られているという感覚に対する侵入にもなります。それに，精神分析の創始者フロイトがそうしていたという伝統もあります。もっとも，そうした施設を確保するのは難しいものです。ですからそれぞれのセラピストが，患者たちが出会わないような配慮，待合室がごったがえすことのないような配慮をしています。患者から見れば，待合室に煩雑な，ごたごたした感じがなければ，その場はそれなりの配慮が働いていると見てよいと思います。安心できる居場所は，こうして準備されます。

　さてここで，「構造」と「設定」という二つの言葉を分けておくことにしましょう。あらゆる場面をこの二つに分類することが可能です。治療構造とは，日本の著名な精神分析家，小此木啓吾が提唱している考え方ですが，広い意味での治療の認識的な枠組みのことです。もっとも小此木の概念は非常に応用範囲が広いので，彼が四半世紀前に提唱して以来，いくつかの議論が行われてきました。そのなかで精神分析家の北山修との間で行われた議論は非常に興味深いものでした。小此木は，治療の枠組みである構造をフロイトの治療態度から導き出したのですが，それを拡張するためにいろいろな諸要素を包括して，構造と見なそうとしました。それに対して北山は，「構造」という意味のなかには，セラピストが意図して動かせる可変的な要素と，動かせない要素があるのだと指摘しました。もちろん反対に小此木も，認識のなかでは，どんな要素をも構造と見なすことができる，つまり動かすことが

できるのだと反論しています。ここでのやり取りはそれなりに重要です。小此木の認識論的な論点にも，北山の環境主義的な論点にも一理あります（岩崎他編 1990）。

　あらゆる治療状況には可変的な要素と不変的な要素があります。たとえば，さきほどからお話してきた「文脈」の大半が，患者がすでに体験してきたことで，変えられません。私のところに紹介されてやってくるまでの間，患者が何人かのカウンセラーと出会ってきたなら，それは私にとっては変えられない不変的な要素です。でもそのことを知って，私が彼との関係を「すでにカウンセリング的なものを知っているので，対応を少し変えよう」「すでに知っていることを考えながら彼／彼女と会おう」としているなら，そこには少しだけ可変的な要素が含まれています。そこで，私は言葉でこれまでの文脈を確認します。ある患者は，前のセラピストが主治医や周りの家族に自分のことをしゃべり，家族全員を巻き込んだ治療をしようとしていたと言いました。家族から心理的に自立したいと思って悩んでいた彼は，それですっかりへこんでしまったと言います。この場合，いまここで彼に会っている私は，「主治医や家族にあなたのことを伝える場合には，あなたに一つ一つ確認してからにしましょう」と言うのです。それだけでも，心理療法を気持ちよく進めることができますし，心理療法での出会いが前とは違った意味をもつようになります。つまり，前の失敗があるから今の状況が準備されているという，良い意味での失敗に変化するのです。

　人間は言葉をもっているおかげで，時間や空間に柔軟な意味づけをすることができます。これまで経験してしまったことという不変的な要素も，今ここでの状況に作用している思い出として取り扱うことで，可変的なものに変えることができるのです。私たち人間は，言葉を使って「過去を変えられる」ものなのです。これは記憶だけにとどまりません。性格と呼ばれているものも，ちょっと見方を変えれば違ってみえます。頑固でしょうがない人は堅実で一貫性のある人に，いいかげんだと言われる人は柔軟で適応力の高い人に，見方を変えることができるのです。心理療法という場は，不変的な要素と可変的な要素の綱引きの間に成り立っています。見方や語り方，あるいは態度を少し変えてみることで，まったく違った視点が得られるのです。これを私は「視点の逆転」と呼んでいます。

このように考えれば，小此木の論点と北山の論点は連続しています。まず，部屋や施設などを例に考えて見ましょう。すると「構造」と「設定」とを次のように分類することができます。

| 構　造 | 不変的要素 | 住所，建築物，使える部屋の大きさ，固定されている机，固定されている飾り，使える人手 |
| 設　定 | 可変的要素 | 部屋が複数使える場合の選択，動かせる机や椅子，対面法，座り方，姿勢，話し方と動き，会話 |

そして不変的な要素は，かなりの程度，あらかじめ決められてしまっていますので，セラピストの配慮と技量とは，可変的な要素に注がれていると言えます。

　構造と設定の話は第2章以降もすることになるでしょうから，ここでは，出会いの場を用意する専門家にとって，すでに決まっていて変えられない要素と変えられる要素があるということを確認しておきましょう。もちろん，変えられるか変えられないか分からない要素もたくさんあります。あなたが病院に雇われていて相談のための面接室を持っていない場合，経営者に働きかけて，部屋を使えるようにしてもらう。でもあまり強く要求すると，職場で要求がましいと思われて人間関係があまりうまくいかないような場合もあります。その場合，職場の人間関係を構造ととらえるのか，設定ととらえるのかは流動的です。できるだけはっきりとした場を持てるにこしたことはありません。

　これはちょうど建設現場で足場を設ける仕事に似ています。面積や立地条件は変えられませんから，あとはどのように枠組みを組み立てていくかです。しっかりとした枠組みを組み立てるために，動かせる要素をできるだけ使っていくのです。建築現場で言えばパイプやねじ類ですが，それらをどう組み合わせるかで，できてくる足場はまったく違うものになるでしょう。与えられた条件のなかでどれだけしっかりと便利な枠組みを作るか，これが職人の仕事です。発想は簡単です。居場所を作るときには，動かせる要素を可能な限り活用するということなのです。

　ここで重要なのは，

① 時間と空間の枠組みをしっかりと確保する
② 出会いにはさまざまな前提となる文脈があるので，それをできるだけ単純にする
③ あらゆる状況のなかには動かせる要素と動かせない要素があるので，安全な足場を設けるために動かせる要素を活用していく

ということです。これらはいずれも，しっかりとした出会いの足場を設けるための作業です。私たちが時間や場所を確保するときに配慮するのは，誰が誰に対してどのように出会うのかという枠組みを明確にするということです。

　ここまでの話で読者の方々はだいたいお気づきだと思いますが，治療構造は認識枠なので，一番大切なことはセラピストが安心して仕事ができるということなのです。定点観測というか，見る視点がぶれないというか，そうした認識の枠組みを獲得するには，セラピストの心理社会的な環境，経済的な基盤を含めて，その人が安心していられる程度に，自虐的な満足を得ることなく自分なりのあり方が保障されることが大切です。

　心理療法をする上でもっとも大切なことは，文脈を整理するということです。患者がここに来るまでにどのような経緯があったのか，自分から来たのか，誰かからの紹介なのか，それとも連れて来られたのか，などの文脈は，出会いを準備するとても大切な構成要素なのです。いろいろなクリニックを渡り歩いてたどり着くのと，信頼できる医師から心理療法に適応だと紹介されてくるのとでは，その人の出会いのなかに含まれている，その人間関係が異なるのです。それは出会いの構造のなかに含まれている前提であり，セラピストの設定に，あるいは転移に影響を与えます。

　セラピストが安定した枠組みの中で，予約を受け，しっかりとした構造のなかで設定を考えられるようにすること，それがまず出会いの前提です。

第2章　治療同盟を作る

連れてこられる人たちが多い

　臨床場面によっては，心理療法やカウンセリングを希望し，その正確なイメージを持って来る患者が少ないところもあると思います。「連れてこられる」場面ということです。たとえば公的な機関というのは，自分から訪れる人がそんなに多くない場合があります。スクールカウンセラーが学校に配備されるようになっていますが，そこでのカウンセリングもそうです。心配した担任の先生や保健の先生に「行きなさい」と言われたり，行かざるを得ない状況に追い込まれたりして来談する，あるいは連れてこられる場合が圧倒的に多いのです。医療場面，たとえばクリニックのカウンセリングでも，主治医の先生が，「この患者は話したそうにしているので」と臨床心理士やカウンセラーに回してくることが多いのです。そんな場合，問題を訴えているのは必ずしも患者本人ではありません。ここから「自分で来る」という軸に移行してもらうための手続きを，治療同盟を作る作業と言います。これは最初から自分で来た患者にはあまり必要ありません。チャールズ・ブレナーという精神分析家は，後でお話しする転移という概念と治療同盟という概念は分けられるものではなく，同盟が共謀になれば転移の分析が中途半端になるので，使わないほうがいいのではないかと指摘しています（Brenner, C. 1979）。また現代の精神分析のなかでもクライン学派はこの概念を使いません。精神分析あるいはカウンセリングに最初から動機を持って来る人にはあまりいらない，というより暗黙のうちに行っていることなのです。でもどん

な患者にも応用できるものなので，心理療法が心のより所になるプロセスでセラピストの頭に置いておいてもらいたいのです。患者が心理療法を訪れる動機はさまざまですし，より促進的な心理療法のために関係性を育てるような同盟関係が必要だという議論（Safran, J. & Muran, J. C. 2000）も最近では出てきていますから，治療同盟を作る作業を意識化しておく意義はあるでしょう。

　たとえば図2-1を見てください。これは教育相談所の事例ですが，経緯はよくあるものですので，非常に単純化してお話しします。担任が学校に来ない子どものことを母親に連絡して，そのことを知らなかった母親がややびっくりして（働くシングルの母親だったということもあり）心配し，紹介された教育相談所を子どもと一緒に訪ねてきました。この時点で，連れてこられた子どもに「何で来たの」と聞くことは致命的なミスリーディングです。アウトという感じです。

　ここでの「何で来たの」という質問の問題点は一つだけではありません。そもそもこの子どもは不登校ですから，いろんな人，たとえば担任や母親から，同じように「何で」という問いを投げかけられていることが多いのです。だから，ここでまた「何で」と問われると，たいていの場合，それを非難の

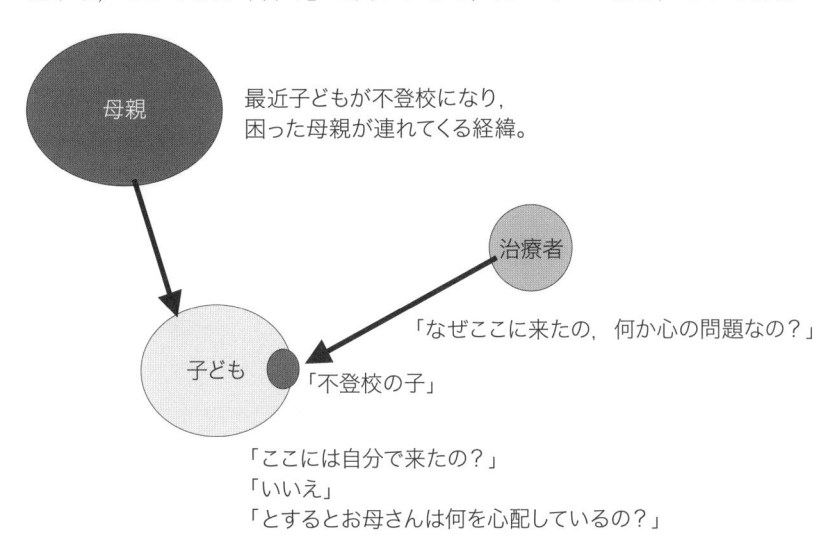

母親

最近子どもが不登校になり，
困った母親が連れてくる経緯。

治療者

「なぜここに来たの，何か心の問題なの？」

子ども　「不登校の子」

「ここには自分で来たの？」
「いいえ」
「とするとお母さんは何を心配しているの？」

図2-1　不登校として母親に教育相談所に連れてこられた子ども

ように感じるのです。一般論としても,「なぜ」は心理療法では禁忌の場面が多いのです。不登校に限らず,患者は症状について本人がよく分からないのに周囲からその理由を問われていることが多く,その手の質問は親が子どもを非難しているような場面を連想しやすい,非難として聞こえやすいのです。さらにこの子どもの場合,自分から来たのではなくて連れてこられたのです。連れてこられたことがすでに懲罰の意味をもっていることさえ珍しくありません。

図の母親のところは主治医や先生であることもあり,夫や妻であることもあります。いずれにせよ目の前の患者には主訴がなく,その主訴が,バックグラウンド,背景に退いていることは珍しくありません。誰かに言われて来た人に対して「あなたの問題は何」と聞くのは筋違いなのです。最初の質問は,「どんなふうにここに来ることになったか教えてくれるかしらね」でしょうし,あるいはエリクソン学派の催眠療法家オハンロンが言うように,「わざわざここに来ることになったのは,いろいろと大変でしたね」というねぎらいです。人によっては首根っこを掴まれて連れてこられた,連行されて来たみたいなものなのですから。

文脈を構成する主な要素は,この来所経緯なのです。出会いには経緯がとても大切なのです。今ここにいる人がどういう文脈でここに来たのか,そして何をより所としていて,何をしたいのかということを共有することが,経緯を理解することから始まります。いろいろと連れまわされたあげくクリニックを訪れる人もいますから,そういう前提で会うのです。それは私たちが最初に習う,来談者中心のカウンセリングとは,動機がかなり異なります。この事例の場合,主訴をもっているのは母親です。そのことが分かったら,ここでまず子どもに問うべきは,「ここにはご自分で来たの?」ということなのです。そしてもし「違う」と首を横に振るのなら,「お母さんはどういう理由で君を連れてきたのかしら」ということです。

連れまわされてきた子どもの多くは心が弱っているので,下を向いて何も話してくれません。その時には,二人でずうっと下を向いているのではなく,プレイルームがあるなら,しばらくそこで遊んで元気になってもらってから話を聞くという方法もあります。もちろんそんな豪華な施設がない場合も少なくありませんから,その場合には主訴の当事者,お母さんを一時的に部屋

に呼んで，どうしてここに彼が来ることになってしまったか聞いていいか，そう子どもに聞いてみたうえで，母親と一緒に彼と会う時間を設ける方法もあります。そして母親に出ていってもらってから，「今のお母さんの言ったことだけどさ」と言って，話を展開させていくのです。しばらく雑談をしてから最初の質問に戻る方法もあります。いずれにしても，すぐに「何で」と聞くのは，子どもを，そして場面によっては母親を責めることになりやすいのです（これについては拙著『精神分析における言葉の活用』〔金剛出版〕を参照してください）。

　さて事例のように，患者が本当は来たくなかったとしましょう。そうしたら基本的に私たちがすることは，来たくないのに連れてこられてしまったその経緯を共有することです。経緯を通して文脈を共有することがあらゆる出会いの基本的な手続きです。そしてそれが治療同盟，作業同盟関係の出発点です。相手の文脈を理解していなくては，一緒に同じ光景を見ることができません。文脈の共有なしにセラピストが傾聴しても，共感は絵に描いた餅にすぎません。

　セラピストが目指している患者-セラピスト関係は，19世紀，心理療法が誕生した時代から「ラポール Rapports」とフランス語で呼ばれてきました。その言葉は，一時的な信頼関係ができたということを言い，もともと催

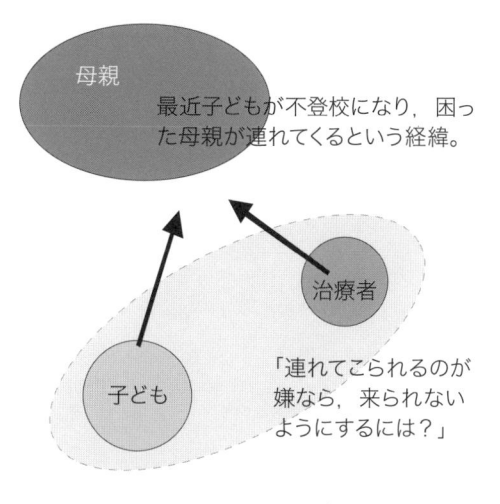

図 2-2　ラポールから治療同盟

眠療法の言葉です。暗示をかけるときに，患者にはセラピストに対する一種の信頼関係，ゆだねる関係が必要です。セラピストは自分に変なことはしないから安心して催眠状態に入れる，という気持ちが患者にわきあがるための，心の準備が必要なわけです。催眠療法では，術者が被術者との間に一種の信頼関係を築いておく必要があるということです。「心を開いて相手の言葉を受け入れる」という意味で，そこから催眠暗示という技法を取り除くと「心を開いて言いたいことを言える」という意味になるでしょう。しばしば共感の文脈で語られるラポールは，図2-2でセラピストと子どもとを覆っている薄い膜のような楕円です。それは一緒に経緯を見ることから始まります。

この事例では「お母さんがここにあなたを連れてきた。でもあなたは嫌だという。じゃあどうしたらいいのか一緒に考えよう」というスタンスのなかで生まれる，共有された膜のようなもの，これがラポールです。そしてもし患者が一緒に考えはじめてくれたら，そのときに生み出される協同関係が，治療同盟の母型と呼ばれるものです。図2-2の膜が厚くなっていくということです。

作業同盟への道

治療同盟は，フロイトが晩年の論文で「自我の自我との同盟」という言葉で指摘したものです。精神分析は長く，多くの時間を費やすものなので，同盟関係がしっかりとしていないといけない，フロイトはそう考えたのです。最初の段階で生じる不安に好ましい方向に影響をもたらし，好ましい情緒的な雰囲気を作り出す，そしてセラピストの自我と患者の自我が一緒に作業することができれば，分析の仕事を促進することができるというのです。精神分析は寝椅子を使った毎日分析（フロイトは一人の患者を週6日治療していました）という特別な設定を用いるので，ある意味でそこから生じる剥奪と苦しさとを補うような好ましい関係を作り上げる，セラピストへの陽性の感情が必要だと考えたのです。後々，転移が発展して抵抗や否定的な感情，つまり陰性の側面が前面に出てくると，その陽性転移の関係が陰性感情を減じるという効果もあります。そんなに悪い人ではない人を嫌になった理由を，患者が自分なりに考えてくれるようになるということです。その意味で，治

療同盟は回復への願望を強く維持します。転移的であると同時に現実的な関係であるため，転移神経症の偏りや歪みを比較対照できるという治療的な効果もあるとされてきました（Meissner, W. W. 1996）。この最初に作られる，一緒に物事を考えられるような協同，コラボレーション関係が，心理療法全体の土台になるのです。

　心理療法やカウンセリングに来るときには誰もが不安ですが，自分の問題を解決してくれると思っている人もいれば，この事例のように，不気味な空間に連れてこられてしまったと思っている人もいます。ですからここで，その人が何を求めているか，経緯を通してできる限り想像しながら，そこに含まれている問題を一緒に解決するスタンスを作り出すのです。

　事例に戻りましょう。もし「あなたがここに連れてこられた」文脈から「お母さんが心配している，訴えている」という話になってくれば，セラピストも同じように心配しているのですから，この子どもも乗ってくれるかもしれません。少なくとも，セラピストは自分を責めているのではなく，自分の事情を理解しようとしているのだということが伝わります。こうして治療同盟の母型ができれば，母親が自分を連れてきた背景を考えはじめるでしょう。そうすると，自分がお母さんを心配させている事情，あるいは自分が連れてこられるようになった事情について考えていけるようになります（実は心配する母親のほうにこそ心理的な問題があることが明らかになる場合もありますが）。もちろん，そこまで行かなくても，お母さんがどうも心配しているらしいと分かって学校に行く子どももいますし，こんなところに連れてこられるほどの大問題とは思わなかった，と周囲に平静になってもらうように学校に行く子どももいます。「よく分からないけど，学校に行くほうが都合よいらしい」と思って学校に行くなら，それでもよいのです。そうして母親の心配，主訴は消えていきます。シングルセッションのセラピーでは，治療はこの文脈の共有という作業だけで終わってしまうことが多いのです。

　セラピーによって，はじめて心のなかに「なぜ学校に行けないか」という問題の感覚が生まれ，自分のなかの何か異質なものが浮き彫りになります。自我違和的なものになるのです。私はこれを症状や問題の「異化」と呼んでいます。「よく分からないけれど，それについて一緒に考えていこう」「自分のために母親が心配しているのは，何か自分にもよく分からない問題があ

る」というふうに問題を取り扱おうとしはじめるのです。そのときに，本人の心のなかにどれぐらい症状や問題が異化されていて，違和感を持っているかを聞くのです。ようやく「自分としてはどうしてだと思っている？」という問いが生きてきます。この問いを急がないことです。

　治療の選択は，どういう方向でこの違和感に対処していくかによります。治療の選択のことは後で話しますが，取り急ぎこの事例で言えば，主観的な違和感をもたらしている症状を学校に行くことで取り除くという方向がある一方で，そうではなくて自分の問題をきっかけにして自分自身の状況，陥っている葛藤を見直すという方向もあります。こうした治療選択においても，治療同盟はとても大切です（Safran, J. 2005）。治療の体系的選択のところで述べるように，ここからいろいろなことを一緒に決めていけるようになれば，一緒に作業していく治療構造ができあがります。ラルフ・グリーンソンという精神分析家（マリリン・モンローのセラピストだったことで有名ですが）は，治療同盟のことを「作業同盟」と言いました。一緒に作業していく，心理療法をしていくスタンスが共有されるということです。来所するまでの文脈を一緒に見た後は，問題を解消するために一緒に作業するのです。問題志向から解決志向への視点の移動のようなものですが，そのためには，精神分析の，寝椅子に寝て自分なりに問題を見直すという設定は非常に優れたものです。それは患者の人生のナラティブ（物語）が走馬灯のように映し出されるスクリーンを，セラピストと患者が一緒に見る作業なのです。

　自分の人生のなかに問題を位置づけることができるようになるということが，精神分析的な治療の方向性です。マートン・ギルという精神分析家はこれについて，患者のパースペクティブのなかで分析的な仕事をすることという言い方をしています。自分の心のなかにある病気あるいは問題，自分自身の葛藤について洞察するだけが心理療法ではないのです。問題の原因を考えるのではなく，自分の人生のなかに問題を位置づけて考えてみるのです。「作業同盟」とは，精神分析という仕事を一緒にするような関係になっていくということです。

　作業同盟ができはじめると，患者は自然と自分の症状や問題を「なぜ」と自問するようになります。この「なぜ」は，さきほどセラピストからの非難として聞こえたものではなくて，患者の自分の心に対する内省 reflection

物語⇒

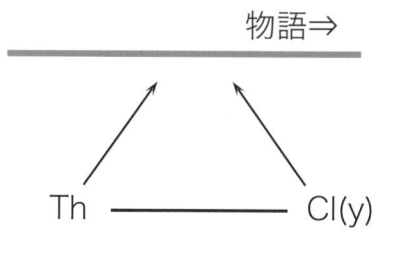

図2-3　スクリーン・モデル

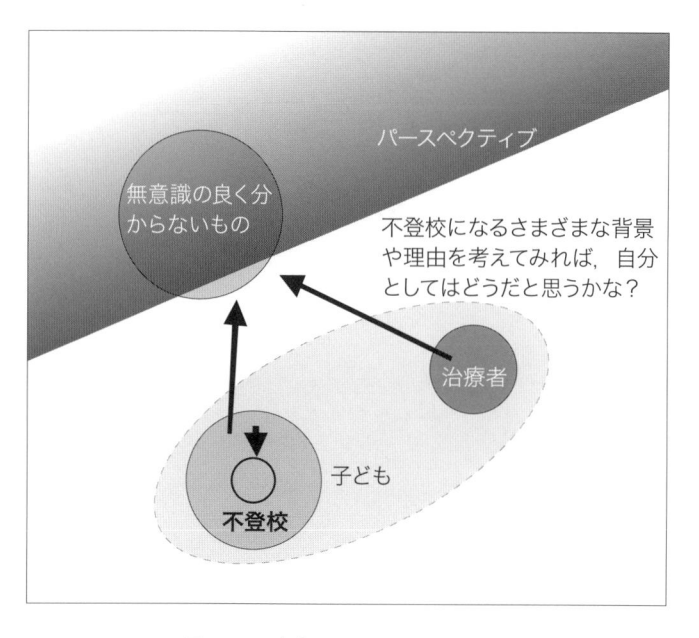

図2-4　患者のパースペクティブ

です（Fonagy, P. et al. 2002）。自我＝私という主観が，自分の人生の風景，この事例では母親との関係を含めた風景のなかに，問題を位置づけようとします。

　自我のこうした働きを最初に指摘したのは，ステルバという，日本にとても近しい分析家です。この人は，フロイトの下に留学した日本の精神分析のパイオニア古澤平作を分析した人です。ステルバが1934年に書いた「自我

の乖離」論文での考察が，とても重要な知見をもたらしました。彼は治療をしていると転移的な側面と現実的な側面とが乖離を起こしはじめると考えたのです（精神分析の歴史のなかで1934年というのは，クラインが抑うつポジションについて書き，ストレイチーという精神分析家が変容的解釈というクライン学派の基本的な技法の論文を発表した記念すべき年です）。そして現実を認識している側面が，観察自我，つまり自我の観察力を生み出し，患者がセラピストとの間で感じているさまざまな感情の理解を可能にすると考えました。そうやって自分なりに考える力を育てていくのが，精神分析的な治療の方向性です。もちろんそこまで行かなくても，何となく学校に行きたくなる，行ってもよいと思う程度でも心理療法は成功ですが，せっかく問題が起きたのですから，今ここでもう一度自分の人生を振り返る良い機会だと考えることもできるのです。

よく分からないものへの驚き

自分自身の問題を内省できるようになれば当然分かることですが，問題や病気の背景はひとつではなく，不登校になぜなったか，そんなことは分からないのです。だから違和感を覚えたところでとても不安で，居心地は悪い。よく分からない，でもこの人なら一緒に考えてくれるだろうというふうに，不安や疑問をセラピストと共有できるようになると，この「よく分からない」という感覚は，不気味な，わけのわからない理不尽なことではなくて，未知のことになり，そしてセラピストが少しずつそれを解明する手続きをしていければ，発見の驚きが得られます。セラピストよりも患者のほうが主観的な痛みをよく知っているという意味で切実ですし，患者よりもセラピストのほうがたくさん同じような人を見ているという意味で専門的なのです。セオドール・ライクは分析的な傾聴のことを「第三の耳で聞く」と言いましたが，無意識の表れは患者でもセラピストでもなく，お互いが分からないような，外から来るようなものです。臨床的な出会いのなかでは，本当に驚く truly startling ようなことが驚くほど真実 startling true であるということはたくさんあります。「驚き surprise」によってはじめて，そこにある物語に触れることができるのです（Reik, T. 1936）。

クリストファー・ボラスという精神分析家は未思考の知 unthought known と呼んでいますが，私たちの認識や知覚にはよく分からないことがたくさんあります。そのなかでうまく使われている部分は暗黙知と言いかえてもよいのですが，そうでないものもたくさんあります。そうした考えていない部分，不安でありながら生きていたり，疑問に思いつつ見過ごしていたりすることを言葉にしていく作業によって私たちの人生は豊かになります。精神分析はそのような作業なのです（Bollas, C. 1999）。

　このような作業同盟ができあがり，自分の問題に違和感をもち，自分なりにこれまでの経緯や人生のなか，主観的なパースペクティブのなかに問題を位置づけられるようになれば，患者が自分の問題に一番詳しい人になるわけです。この立場を分析的主体と言うことがあります。「分からない」領域に向かって共に視るという姿勢ができれば，セラピストのほうでも積極的に「分からない」という疑問を使えるようになります。ちなみに不安な患者たちが専門家のところを訪れて，信頼できると思って質問した時に，セラピストに「分からない」と言われてしまうと，患者の不安は強くなります。ですから専門家としては，患者が理解できる範囲で自分の問題に違和感を持てるように，そして自分自身を考えていけるように，その経緯が作り出す文脈に目を向けていくわけです。さきほどの事例では，母親にここに連れてこられたことは嫌だけど，嫌な現実の理由を考えてみると，はじめて自分が学校に行っていないことに目が向くわけです。そうやって焦点が明確になっていくのです。

　焦点が明確になるまでの間，私たちが患者に問いかけるときには，できるだけオープンな形の質問をすることを私は勧めています。オープンな質問とは，相手が自由に答えられる質問です。「それはどんなことですか」「もう少し詳しく教えてもらえますか」などの，患者が自由に答えられる質問です。それに対してクローズな質問というのは，「熱はありますか」「何度ですか」といった，答えが一つしかない質問であり，しかも焦点がどんどん明確になっていけば，「はい」か「いいえ」で答えられるような問いかけ方です。一般に医療面接は与えられた時間の前半にオープンな質問をして，後半にクローズ，あるいは明確化の質問をするように構造化します。心理療法も基本的にはそれに近いものです。そのなかで，セラピストと患者は一緒に問題を特

定できるようにしていくのです。

　心の問題では，主観そのものが病んでいることがあります。ですから，「よく分からない」ことをしっかりと同定できるような作業同盟が重要になります。治療を構造化するということは，患者の主観に近い立場で，分からないことを特定していく作業です。北山修は『共視論』(2005)という本のなかで，母親と子どもが一緒に対象を発見する体験が子どもの発達においてきわめて重要であると語っています。最初の出会いから，「よく分からないこと」に目が向き，患者がセラピストと一緒にその背景を発見するためには，共に視るという同盟関係が不可欠なスタンスです。こうして私たちは，「分からない」という問いを患者と一緒に共視できるようになっていくのです。

第3章　不安への対処：足場を作る

不安を読み取る

　道に迷っている人，それが居場所やより所を失った人のイメージです。その人はどうしてよいか分からずに，問題や悩みを抱えている，あるいは実際に心療内科や精神科に通院して薬を飲んでいて，ちっとも問題や症状が解消していない。あるとき，心理療法という名前の技術で気持ちや感情を取り扱う専門家がいるということを耳にします。それで電話をして，予約をする。
　理想的なファースト・コンタクトは，受付時間に電話をかけてきた人に，私自身が対応するということだろうと思います。なぜなら，それによってパーソナルなものが維持されるからです。「もしもし」で出会い，面接まで一人で対応していけば，そこでの関係は非常にパーソナルなものです。私は電話口の患者から手短に経緯を聞いて，緊急かどうかを判断し，空いている時間枠に予約を入れる。また来所の仕方を説明し，もし必要ならファックスや手紙で地図を送ります。もちろん，そうした情報の渡し方には慎重であるべきです。家族や夫には内緒で相談したい，ということは珍しくありません。慎重に準備された出会いは，一対一という感覚を保持しているはずです。
　さて，さまざまな配慮のなかで治療同盟を作るために，その足場を設定していくのが次のステップです。
　心理療法のプロセスを示すために，十牛図という，主に臨在禅で用いられる絵物語を紹介しましょう。自分の本当の自己を発見するための作業を，牛と牛飼いについての十枚の絵と文で示したものと考えられているものです。

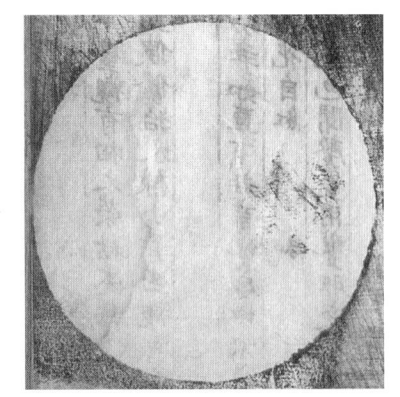

⑧人牛俱忘

⑨返本還源

⑩入鄽垂手

図 3-1　十牛図，最後の 3 枚
(「住鼎州梁山廓庵和尚十牛圖」より。京都大学人文科学研究所所蔵)

廓庵禅師の作と呼ばれていて，上田閑照が『道程「十牛図」を歩む』（岩波書店）という本で詳しく述べています。それらは，

① 尋牛（じんぎゅう）：牛を尋ねてそれを探し求めている姿があります。探し求めはじめるということ，禅では発心すると言います。
② 見跡（けんせき）：牛の足跡を発見する，あるいは牛の跡ばかりを追っている姿が描かれます。
③ 見牛（けんぎゅう）：牛が見られるようになる，牛を追っている姿が描かれます。
④ 得牛（とくぎゅう）：牛を捕まえる，牛に手綱をかけて引いている姿が描かれています。
⑤ 牧牛（ぼくぎゅう）：手綱をもって牛を引いて歩いている図で，牛を飼うことができるようになったのです。
⑥ 騎牛帰家（きぎゅうきか）：牛にまたがって家に帰る。牛と騎手は一体になって家に帰るということを意味します。
⑦ 忘牛存人（ぼうぎゅうぞんにん）：牛を忘れて人だけがそこにいる姿が描かれます。
⑧ 人牛倶忘（にんぎゅうぐぼう）：人も牛もともに忘れてしまう境地，ひとつの円で描かれます。
⑨ 返本還源（へんぽんげんげん）：もともとの姿，そこに描かれているのは水緑山青，自然の姿です。
⑩ 入鄽垂手（にってんすいしゅ）：鄽というのは「お店」「街」のことで，普通の日常生活に戻るということ，垂手は「皆に教えを伝える」という仏教的な意味です。

これら十枚の絵を，禅では，発心して（尋牛），ものの道理を見極めようと懸命に理由や結果を探し求め（見跡），ものが見えるようになってくる（見牛），そしてさらに努力するとある悟りをつかめるようになって（得牛），その悟った心境をある程度コントロールできるようになり（牧牛），それを会得，一体家することで，もう一度もとの日常に戻っていく（騎牛帰家）という前半のプロセス，そして得られた心境が探し求めていた牛（自己）とひとつになり，牛であることも人であることも忘れ（人牛倶忘），本来の姿を体験（返本還源）して，日常のなかでその悟りを伝える（入鄽垂手）という後半のプロセスを通した，悟りの過程が描かれたものと考えます。ここで最後の3枚がすべてある種の心境である，つまり円というあり方，自然の姿，街

のなかでの生活の仕方であることは重要です。

　精神分析を少し勉強したことのある人ならお気づきのように，ここでの牛は，フロイトが述べたところの馬と非常に近いのです。フロイトは馬を無意識の衝動的な側面，騎手を自我と見なして，騎手が荒馬に乗る姿を，人間が衝動に振り回されながら，その手綱をコントロールしようとする姿にたとえました。そうして見ると，この十牛図は，自分の本当の自己というよりも，自分の気がつかない衝動的な側面と出会う物語として読むこともできます。また悟りの過程というよりも，「牛」を失った自分の一部と見なして，それを再び発見する，つまり病んで見失ったり，抑圧していたりした自分の一部を再発見する物語と考えるなら，このプロセスは，心理療法のそれにかなり近いものになります。無意識のうちに衝動的な部分を抑圧したり，切り離して乖離を起こしてしまったりする状態が，精神分析的には病んでいる状態です。何か足りない，何かがないと感じているわけです。

　そして病んでいる人たちは，病気を通じて自分に「なぜ」を向け，自分の人生のなかで何かを見失い，自分らしくない生き方をしていたり，あるいは本当はこうではないのにと思って，心理療法を尋ねます。牛を求めているのに近いのです。禅の言い方に近づけるなら，病気で見失った自分を発見しようとしているのかもしれません。そして心理療法やカウンセリングに期待されることは，その失った，あるいは発見できない何かを再発見する作業です。そしてごく普通の日常に戻っていく。上田によれば，後半の3枚，つまり牛と人とが一体になって，牛が消えてしまうところは，セットで考えるべきものです。一度，牛を探し求め，発見して，それを会得するなら，その失われたものや見失っていたものと一体化して，本来の自然な姿に近く生きるように，再び新しく，日常に戻っていくのだというのです。実際，11世紀ごろの作者は，10枚目を牛と人がともに忘れる，円の図としています。日本で最初の心理臨床家と呼ばれている，白隠の絵がそうです。

　病んでいる，悩んでいる心は，不安で神経質です。何かを求めている，居場所を失っている人たちは，牛を見つけようと足跡ばかりを探している，あるいは発見したとしてもそれをうまくコントロールできないで格闘しているのです。すなわち自分の緊張や不安をうまく処理できていない。そんな患者の姿を発見することが，最初の過程です。人は不安なとき身構えていま

す。犬が人に吠えかかるように，周囲に敏感にアンテナを張っている状態です。野生の牛にてこずるように，落ち着く場がないのです。だからどうしても，新しい人であるセラピストとの出会いでは緊張してしまいます。ですから専門家のほうでは，あたってくだけろ，みたいなことは絶対にしてはいけません（咬まれませんが嫌われます）。恋愛でも同じですが，そうやってうまくいくことは，何を言ってもうまくいく場合以外は，ありえません。

　では，不安や緊張の状態におかれると人はどのようになるか考えてみましょう。自律神経系と心身相互作用という二つの反応を頭においてください。たいていはこれで相手の不安や緊張を読み取ることができます。

　自律神経系というのは，交感神経と副交感神経の二つがバランスを取ることで成り立っています。交感神経は興奮，副交感神経は平静の方向性をもっています。緊張状態というのは，じっと静かにしていなければならないが内側は興奮状態にあるという，矛盾した微妙なバランスの上に成り立っています。優位なのは交感神経で，目の瞳孔が拡がります。そして心臓の鼓動が速くなって，呼吸が荒く速くなります。体全体の筋肉に力が入ります。冷や汗が出て，顔の血管が収縮して顔色がやや青くなります。こうした緊張状態は体が今にも動き出そうとしている状態で，ちょうど一本勝負のにらみ合いのとき，相撲でいうなら「のこった」という掛け声の前のような感じです。

　でも患者は面接に来ているのであってスポーツをしに来ているわけではありません。そのため，いてもたってもいられなくてぶらぶらと歩き出してしまう人もいます。それ自体は自然な反応ですが，座っていられないだけ緊張が高いとも言えます。振る舞いに落ち着きがなく，何回も同じ姿勢を取り直そうとしたり，目をきょろきょろさせながら話をしている人もそうです。これは重要な行動上の指標です。どうしても落ち着いて座っていられないのは，過度に緊張の高い人なのです。座っている場合でも，過度に緊張の高い人は，一言話しかけてみると堰を切ったように反応します。その人たちも，待ちの体勢で目いっぱいの緊張状態にあるわけです。

　では相手が強い不安を抱えている場合はどうでしょうか。不安が強い人も，表情や身体反応は緊張している人と似ています。ただ一つ，声をかけたときの反応は微妙に異なります。自分の問題を抱えきれないで困っている場合や，自分の現状をうまくコントロールできなくて不安を感じている場合，どのよ

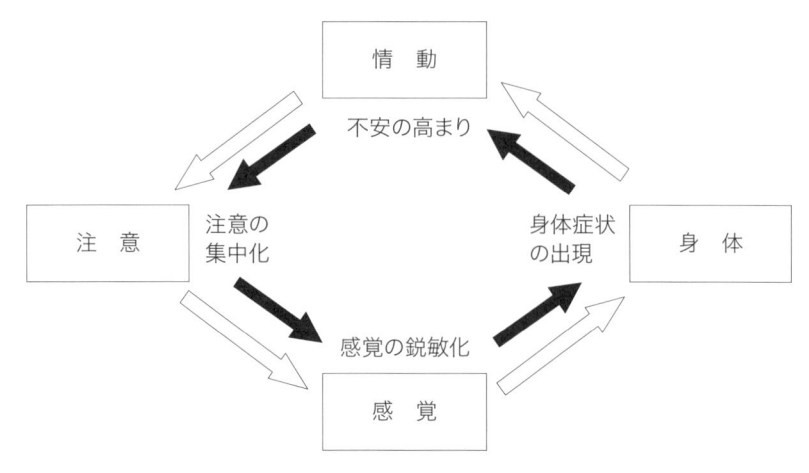

図 3-2　心身相互作用（貝谷 1997）

うになるか考えていただければよいと思います。ここで心身相互作用という言葉を頭においておく必要があります。図 3-2 にあるように，心身相互作用というのは，「悲しいから泣くのではなく，泣くから悲しいのだ」という有名なジェームス‐ランゲ説，そして「悲しみと泣くことは別だ」としたキャノン‐バード説を統合する形で，泣くことが悲しみを循環的に強めるし，その逆もあるという相互作用論に基づいているのです。私たちは不安だからそそわそわするだけでなく，緊張による自律神経の興奮によって生じた身体反応に情動的に反応して，不安を感じるのです。そして不安を感じると，意識や注意が狭くなり，そのために感覚が鋭敏になります。そして感覚の鋭敏化がさらに身体反応を感じやすくするために，不安が強くなるという循環的な関係にあるということです。

　また行動面では，自分の状態を突き詰めると漠然としていて分からない，でもその分からない状態はどうにかしたいので焦っている，でも何もできない，というときには，心身相互作用と同じことが意識と行動の間で起きています。体の面からも，環境との間でも，空回りしているのです。すなわち不安が強い人では，自分のなかにいくつかの点で悪循環が生じていると言えます。不安になって，感覚が敏感になり，その結果さらに視野が狭窄化して，意識が身体や内的な状態に向かっている。そんな状態を理解して対処・コン

トロールしようとするのですが，うまくいかないので空回りしているのです。この悪循環を考えてもらえば患者の反応は分かりやすいと思います。不安な人は自分のなかで空回りしているために，「…さん」と呼びかけても反応が遅くなるのが特徴です。そして，やや遅めに反応する患者のほうを向いてその人のしぐさや身振りを見てみると，非常に緊張した身体反応をしていることが多いものです。

　セラピストあるいは医師ならば，試みに，多くの人が待っている待合室で「…さん」と名前を呼んでみるとよいでしょう。何人か呼んでみると，ふらふらと歩き回っている人もいるかもしれませんが，座っている人なら，自分ではないかとさっと振り向いて立ち上がろうとする人，ちょっとだけ注意をこちらに向ける人，じっと耳を澄ませている人，呼ばれていることに気がつかない人がいます。この場合，すぐに立ち上がろうとする人と呼んでも気がつかない人が強い緊張を抱えています。そして話しかけてもあまり反応がはっきりしない人というのは，大まかに言って不安を抱えていることが多いのです。

　一番問題なのは，患者の不安が強くて，しかも緊張している場合だろうと思います。神経症など心の病に苦しんでいる人には，このタイプが多いと思います。自律神経の失調状態はかなり幅の広いものですが，これが不安によって空回りして対人関係に齟齬を起こしている場合が多いので，対人緊張が強い。そして不安で自分自身のことがどうにもならない状態です。このような場合，患者は，自律神経レベルの失調状態に加え，認知と行動の悪循環のなかにいるので，かなり深刻な不安を抱えているのです。この不安で緊張が高い人たちの気持ちを一言でいうなら，自分の気持ちの「やり場のない」状態だということができます。何かしたいのにできない，やればできると思っているのに何もできない，そんなどうしようもない気持ちです。

　不安で緊張が強い患者に対しては，面接の部屋に入るまで特別な配慮が，専門家の側に必要です。精神病を扱う精神分析家であったハリー・スタック・サリヴァンは，この配慮を「安心操作 security operation」と呼びました（Chapman, A. H. 1978）。

構造を設定する：面接の場所

　患者がセラピストを選ぶときに，実際にはそれほど多くの選択肢があるわけではないと思います。都市部ならいくつもの心理療法のクリニックから選べるかもしれませんが，地方によっては，セラピストという仕事をしている人を探すこともできないところだってあります。患者がある地方に生まれてそこにいる。そこにはおのずから制約があり，構造があります。でも心理療法を受けようと思うからには，その構造のなかでどうにかして何かを動かそうと努力しているということでしょう。

　専門家にとっても事情は同じです。与えられた状況の多くは構造的なものです。クリニックの経営者でないかぎり，待合室の場を一変させることなどできません。廊下も建物も変えることなどできません。面接室を複数もっている場合もあるかもしれませんが，反対にお金も時間もなくて，廊下でしか話せない場合だってあります。複数の部屋があれば設定の選択肢は広くなりますが，廊下での立ち話では，限られた構造のなかでどうにかして対応しなくてはいけません。いずれにしても動かせない構造のなかで，出会って，そして対応していくしかないのです。

　ここで，面接室を出て待合室にいる患者に会いに行く場面まで戻りましょう。そこで彼／彼女を観察しながらコンタクトをとる，つまり話しかけますが，既述の通り，不安で緊張が高い相手には，なかなか接触することができませんし，不安で緊張が高ければ相手は普段よりも厚い皮の服を着ているのと一緒ですから，話を聴くことができません。最初の段階で患者が不安なとき，あるいは緊張が強いときには，専門家のほうでその対応を考える必要があります。

　心理療法でのセラピスト側の対応の原則は，「簡単に動かせるものは最後に動かす」ということです。簡単に動かせないものは，動かした後で元に戻すのが大変なのです。これはちょうど引越しで物を運びこむのに似ています。引越しのとき，最初にこまごまとした物を入れてしまうと，大きな物を入れるときにそれが邪魔になって，なかなかうまく収容することができませんね。それと同じ原理です。ですから専門家の側で考えて対応する順番は，①場所，

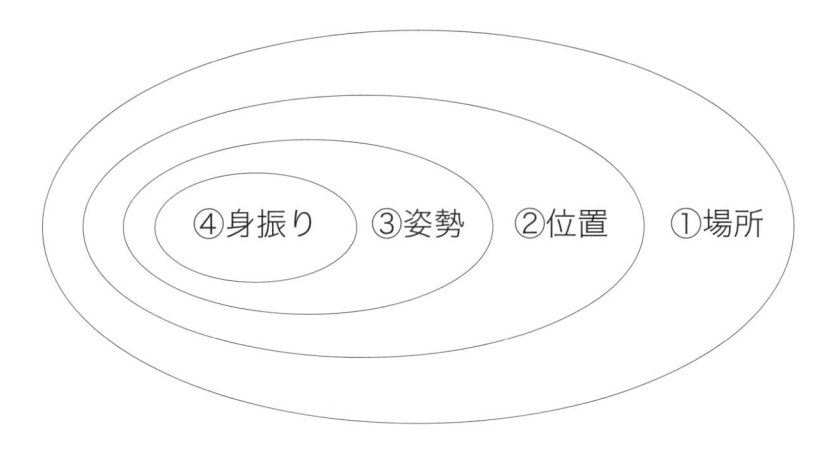

第3章　不安への対処：足場を作る　57

（同心円図：④身振り ③姿勢 ②位置 ①場所）

図3-3　セラピストの設定的要素

②位置，③姿勢，④身振りです。これは構造の調整の優先順位として，いつも念頭に置いておいてください。図3-3のように，同心円上に順番に頭に置いておくとよいと思います。これはセラピストが対応して動かせる要素が少ないほうから多いほうへと並べてあります。つまり限られた構造のなかで設定するというセラピストの作業のなかで，大きな変更から小さな変更までの順になっています。順に説明していきましょう。

　①場所は一般に構造的なものが大きい，ということはすでにお話しました。患者は住まいの近くに医者やセラピストを探さなければいけません。理想的な治療環境や技能をもとめて移動することもできますが，セラピストのほうにも経済的な限界があるのです。そのセラピストが経営者であったとしても無尽蔵に部屋を持てるわけではありませんし，使える場所が便利な立地条件にあるとは限りません。それに使える部屋などないかもしれません。でも部屋が使えなければ，庭やその辺のベンチでよいとも言えます。要はどのような配慮が必要かなのです。

　では思考実験をしてみましょう。広い部屋と狭い部屋があって，私が患者と会うときにその二種類の部屋から選択できるとします。そこで私はこう考えます。患者がリラックスして打ち解けやすい人だと思った場合，私は広い部屋でゆったりと会うことを選択して，「どうぞこちらに」と誘うでしょう。人間はゆったりとした気持ちのときには，多少広い場所のほうがくつろげる

ものです。でも反対に，不安で緊張が高い人は，自分の周囲やこれまでの経験には依存しようにもしがみつくところがなかった，言うなれば「取り付く島」がなかったので，じたばたしています。そして専門家ならもしかしてこの不安を除去してくれるのでは，という期待をもって訪れている。こういう人はそわそわしていますから，あまりにも広い空間だと，パスカルの不安（人間は葦であるというもの）として有名な「この空間が私を震撼させる」という，あまりにも取り付く場がない不安を強化してしまいます。その場合，私は広い空間が与える不安定感を除去するのです。つまり患者の表情や自律神経失調状態に強い緊張反応を見れば，専門家としての私は相対的に狭い空間を選びます。

　ただここで注意したいのは，不安で緊張が強いという感覚が，対人恐怖や対人緊張を背景にしている場合です。ここではさらにもう少しだけ配慮が必要です。序章でお話したように，対人恐怖や緊張というのは人見知りをひどくしたようなもので，非常に多くの人がそうなのですが，これが症状になると，かなりぴりぴりしていて目線に非常に敏感です。統合失調症の緊張症状や妄想をもっている人もそうですが，相手に対してアンテナを張っているように敏感です。ですから待合室で座っているその人に声をかけたときも，彼（女）は私とどうにかして目を合わせないようにしている。そしてこちらが目線を合わせようと声をかけてアプローチすると，彼の反応にますます緊張が高くなる。このような場合，患者は対人緊張，対人恐怖に悩んでいる可能性があります。不安で緊張が強いと思ったら相対的に狭い部屋を使ってよいと思いますが，対人恐怖あるいは対人緊張が高い人は，人に見られることがつらく目線を矢のように感じてしまいます。ですからここでちょっとだけ配慮して，目線が直接的に相手に飛び込まないように工夫するのです。優れたセラピストである神田橋條治は，「精神科の患者の中には，通常量の気持ちのゆきかいでも，圧倒され，混乱する人が少なからずいる。そのような人の治療のときは，境界線がわりの机やストーブなどを挟んで座るように工夫するのがよい」と述べています。なかなかの卓見，工夫です（神田橋 1984）。

　確かに対人緊張の強い場合に限れば，目線を外すことで予想以上に関係をとりやすくなることがあります。私は患者との間に記録用紙や画用紙を置いて，相手の言葉を図で示しながら面接する作業をしてみることにしています。

これは医師ならばカルテでよいと思います。するとセラピストの目線も患者の目線も画面のほうへ向かい，注意がそちらに集まるので，対人緊張が高い人でも話しやすくなるのです。一緒にカルテを記載するようにするのです。これはさきほどの共視体験，治療同盟のスタンスにつながっています。この目線を一箇所に向ける方法は，映画館でスクリーンを見ているように，集中させると同時に視野を狭くする方法であり，狭い部屋を選択したことの延長上に使う技術です。それに，図式化したり絵にしたりするほうが理解しやすい視覚的な人は聴覚的な人と同程度にいるので，この方法で非常に理解しやすく，話しやすくなる人は多いのです。この方法は，落ち着きがない人，子どものADHD（注意欠陥障害）の場合などでも，視野を狭くするために推奨されます。患者側から見れば，視野がはっきりしていて相手の言うことがよく聞こえるということでしょうか。

ちなみに，この①場所は決めてしまうとなかなか後戻りはできません。会う部屋をころころ変えることは，その関係が不安定で，いつも行き当たりばったりであることを意味します。一度行った大きな設定は構造の一部になると考えてください。最初の出会いのときに使った部屋は同じ時間帯，同じ形で使うことが求められます。また反対に，関係を見直す，たとえば心理テストをするとか査定面接をする（それぞれ相手の病態を調べるためもの）ときには違う部屋を使うようにすると，心理療法の面接とは別の面接が行われていると暗に伝える効果があるのです。

次が②位置への配慮です。セラピストは患者を面接室に誘ったら，その次に椅子に座ってもらいます。ここで位置の問題が生じます。先に述べた神田橋の境界線をつくる工夫もそうですが，位置には，場所以上に多くの配慮の余地が含みこまれています。寝椅子を使う自由連想法，あるいはグループ療法や家族療法など，特別な設定を使う臨床場面でないかぎり，位置に関する原則はほぼひとつだと言ってよいと思います。自己紹介をして部屋に入り，椅子に座るまでの空間を使うのです。このとき原則として頭のなかに置いておきたいのは「対称性」です。部屋によって動かせる設定要素は限られており，セラピストは机を動かすことはできないかもしれませんが，椅子はたいてい動かせます。このときに，頭のなかに置いておくとよい言葉が「対称性」なのです。私たちの世界に二つの論理的な構造があると指摘したのは，

イグナチオ・マッテ - ブランコという精神分析家です。一方は非対称な因果的な論理であり，これは私たちの日常意識を支えています。大きい小さい，広い狭いなど，世のなかにはそれぞれ違いがあり，時間が流れていますから変化します。それらの違いを理解し，比較したり測ったりして，私たちは生活しています。それに対して無意識は，部分と全体，大小，時間といったものがまったく成り立たず，すべてを対称的なものとしてしまう世界です。ということは，権威，年齢差，男女差といった私たちの属性も，その世界ではまったく対称化するというのです（Matte-Blanco, I. 1988）。

　位置の問題を考えるうえで，空間心理学や近接学の面白い研究があります。それらの心理は人との間のことではありますが，同時になわばり意識という意味ではかなり生物学な起源をもつもので，多分に行動生物学的なものですが，私たちの思考の基盤に対称性があるということを示唆してくれます。図3-4を見てください。このような形で椅子が配置された学生食堂のテーブルをじっと観察していると，そこにある種の人間関係が反映されることが分かります。まずAの席に人が座っているとして，Bに座る人がAとどのような関係か，Cに座る人は，Dに座る人は……と調べていくと，ある種の傾向があるのです。表にまとめましたが，一般に私たちは，会話するときにはイの座り方を選びます。単純に，この席がAに一番近く，目線を合わせやすいのです。そして小津安二郎の映画のような並びのウは協力して何かをするときに選ばれやすく，別々のことをするときにはオが選ばれます。興味深いことは，私たちは座り方が対称的なほうが話をしやすいということなのです。つまり，日常生活に存在するさまざまな社会的な関係や文脈から自由になりたいとき，私たちは意図せずにきわめて対称的な位置関係をとりやすいと言えます。かなり垣根が取れた関係，同じ目線で語れる関係になるということです。

　縦のライン，高さのラインでも同じことが言えます。上からものを言うというのは非対称的です。「頭ごなしに言う」という言い方があるように，かなり威圧的な雰囲気を相手に与えます。下の人は上の人から威圧を感じやすく，話しにくくなります。子どもには，上からものを言うと，それだけで発言数が少なくなります。ちなみに犬は上から手を差し伸べるとさっと逃げる反応をしたりしますが，親からさかんに叩かれている子どもも同じような反

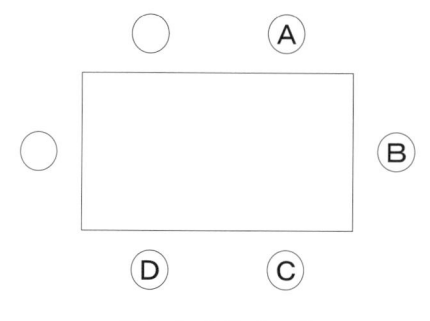

第3章 不安への対処：足場を作る　61

図 3-4　座り方の違い

表 3-1　座り方と心理

ア	(AB)	90度 会話をする＝目線をはずしたりあわせたりできる
イ	(AD)	180度 対話をする＝目を見て話し合うという関係ができる
ウ	(AD並び)	360度 共同作業＝目線をともに同じものに向ける（共同注視）
エ	(両端)	遠方の180度 競争関係＝互いを意識して対抗している
オ	(対角)	180度以上 交差的な関係＝互いに別々のことをしようとしている

応をします。殴られないようにさっと逃げるという反応で，これは臨床場面で，子どもの養育環境を診断する際に重要なものです。

このように，座り方をはじめとする位置関係からある種の心理傾向が導き出せるということは，逆に言えば，座り方である種の心理が作られるということです。つまり相手とどのように話をしたいかによって，座り方など相手との位置関係を考えるのです。たとえば，一緒に同じ問題を考えたいとき，Cのような座り方をすれば「一緒」という感覚は強くなるはずです。私たち人間の心には多分に直感的なレベルで空間が影響を及ぼしていることを利用して，相手との心理的な距離を操作するのです。議論したいと思えば相対する対面法を，相手の緊張が高いと思えば平行に座るのです。いずれにしても配慮すべきは「対称性」ということです。最初に面接室に入ってもらったときに複数の座り場所があれば，相手に「どちらに座りますか」と決めてもらうことができます。そして相手が座った席に対して対称的な関係をつくれる位置に，自分が居を構えればよいわけです。逆に人を説得したいとき，私たちは無意識的に非対称的な位置，こちらのほうが強い立場に立てるような位置に自分を置いてみるのです。

セラピストの姿勢

次に頭に置いておきたいのが，③姿勢です。姿勢は，人間の生き方のたとえとして使われます。「あなたの姿勢」というと，あなたの生き方を指すことがあります。最近では，人間が直立歩行をしたことが言語の発達をはじめ人間の精神活動の進化に大きな影響を及ぼしたことが知られていますから，小さいようで大きな主題です。心理療法でいう「姿勢」には大きく分けると患者のそれとセラピストのそれがありますが，まず前者から入っていきましょう。

患者の姿勢について考えるために，やや奇妙に思われるかもしれませんが，まず体型について考えてみます。体型や体格はかなりの部分，生まれながらに決まっているものではないかと思うかもしれません。でも体型が性格と関係しているというのは有名な話です。クレッチマーは「体格と性格」について研究した精神科医ですが，彼は精神科診察をしていて，患者が入ってくる

とその人の病気が分かるということに気がつきます。そして体格と精神病理が密接に関連していることを発見します。つまり患者が分裂病であるか躁うつ病であるかは，彼らが診察室に入ってきたときに，その体格から見立てが可能だと発見したのです。そして「気質」という概念を提示するわけです。分裂気質の人はやせていて，躁うつ気質の人は太っている，そしてさらに執着気質の人は筋肉質だということです。このことは後に心理学者のシェルドンが，生物の発生，つまり内胚葉，中胚葉，外肺葉の発達の相違という点から調査して確証しました。ご存知のように人間の細胞はいくつかの胚葉から発達しますが，それら内臓系や外皮，神経系，あるいは筋肉系を作ることを考えれば，それが体型と結びついているという発想はよく分かります。

　ただ，体型から人の気質を判断するという理論は今日あまり使われていません。おそらく気質論があまりに固定的な人の見方，偏見を生み出しやすいというイデオロギー上の問題と，もうひとつは今日の臨床ではあまりこの理論が通用していないという実践上の問題からです。思うに後者の理由は，体型が文化的な影響を受けやすいからです。つまり衣食住が足りて基本的な生活が安定してしまうと，成人病と同時にダイエット文化というのが登場します。すると人は基本的な体型や体格を超えて，太ったりやせたりしてしまうのです。このため，体型というものが仮にその人の遺伝子レベルの素質を意味しているのだとしても，人はそれを超えて太ったりやせたりする可能性が高まりますから，純粋な適正体型が維持しにくいのです。

　けれどもシェルドンの研究を見直してみるなら，あることに気がつきます。つまり体型ではなく，発生的にどの部分が優位か，つまり身体のどこの部分を一番使うかという視点から，クレッチマーの仮説を発展させることができるのです。シェルドンの言うように，神経，内臓，筋肉といった発達の部分的な相違があるなら，その部分に力が入る，あるいはその部分を中心に発達した人がとりやすい体勢があるということになるのです。ここでようやく姿勢に関連した事柄に出会います。つまり飽食の時代において，体重や体型はかなり変化してしまいますが，人が取りやすい姿勢や体勢というのはそれほど変わりがないのでは，ということです。

　面白いことに，このことを明確にしたのは，性格論の専門家ではなくて，家族療法家でグループ療法家でもあるバージニア・サティアという女性でし

た。彼女は，人がある姿勢を取ったときにある種の行動パターンや認知パターンを取りやすいことに気がつきました。グループでいろいろな姿勢を取らせてみると，人はその姿勢にあわせたコミュニケーションをしやすいということを発見したのです。人がどのような姿勢を取るかが，その人の人柄を反映していることは確かです。つまり私たちが日ごろから経験していることとして，どのような姿勢を取るか，あるいは取りやすいかがかなりの程度，その人の人柄を反映しているらしいということです。図と表にまとめておきましたので参考までに見てください（佐藤悦子〔1986〕より引用）。なだめ型の人はどちらかというとクレッチマーの躁うつ気質，非難型の人は執着気質，理屈型の人は分裂気質です。4番目のよろよろしている人はサティアが発見した性格特徴で，いろいろな姿勢のうちのどこにも属さないことが特徴です。まあふらふらしているということでしょう。

　これほど明確な対応があるかどうかというよりも，実際は，漠然と相手の姿勢を見ながらその人柄を推察していくという程度でよいと思います。ここで言いたいのは，意識的にしろ無意識的にしろ，このように姿勢から人を判断できるのだとすれば，セラピストの姿勢は患者とのコミュニケーションにおける重要な要素になっている，ということなのです。姿勢が人柄を表すとすれば，セラピストの姿勢しだいでセラピストの人となりの見え方も違ってくるということです。

　セラピストが配慮すべきは，患者の話をよく聴く，つまり傾聴の姿勢ということでしょう。相手の話を傾聴するときに，基本的にもっとも安全な姿勢，相手に過度の不安や緊張を与えない，威圧的ではない姿勢をとるということです。ここでも原則は，動かしにくいものから最初に考えるということ，つまり「簡単に動かせるものは最後に動かす」ということです。簡単に動かせないのは，大まかに言えば，傾聴しているときに座っているはじめの姿勢です。相手に耳を傾けるときに，私たちはどのような基本的な姿勢を取ればよいのでしょうか。それは面接者がどの姿勢をゼロ地点にするかということです。

　結論から言うと，それは，ソファーなら一番リラックスしたときにややもたれかかって足が伸ばせる程度の姿勢といえばよいでしょう。リラックスというのは，上述の理屈型の背筋を伸ばした姿勢ではなくて，少しだけ崩した

なだめ型 placater　　理屈型 computer

非難型 blamer　　散漫型 distracter

図3-5　サティアの類型

表3-2　集団内コミュニケーション（Satir, V. 1972/1990）

	口ぐせ	本音（自己像）	他人と自分	姿勢（身体）	長　所	短　所
なだめ型	そうねえ そうねえ	私は駄目人間	他人は私のことをわかりっこない（でもわかってほしい）	体の位置を低くし，ものを乞うように手を差し出す。	他人を思いやる	自己主張ができない
非難型	それは違う	私は孤独	私は他人のことが全部わかっている	目をむき顔を真っ赤にさせている。鼻腔は開き，片手を腰にあて，もう一方の手で指差しをする。／大声。	自己主張ができる	孤独を自覚することができる
理屈型	それはだねー	私は弱い 傷つきやすい	私のことは他人に知られたくない	肩がはり，固い体であまり動かない。声には生気がない。	知的アプローチをする	知性を有効に使うことができない
散漫型	そうかもね	誰もかまってくれない	私のことは他人に全部知られている	体はフラフラ。極端に内股。／まるで歌っているような調子で話す。	変化を受け入れる自在さがある	無目的感におそわれる

姿勢という意味です。その理由は、それが一番、動きにくい姿勢だからです。実際、直立不動だと後ろに引くことも前に動くこともできます。さらに、上のさまざまな性格像と姿勢の関連で言うなら、どの性格像にも含まれません。というのも先の性格像の姿勢は、身体のどこに力を入れるかという点で導き出されたものだからです。どこにも力の入っていない姿勢は、セラピストがどのような人かという先入見から患者を自由にさせてくれます。また、この「ゼロ地点」は長く維持できる姿勢です。背筋を伸ばしているとやがて疲れてきて姿勢を維持できずに動いてしまいますし、さらに悪いことには、相手の話に対する聞き手の無関心や退屈が反映されやすいのです。どういう意味かというと、力を使って維持している姿勢は、確かに前傾姿勢などはよく相手の話を聴く姿勢ではあるのですが、力を抜いて後ろにのけぞることがあると、それは「相手の話がつまらない」という意図せぬメッセージになってしまうのです。よくコンサートや講演会で、最初はきちっと姿勢よく聴いているのに、だんだんと崩れていくことがありますね。相手の話がつまらないと思うと、無意識のうちに私たちはリラックスした姿勢になります。だからこそ逆に、私たちはそのリラックスした地点をゼロ地点とするのです。背筋を伸ばしていると、面白いときには前傾してつまらないと後ろにのけぞるという態度になりやすいのですが、最初からリラックスしていれば、相手の話に興味があるときに前に傾くだけです。傾聴するときには、相手の話がつまらないと思って姿勢が無意識に崩れるのだけは避けたいものです。ですから一番リラックスした姿勢が「姿勢のゼロ地点」として推奨されるわけです。

　ちなみに、この「ゼロ地点の姿勢」を出発点にすれば、副産物として、「暗黙裡の焦点化の技法」と呼ばれるものを、セラピストの姿勢を通して活用することができます。焦点化というのは、相手の話で重要だと思われる内容やもっと深めてもらいたい話題などがあったときに、その話の方向や話題にセラピストが関心を向けることで、そちらに話を深めてもらう方法です。一般には「それはどのようなことか詳しくお話していただけますか」「その点をもう少し」「もう少し言葉にしてみたら」といった介入がセラピストからなされます。でもこれは、実際に使ってみると分かると思いますが、患者が自由に話していることに対してセラピストが介入することになりますので、話の流れを止めてしまうこともしばしばです。けれども、姿勢のゼロ地点か

ら前傾姿勢を取る，あるいはある話の内容のときに話に集中するように少しだけ前のめりの姿勢をとるだけで，相手はその話を深めてくれることが多いのです。特に話の内容に対して介入することは，後の章でお話しするように，患者の話を操作して狭めてしまうことになるので，傾聴とは反対（異質）の態度です。ですから一般の面接でも，「明確化」は後半から最後に行うと言われているのです。できるだけ患者の話を中心に展開したいと思うなら，こちらが関心をもっている姿勢を見せることは最小限にとどめたい。暗黙裡の焦点化の技法を使えば，相手から情報を集めたいときに，さりげなく，少しだけ「分からない」という態度で相手のほうに前傾することで，話の流れを止めずに焦点化することができるのです。

　最後の④身振りは，文字通り最後に考えることです。身振り手振りを使ったコミュニケーションである手話を勉強した人なら知っていることですが，身振り語はその動かす範囲や幅によって，感情を含めて実に多くのことを伝えることできます。いろいろなことが伝わるということは，いろいろな伝達の操作ができるということを意味します。心理学者のマクニールが詳細に調べたように，「手」一つとっても，さまざまな意味表現が可能なのです。この使い方を語るだけでもう一冊の本が必要です。初心者のための入門書である本書ではこれ以上お話しないことにしましょう。以下に，こんな便利なこともできるという例を一つだけ挙げておくことにします。

　患者は抑うつ神経症の会社員で，面接をしていくと，対人関係において，自分が良い人間だと思われたいために周囲の同僚を不愉快に思っていることを抑えてしまう気持ちと，周囲に不愉快や怒りを感じながらそうした自分を悪いと思う気持ちとがあることが分かりました。そこで私は，身振りを使って，右手に「抑圧しやすいあなた」，左手に「自責の念を感じやすいあなた」がいることを，それぞれの文の発話と同時に，例示的なジェスチャーを使って示しました。こうすることで，彼が二つの極に切り裂かれて葛藤していること，つまり一方に偏ると，自分は悪いと思わないですむけれども自分の感情を押さえ込んで不満であり，そしてもう一方に偏ると，相手への不満は意識できるけれどもそういう自分が悪いと思ってしまう，その二つに葛藤している姿を，身振りで例示することができます。一度身振りで示してしまえば，今度は相手の話を聞きながら，その話題が葛藤のどちらに属するのかを例示

することができます。たとえば，「私は妻にもそういう思いがあって，いつも彼女に悪いとばかり思ってしまうんです」と患者が言うとき，「左手のあなた」という意味で左手を示す身振りをします。すると患者は無意識のうちに，今の話題は自分の自責の念を感じやすい部分のことですね，というセラピストのメッセージを受け取ることになります。そういう「左手のあなた」と例示して，それから「じゃあ，もう一方では」と右手に相手の気持ちを注目させることで，無意識のうちに，患者の話題をもう一方の自分の姿に向けることができます。すると患者は，「でも妻に腹が立つこともあるのです」と言うかもしれません。これらの移行が暗黙裡に，無意識に自然にできることが，身振り語の特徴です。さらに言えば，セラピストがそれら右手と左手の距離を近づける身振りによって，葛藤のなかで悩んでいる本人の姿を，そして距離を遠ざけてみることで，両極端に行き来する彼の姿を描くことができます。その二つの自分をひとつにしてみるという作業をノンバーバルにしてみることもできます。このように意味と身振りを一緒にして，その後の面接で使うことを，「係留技法 anchoring」と私たちは呼んでいます。こうした身振りによる空間を用いた例示は，言葉による説明よりもはるかに有効であることがしばしばです。

合意形成の確認

これまでお話してきたことは，いかにして不安で緊張の高い人と接するか，そしてそのなかでいかにしてコミュニケーションを維持するかということでした。順序は序章で確認したとおり，副詞から入るということでした。つまり場所作りから入って会話に，形式から入って内容に，でした。それは一言で言えば，場を確保して，相手との関係を確固としたものにする作業です。でも実は，こうした配慮はどのような人と会うときにもしているものなのです。だれと会うにしろ，「この人は安心だ」と思われるに越したことはありません。どのような場合にも，コミュニケーションを維持する努力を心がけて損はありません。繰り返しますが，その場合，空間設定の原理は「対称性」，行動の原則は「簡単に動かせないものから動かす」ということです。こうした「場を確保して関係を築く」配慮によって，私たちはようやく患者の気持

ち，その生(なま)の部分と接することができるようになります。人は不安だったり緊張していたりする限り，自分の本当の問題よりも対人緊張のほうが先に立ってしまいます。その対人緊張が本当の問題である人もいますが，いずれにしても新しい人と会うからこそ感じる不安や緊張は，人の出会いの天敵です。初対面ゆえの不安や緊張を取り除いたときに見える，本当にその人がもっている問題が対人緊張であるとしても，まず初対面のときの不安と緊張を低減させる必要があるのです。

　もちろん，言葉使いや会話が重要であることは間違いありません。コミュニケーションのなかで不安や緊張を和らげる手っ取り早い方法は，そのまま言葉にするということです。つまり「あなたは緊張している」ということを患者に伝えるのです。でも，この方法は一見簡単ですが，「動かせる要素」が実に詳細にわたって多いだけでなく，「緊張していますね」という言葉に責められたように感じる人もいます。言葉は縦横無尽。一言でいろんなことが表現できるのが言葉です。細部にわたって実に柔軟性が高い道具です。設定や身振りに比べて，意味が付与されます。

　ある面接場面で，患者がとても緊張していることを発見したとしましょう。セラピストは会話の途中でそのことに気がつきます。そして言葉でその緊張を取り扱うのです。言い方はいろいろあります。

ⓐ　緊張しますね：こういう場面だと緊張するものだ，今あなたが緊張するのは当然ですというニュアンスで，初対面ならセラピストもこんなに緊張していますという感覚を共有していることが伝わります。

ⓑ　緊張していますね：これは相手に投げかけている言い方なので，セラピストの感覚は一応棚上げされていて，でもセラピストはあなたが緊張していることは理解して受け止めていますよ，という意味です。セラピストの感覚が含まれていないので，言い方によっては距離のある使い方もできます。

ⓒ　緊張していますか：疑問文ですから，相手の行動やしぐさなどの指標からセラピストは患者の緊張に気がついている，でもそのことについて不確かであることが伝わります。セラピストの不確かさによって，患者は自分の感覚を伝えようとしてくれることもあるので，このセラピストの「分からない態度」は患者がよく話してくれる引き金になる

ことがあります。しばしば疑問文は相手の緊張感を焦点化するために使われる技法です。この質問に対して，患者が「はい」「ええ」と言えば，セラピストは「もうちょっと詳しく」といったオープンな質問ができるからです。

ⓓ 緊張していないですか：否定疑問ですが，ⓒと同じ使い方もできます。言い方によっては少しばかりセラピストの驚きが含まれています。また使い方しだいでは，次のⓔのニュアンスが伝わることがあります。反語として，セラピストにはほとんど分からなかったけれど緊張していたんですね，という意味が伝わるために，対人緊張が主訴であると思った場合には，この質問が患者の問題への焦点化になります。

ⓔ 緊張しないでくださいね：これは命令です。親と子，教師と生徒の関係のようなパターナリズムが，セラピスト‐患者の治療関係に導入されています。さらにこの言葉は言外に，患者の言うことがかなり不明確で，セラピストはもう少し明確にしてほしいと思っていることを相手に伝えています。

ⓕ 緊張しやすい人ですね：人柄についての指摘です。これはかなり決定的に相手について診断査定をしています。ただこの言葉を多くの患者は自分への非難と見なすことが多いのです。

心理療法の専門家としては，ⓐからⓑの間の言語表現を使うことが多いと思いますし，ⓒからⓕは特別な技法です。もちろん但し書きにあるように，場面に応じて使い分けるのは私たちの配慮の範囲です。

安全な方法は，居場所つくりから入る，そして言葉で調整するということです。こうして文脈，居場所，より所という言葉の意味が，心理療法の中核的な課題であることがだいたいお分かりいただけたのではないかと思います。

心理療法は，本人がもっている心の荒れている部分，切り離した部分，忘れられている部分＝「牛」を取り扱う場です。もちろん私たちは，本人がもっている問題をすぐに和らげるつもりはありません。むしろ本人が問題だと普段感じている，あるいは問題だと悩んでいる部分を患者が語れる準備をしてから，本人が語る問題の内容を見極めていきたいわけです。場を設けて，そのなかで生じる不安や緊張を和らげて，患者の問題の核心を見極める作業をしたいのです。

場を確保して関係を築くことで，患者の心のなかにできあがってくる心理は，ここは相談できる場だという感覚でしょう。それは人と人とのコンタクト，接点ができるという感覚です。基本的には，ラポールができあがると自然と接点はみつかるものですが，本章で扱ったような緊張の高い人たちは，その場面でも，やはり今までお話ししてきた配慮が必要です。こうして患者とセラピストの間に「接点ができあがった」ことになります。言葉で相手との交流を考えられるようになれば，そこには接点が生まれたと言ってもよいと思います。

接点が見つかったと思ったら，何度も言いますが，文脈を確認する作業が再び大事です。文脈の共有として，前の章で扱ったところに戻ります。紹介を受けたなら，その紹介状を読んで，自分なりの言葉でその経緯を確認する作業を患者と一緒にします。あるいは本を読んで来所したなら，その本からどのようなことを期待して今ここに来ているのかを確認します。こうした文脈を前提にして，合意を得るのです。医療の世界では「インフォームド・コンセント」（説明による合意）と呼ばれるものに近いと思ってよいと思います。ただ心理療法での合意は，「何をどうしたいために今ここにいるのか」という文脈を何度でも確認する必要があるという意味で，サリヴァンの言葉では「妥当性の合意による確認 consensus validation」といいます。相手の，初対面だからこそ感じている不安や緊張が和らいだならば，つまり患者とセラピストの間で接点が見つかったならば，その接点の上で，合意の確認をするのです。もちろんこの確認の作業のなかで，やはり，というか，本人の緊張が和らいだからこそ，今ここに来たのは自分で決めたからではなくて，親が行けと言ったからだということを発見する患者もいます。その場合には，親が行けと言ったことを，あなたはどう思うか，という地点まで戻って，もう一度，文脈とその妥当性の確認を行う必要があるのです。

ここまで来たら，つまり場が設けられて，患者との間に接点が発見されて，その上で合意が得られたなら，それはすでにある種の共同作業の準備ができたということです。再び十牛図に戻るなら，牛が見つかったということです。そして牛を手なずける方法を一緒に考えていける。最初に自分から来たわけではない，親とか先生に言われたという理由で来た患者も，ここで合意を形成するには，主訴，あるいは解決するべき自分の問題と直面することになり

ます。そして合意の上で心理療法をするという前提が形作られるということは，そのまま，患者には主訴，主観的な問題があるという合意の確認が行われているということなのです。第1章でお話したように，そこでの合意は本人の病気を治すということではないかもしれない。治療同盟のところで述べたように，親が連れてきたという場合，そこで患者とセラピストが合意するのは，病気だと主張する親の意見，つまり今ここで心理療法に連れてこられた当の原因である親の意見を「一緒に変えていく手だてを考えよう」ということかもしれません。

　主観的な問題の特定が行われれば，ある程度は治療技法も決まってくることが多いと思います。患者によっては，技法についてある程度の知識を持っていて，催眠療法をしてもらいたいとか精神分析を受けたいといった意志をもっている場合があります。それをそのまま受け入れる前に，そうした治療を誰がどのように知り，どの程度，自分の問題に対する解決として有効だと思っているのかという合意を，セラピストとの間で作る必要があります。図2-1のように，心理療法は二つの円の交わりの部分で行われます。接点ができれば，患者の主観的な問題について明確に合意形成しておく必要がありますが，それはセラピストの知識との合意の結果であり，間主観的なものだということは理解しておく必要があるのです。そしてこうした特定が行われていれば，セラピストは患者との間で不安や緊張を和らげる配慮をする必要性はそれほどありません。むしろ共同作業をするという前提のもとに合意の確認を行って，その合意の有効性を確証していけばよいのです。

　患者の心のなかでその主観的な問題がどの程度のものなのかをセラピストとの間で特定するために，私はしばしば「主観的障害の尺度化 scaling」という技法を使います。この技法は行動療法やイメージ療法，あるいは最近では解決志向のアプローチの人々によって，スケーリング・クエスチョンとして技法のひとつとして使われています。それは「今あなたの問題が分かりましたが，その問題はずいぶんとあなたを苦しめているようですね。ではその問題があるためにあなたが感じている大変さを，大丈夫をゼロ，本当に絶対に大変だということを10とすると，今あなたの状態は数にしたらいくつぐらいですか」と聞くものです。これは主観的な評定なので客観的に治っていることとは無関係ですし，統合失調症の人の状態が悪いときのように，病気

の意識(病識)がない場合にはゼロになってしまいます。誰かに連れてこられて自分では来る気がなかった人もゼロになる場合が多々あります。けれどもセラピストは，自分の知識を用いて，この人は神経症ではないからそんなに大変ではないのではないかと専門的な判断をしてしまうという偏見に陥りがちですから，「10です」という患者の答えを耳にして，自分のなかの偏見に気がつくこともあります。障害の主観的な大変さを理解するのは重要ですし，この質問を面接のたびに使う解決志向アプローチのように，自分の問題を評点することそのものが治療的だという人たちもいます。私はこの質問をそれほどまでに重要なものとは感じませんが，それでも，患者の主観的な大変さを共有することは重要で，その意味では非常に有効な質問です。ときどきこの質問をしてみると面接の進行具合を把握する機会にもなるので，なかなか便利なのです。

　有効妥当性の合意確認として，もうひとつ，しかもいつでも利用可能な大切な質問として，医学の世界では「患者の病に関する解釈モデル」と呼ばれているものを明確にする質問があります。それは患者が，自分の病気がどのようにして成立して，どのような性質のものであるから，それをどのように受け入れるかという，病気に対するコーピング(対処行動)や適合行動やコンプライアンス(受容的態度)をセラピストが把握するうえで有効です。それは「あなたのその問題はご自分ではどのようにして起きたと思いますか」という問いです。この質問によって，患者が自分の問題をどのように自分の一部として理解し，受け入れているかが分かるのです。やはりある人は「誰でも感じることじゃないでしょうか」と言いますし，反対に「こんな問題を抱えることになったのは，私が変だからです」と感じている人もいるのです。

　こうして私たちは，合意を得ることで，患者の主観を治療関係という間主観的な場で取り扱えるようになりました。患者は心理療法という新しい場との出会いでたいていは不安で緊張しています。あるいはすでに心理療法を受けたことがある人なら，新しい人間との出会いに不安で緊張しているけれども，同時に期待しています。そうした気持ちで心理療法を訪れた患者に対して，セラピストの仕事は副詞的でした。それは心理療法が居場所としてどのような場なのかを患者に示すことを意味します。人間関係で不安や緊張が高い人が相手に自分の気持ちや状態を伝えられないなら，そのフィルターはで

きるだけはやく取り除いて，相手との間に接点をもちたいと思います。安心操作の技法はそのために使われます。

　安心操作のために私たちが留意するべきものは，患者とセラピストの双方を抱える場に対して向けられている「関係を築く」配慮でした。そのための足場を作ることの延長に，相手と自分との関係を設定する作業がありました。副詞から動詞へということです。原則は「簡単に動かせるものは最後に動かす」，設定空間としてセラピストが考える順番は①場所，②位置，③姿勢，④身振りです。動かせない要素は，一度設定したら，そんなにころころ変えないほうがよいのです。

　でも間違えないでほしいのですが，私たちは不安や緊張をなくしたいわけではありません。最初にバリントや逆転理論の説明の時に述べたように，不安や緊張はある程度興奮として必要ですし，動機付けのためにある程度不安があったほうがよいのです。対人関係の心理学では「不安喚起・ディスクレパンシー理論」というのがあって，ちょっと話者が不安を感じて，相手が誤解しているのではないかと思う程度のズレがあったほうが，人の発話量は増えます。ですから安心操作による居場所の確保は，あくまで患者‐セラピスト関係を築くための入り口であり，お互いに接点をもつことができれば，徐々にその配慮は忘れていくものなのです。でも患者‐セラピスト関係が場によって支えられていることは確かです。

　設定が一定であるということは，それが治療の枠組みになることを意味します。枠組みが一定の定数になり，その枠組みのなかから見えてくる変数が，患者の問題，病理であると言うこともできます。こうした配慮を前提にして，患者が，セラピストが自分の問題を語ることのできる相手，接点のある人だと思ったとき，双方には一定の合意，つまり心理療法を実践してみるという合意が得られたことになります。この枠組みのなかで患者が語りだす問題こそが，彼／彼女が本当に解決を求めている問題なのです。

第4章　治療様式を選択する

偶然の出会いから体系的な選択をする

　セラピストと患者の出会いは意識的なレベルでは偶然です。無意識や普遍的な世界，つまりマクロな世界では偶然というのはないのかもしれませんが，主観的には，私たちは出会いをコントロールできません。たいていの出会いが，本人の意図しないところで起きています。私が精神分析を専門にしているのは，良い指導者に出会ったからですし，そして良い分析家に出会って良い精神分析体験があったからです。人によっては理論や技法との出会い，科学と呼ばれる基準との出会いもあるかもしれません。そうした出会いは偶然ですが，良いことは無意識の世界からの贈り物のように出会いを支えているものです。出会いは，こちらの契機とあちらの契機が交わらないとできません。患者の来所の余裕とセラピストの受理の余裕とが交わらないと，良い出会いというのはできません。ですから主観的にそれは偶然の産物です。

　専門家というのは，そうした偶然を少しだけ整備して，体系的に考えることができ，それに基づいた仕切りのできる立場の人です。偶然をコントロールできるわけではありませんし，治療資源には限界があり，治療構造も有限です。患者は社会経済状況によって受診，来所できる相談室を限られてしまいますし，セラピストは自分の限界を超えて多くの患者を次から次へと処理するようなことはできません。ただ，そうした出会いのなかにある要素をできるだけ明確にしていくことで，混沌とした関係性を少しだけ明確なものにしていって，最終的には患者が治療技法を選択できるようにしていくのがセ

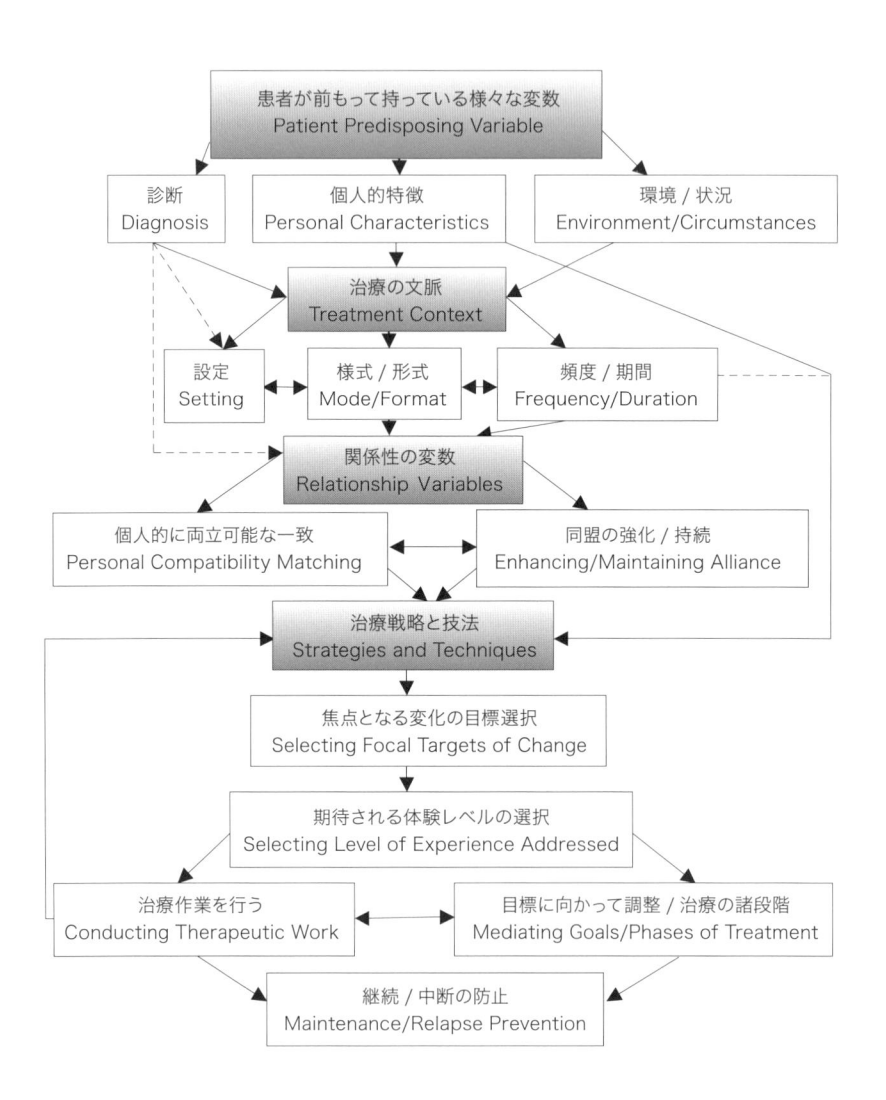

```
┌─────────────────────────────────┐
│ 患者が前もって持っている様々な変数 │
│ Patient Predisposing Variable   │
└─────────────────────────────────┘
```

診断 / Diagnosis
個人的特徴 / Personal Characteristics
環境 / 状況 / Environment/Circumstances

治療の文脈 / Treatment Context

設定 / Setting
様式 / 形式 / Mode/Format
頻度 / 期間 / Frequency/Duration

関係性の変数 / Relationship Variables

個人的に両立可能な一致 / Personal Compatibility Matching
同盟の強化 / 持続 / Enhancing/Maintaining Alliance

治療戦略と技法 / Strategies and Techniques

焦点となる変化の目標選択 / Selecting Focal Targets of Change

期待される体験レベルの選択 / Selecting Level of Experience Addressed

治療作業を行う / Conducting Therapeutic Work
目標に向かって調整 / 治療の諸段階 / Mediating Goals/Phases of Treatment

継続 / 中断の防止 / Maintenance/Relapse Prevention

図 4-1　治療選択を構成する諸要素（体系的な治療選択）
(Beutler, L. E. & Clarkin, J. F. 1990)

ラピストの専門性です。

　大まかな枠組みを示しておきましょう。図4-1は，治療の選択のプロセスをパス図で示したものです。最初に「患者が前もって持っているさまざまな変数」がありますが，これは患者の側が前もって心理療法に訪れる前提，文脈が，さまざまな変数としてあるという意味です。すでに治療同盟のなかでもっとも重要なものが経緯のなかに書き込まれていると述べましたが，どうして今ここを訪れたのか，その前にどういうところに行っていたか，そしてここは何のために来たのかが，ここでは問われています。もちろんそうした要素のなかで，その人の精神科的状態は大切です。ですからその項目はまず診断的な要素とつながっています。その人がどういう病態であるかは，関係性や治療を構成する要素と連動してくるからです。病態の重い人は，治療に訪れるその前に選択を間違っていることさえあります。関係を結べないほど薬物によってゆがんだ選択をしている患者もいます。精神医学的診断は，設定や治療関係と密接な関係のある要素なのです。それに対して二つ目の要因である個人的特徴，あるいはパーソナリティ傾向というのは，動機やコンプライアンスを決定しますし，治療を必要とする問題が何なのか，個人的な理解や動機を左右します。性格的に問題のある人は，障害と見なされて診断の対象となることがありますが，そうではないけれども抑うつ的だとか，依存的だとかいった傾向は，その人の治療へのアクセス可能性を大きく変える要素です。またどこに住んでいてどんな社会状況なのかを含めて，その人がもっている環境のストレスは，本人のライフサイクルを含めて症状や問題を反映します。こうした諸要素が「治療の文脈」を構成するのです。

　次は「治療の文脈」です。セラピストが患者と出会う場面が入院なのか，外来なのか，クリニックなのか，私設の心理療法の場なのか，これは大きな違いです。あるいは心理社会的な状況としては，個人で来るのか，家族が相談に来るのか，といった要因も治療同盟の作り方をかなり左右するものです。医学的な状況としては，病院に通いながら相談に来ているのか，投薬を受けながら相談するのかといったことがあります。また回数や期間などは，セラピストがもっている時間枠や空き時間によっても変わってきます。気をつけたいのは，私たち心理臨床や精神科臨床を行っている人たちが，あらゆる臨床例を，自分の実践を投影して，自分の臨床場面のように思ってしまうとい

うことです。臨床場面にはそれぞれ特徴があります。そのことを意識しているかどうかは，その人の心理療法の枠組みとして，患者についての認識に影響を与えます。小此木が治療構造論を認識論だと述べたのは，この意味です。

私たちはどのような構造のなかにいるかによって，見え方が変わってくるのです。たとえば，児童福祉施設と児童相談所，学校臨床と教育相談所，母子支援施設と母親センターでは，それぞれの臨床場面でとても似ている対象を扱っていますが，誰のための施設かによって来所する人たちの特徴は異なります。それは，そこで期待されている治療あるいは解決が異なるからです。

こうした経緯のなかで治療関係を成立させるのは，「関係性の変数」です。治療同盟，作業同盟ができていることを前提に，患者とセラピストの一致点を模索する作業のなかで，そうした関係を醸成していくのです。心理療法を始めたときには，その関係性を維持するために，さまざまなマネージメントが行われます。その人のどの部分で関わるか，言語的に関わるのか非言語的に関わるのか，というふうに，個人との関係性をうまく促進できるようなチャンネルを探していくのです。このことはどのような治療をするかということと密接に関係しているのです。

パーソナリティと症状

治療の様式は，治療の文脈と関係性の変数との関係で決まることが多いようです。そしてそれを決定するためには患者の訴えを査定する必要がありますが，それには時間もかかり，専門知識も必要です。今日精神分析は，DSMという新しい診断基準の方法を参考にしながら国際的な精神分析諸学会が作った「心理力動的な診断マニュアル Psychodynamic Diagnostic Manual（以後PDM）」がそうであるように，患者の訴えを，精神機能，パーソナリティ傾向および障害，そして症状（その主観的な理解）の三つのベクトルから，多軸診断によって見ようとしています。症状だけでは，パーソナリティから生じている問題はどうしても見落としてしまうので，一人の人をいくつものアスペクトから見るようになっているのです。

精神機能の軸は，児童期（あるいは潜伏期）に積み重なって獲得する学習や社会技能から人を見ることで評価できます。学習障害や発達障害といった

概念はよく知られています。それに対し，パーソナリティ傾向や障害の軸は，その人がもっている，生まれながらの気質と乳幼児期に始まる親との愛着関係，環境との相互関係，そしてその結果生み出される対象関係の繰り返しによって作られる反復のパターンです。パーソナリティが柔軟で，環境に合わせてそれを変化させられる人が健康な人の特徴です。

　性格心理学でしばしば言われることですが，パーソナリティというのはそれほど通時的な概念ではなくて，人は状況や場面，相手によって役割を使い分けているのが普通なのです（サトウ，渡辺 2005）。パーソナリティの語源の一つ「ペルソナ」はギリシャ悲劇で演者が使う仮面のことであり，日常生活では仮面をあまり頻繁に変えるのも筋が分からなくなりますが，ほどよい人格を演じるためには場面や脚本に合わせてそれを付け替えることも必要です。たとえば真面目な母親ばかりやっていると，妻であること，女性であること，何より人間であることを忘れかねません。適当に役割を演じることが順応であり適応であって，ある程度仮面をつける，うそと本当の姿とを分けて持つ能力は重要です。逆に言えば，パーソナリティ障害の人たちはより固定的で明確な性格構造をもっていると言えます。自分では融通がきかないので周りの人たちが困ってしまうのです。でもこれを診断して変化させるのはかなり時間もかかりますし，長期的な関係のなかでのゆっくりとした変化が必要です。

　予約を取るところでお話ししたように，心の症状に悩んで治療を求めてくる人たちのなかには，とにかくすぐにでも症状をとってもらいたいという人たちがいますので，対応する側にも同じ気持ちが起きやすいと思います。そうした症状の話を聞いていると，どうにかしてあげたくなるものです。PDMにおける症状の軸は，その人の体験，ストレスや内外の外傷的な体験によって作り出される防衛から生じます。これは主観的なものなので，程度の差があります。軽いものであれば，たいていは焦りや不安，あるいは身体的不調が全面になって出てくることが多いのです。そこには「心身症」と呼ばれる体の不調をメインにした心の病気があり，また従来神経症と呼ばれ現在は「不安障害」と呼ばれる，興奮や焦燥感，不安などを基盤にして生じる，大きなまとまった群があります。昔はヒステリーと呼んでいたパニック障害，あるいは不安発作などがここに入り，それらは自分が不安で焦ってしまう，

興奮して二進も三進も行かなくなってしまうという心理状態をもつ障害群です。また強迫症状のように，何か考えたり行動したりすることが止められない行動上の問題群があります。また「うつ」症状のように気分に関する問題群があります。今日うつ病の人が増えていますが，それに加えて，統合失調症がそうであるような特別な思考の障害もあります。統合失調症は，調子が悪い時には主観的に病気の意識がなくなってしまって混乱状態に陥るもので，妄想や幻覚など強力な主観的な症状を持っています。こうした症状は本人が一番困っている，自分のものではない，コントロールできないものであることが多いので，患者はまずこうした症状，症候を早く取りたいと思って，そのために治療に訪れることが多いのです。

　こうした悩みに関して言えば，症状を取るために，この百年の間に，精神分析以外にいろいろな治療技法が開発されてきました。症状に焦点を合わせた治療法としては，認知行動療法や解決志向療法などが有名です。ものの見方を変化させて，問題や症状を解決に導く簡便な方法です。また気分の障害や思考の障害に関して言うと，抗うつ剤や抗精神病薬が開発されるようになって，その歪曲を脳の伝達回路のレベルでかなりブロックできるようになってきています。

　でも便利になったから，という理由で急いでそれを除去しようとすることが本当に正しいのか，もう一度考えてみる必要もあります。一番厄介な問題は，さきほどの多軸診断が作られた背景でもあるのですが，こうした症状を持って悩んでいる人たちのなかに，少なからずパーソナリティの歪みをもっている，あるいは社会的技能が低い人がいるということなのです。彼らは周囲と溶け込むために自分なりに困っていますから，カウンセリングや心理療法，そして精神分析を訪れることがあります。でも，症状を取り除くことがより深刻なパーソナリティの問題を露呈させることもあるのです。あるいは本人以上に周囲の人たちが「困った」と思っていることが多いのです。そしてその「困った」人たちの症状だけを取ろうとして，さきほどの簡便な治療を用いて解決する，つまり積極的にしたり，元気にしたり，あるいは薬で回復させてしまったりするとどういうことになるか。少し考えていただければ分かりますが，周囲の人たちは，パワーアップしたパーソナリティ障害や発達障害の暴走にますます困ってしまうという悪循環に陥ります。精神分析で

多軸診断，あるいはしっかりと査定して，パーソナリティの軸も含めて全般的に人を理解するようになっている背景は，その辺にあります。それらの簡便な治療，あるいは効果のある処方は，症状の意味や背景よりも，その痛みや苦しみをできるだけ早く解決して解消することを目指しているので，抗生物質や鎮痛剤のような即効性の薬に近いもので，医学的には正しいことがほとんどです。でもパーソナリティ障害の人の症状だけを取り除くと，むしろ大きな問題のほうが本人や周囲に投げ出される形になってしまうのです。

　精神分析では，症状がある場合，その裏側にある葛藤や欠損に目を向けることから診断や査定をしていきます。つまりどちらかというとパーソナリティと精神機能のなかで，つまり乳幼児期から児童期，そして青年期の間に形成される累積的な反復パターンを基盤にして，防衛や症状を取り扱っていくことが多いと思います。それは症状の除去がその人全体の生態学のなかでどのような意味を持っているのかが分からなければ，同じことはモグラたたきのように当人の人生で繰り返されてしまうと考えているからです。

　多軸診断の三つの軸は図4-2のような関係にあります。それぞれの軸が描き出す局面によって，その人のパーソナリティを立体的に見られるようになるのです。治療の様式は，このベクトルによって描かれる面のあり方によってかなり違いが出てきます。たとえば症状，つまり主観的な痛みだけの問題の人，パニック発作やPTSD症状だけに悩んでいる人には，認知行動療法やトラウマに特化したEMDR（眼球運動による脱感作と再処理），PE（長期暴露法）といった治療法があります。でもそれらは，長期的な治療が可能にするような関係性の治療や，洞察や内省が必要な治療とは一応は区別さ

P軸：Personality pattern and disorders

M軸：Mental Functioning

S軸：Symptom pattern, subjective experience

図4-2　PDMの多軸診断

れるものです。あるいは発達障害や学習障害のような特定の精神機能への配慮が必要な場合，つまり精神機能に特定の歪みや問題を抱えている場合，心理療法だけでなく，心理教育や学習指導，家族ガイダンスが必要なことが多いと思います。そこでは療育的な配慮を含めた治療が計画されることになります（発達障害については，今日あまりに安易に診断されているので分かりにくいのですが，パーソナリティの問題と密接に関連しているので，長期の精神分析的な治療も予想以上に必要な場合があるのです）。こうしたベクトルによって描きだされる立体面は，体系的に治療と関係性のモードを選ぶときの参考として使うものです。パーソナリティ，精神機能，症状にはそれぞれバラエティがあります。だいたいの分類を表4-1に示しておきましたので，参考にしてください（鈴木 2009）。

　ちなみに今回精神分析諸学会で作りあげたPDMで画期的なことは，境界性パーソナリティ障害という診断名を採用せずに，P軸の病態水準と見なすようになったことです。DSM-IVから導入されつつあるパーソナリティの次元性という概念とも関連しているのですが，実際私たちの臨床場面では，パーソナリティの軸の健康度というのは，外的現実に対して自我の力が柔軟に対処できるということ，そして環境に適応できるということを意味します。ですから境界例的というのは，その防衛パターンに対する情緒の不安定性の表現であり，さまざまな性格や人格のあり方に対してパーソナリティの傾向を際立たせる構造なのだと考えるようになったのです。この考え方は私たちの臨床的な現実に一致しているように思います。

内省と交流

　「関係性の変数」についてもう少し詳しくお話ししましょう。心理療法には関係性を強調する技法と内省を強調する技法がありますので，この二つを対比させて，関係性の様式をどのように心理療法の戦略や技法に結びつけていくかをお話したいと思います。心理療法は患者の心に影響を及ぼす道筋を探します。セラピストが患者の心に影響を与えようとする場合，大きく分けて二つの回路があります。ひとつは相手に自分について考えてもらう路です。これにはたとえば，「あなた自身のことをもう少し考えてください」と言葉

表 4-1　PDM（Psychodynamic Diagnostic Manual）

S軸：症状の軸

S301	適応障害
S302	不安障害
S302.1	心的外傷および外傷後障害
S302.2	恐怖症
S302.3	強迫性障害
S303	解離性障害
S304	気分障害
S304.1	うつ病性障害
S304.2	双極性障害
S305	身体表現性障害
S306	摂食障害
S307	睡眠障害
S308	性障害および性同一性障害
S308.1	性障害
S308.2	性嗜好異常
S308.3	性同一性障害
S309	虚偽性障害
S310	衝動制御の問題
S311	嗜癖・物質乱用の障害
S312	精神病性障害
S313	一般身体疾患による精神疾患

P軸：パーソナリティ性格傾向，障害

P101	スキゾイドパーソナリティ障害
P102.	妄想性パーソナリティ障害
P103	反社会性パーソナリティ障害
P103.1	受身的／寄生的
P103.2	攻撃的
P104	自己愛性パーソナリティ障害
P104.1	尊大な／満ち足りている（entitled）
P104.2	抑うつ的／枯渇している
P105.	サディスティック／サドマゾヒスティックパーソナリティ障害
P105.1	中間型サドマゾヒスティック
P106.	マゾヒスティック（自虐的）パーソナリティ障害
P106.1	道徳的マゾヒスティック
P106.2	関係性におけるマゾヒスティック
P107	抑うつパーソナリティ障害
P107.1	取り入れ型

P107.2	依存型
P107.3	軽躁的パーソナリティ障害
P108	身体化パーソナリティ障害
P109	依存性パーソナリティ障害
P109.1	受身攻撃的依存性パーソナリティ障害
P109.2	対抗依存的パーソナリティ障害
P110	恐怖症的（回避的）パーソナリティ障害
P110.1	対抗恐怖的パーソナリティ障害
P111	不安パーソナリティ障害
P112	強迫性パーソナリティ障害
P112.1	強迫的思考型
P112.2	強迫的行為型
P113	ヒステリー性パーソナリティ障害
P113.1	抑制された
P113.2	演技的な／誘惑的な
P114	解離性パーソナリティ障害
P115	混合・その他のパーソナリティ障害

M軸：精神機能

M201	年齢とその時期に最適な精神機能
M202	年齢とその時期に望ましい精神機能
M203	年齢とその時期に妥当な精神機能
M204	若干の狭窄と硬さ
M204.1	被核化した性質の形成
M204.2	被核化した症状の形成
M205	精神機能の中等度の狭窄と変化
M206	精神機能の強度の狭窄と変化
M207	自他の表象の統合，組織することと（又は）分化における欠損
M208	基本的な精神機能の主たる欠損
その他	
	統制と注意，学習の能力
	関係性と親密さを築く能力
	内的体験の質
	情緒体験や表現とコミュニケーション
	防衛のパターンと能力
	内的表象を形成する能力
	区別と統合の能力
	自己観察能力（サイコロジカルマインドネス）
	内的基準や理想を構成・利用する能力；倫理観

で内省を促すやり方と，目をつぶって自分の世界を振り返ってもらう，感じてもらうやり方があります。もうひとつはセラピストが相手と関わることで相手の心に対する影響を及ぼす，つまりコミュニケーションを促進する路です。この二つは，古典的には，人間が行う情報処理のうち思考優位型と感情優位型の回路に対応していますが，治療技法としては内省と共感に対応しています。また心の居場所についての序章で，「ひとりでいられる」ことと「安心して人といられる」ことの二つをもたらすのが心の居場所感覚であると述べたように，二つの回路は心の健康にとって重要な二つの側面を代表しているのです。患者がどちらの回路を使いやすいかに対応して心理療法が準備されていると言うこともできます。

　カウンセリングの大家C.ロジャースは後者の手法を主に使います。ロジャースは患者に影響を及ぼすセラピストの態度を，

① 透明さ genuineness,
② 無条件の肯定的なまなざし unconditioned positive regard,
③ 共感的理解 empathic understanding

と呼びました。これは患者の目の前にいて言葉に耳を傾けている存在そのもの，セラピストのあり方がコミュニケーションに影響を及ぼしているという発想です。そしてこうしたセラピストの態度が心理療法のすべてであると思っている人は多いのですが，必ずしもそうではありません。

　フロイトの精神分析ではセラピストは目の前におらず，それゆえ患者は一人で内省する，内側を見るという構造を持っていますし，同じことは内観療法，あるいは森田療法の前期，やや立場は違いますが，自律訓練法にも言えます。内面の空想や連想，あるいは感覚に目を向ける治療技法もたくさんあるのです。

　また同じ枠組み，たとえば精神分析のなかでも技法的に分岐しています。精神分析の歴史のなかでは，フロイトと同時代人でS.フェレンツィという人が，フロイト流の内省を中心とした技法に異議を唱えました。不幸なことに，フェレンツィは「気が狂った」としてその後の精神分析家たちから見向きもされてきませんでしたが，最近精神分析の世界でもセラピストとの交流という側面をもう一度見直そうという風潮が出てきて，フェレンツィは再発見されつつあります。小此木は早くからフェレンツィに注目して，表4-2の

表 4-2　二つの治療的態度（小此木 1990）

フロイト的治療態度	フェレンツィ的治療態度
1. 中立性 neutrality	1. 柔軟性
2. 受身性 passivity	2. 能動性 activity
3. 言語的理解と知的洞察	3. 人間的な温かみと情緒交流
4. 禁欲原則 abstinence rule	4. 非言語的コミュニケーションと相互調節
5. 隠れ身 analytic incogitio　匿名性と医師としての分別 arztliche Diskretion	5. セラピストのパーソナリティ・逆転移
6. エディプス - 父性的	6. 前エディプス - 母性的

ように，さきの二つの回路へのセラピストの態度をフロイト的態度とフェレンツィ的態度という二つの極に分けています。表のなかには「エディプス」など分かりにくい言葉がありますが，大事なのは，両者がかなり違うものを提供しているという意識です。

　このように，どのような心理療法も多かれ少なかれどちらかの回路を使って相手の心に変化をもたらします。ただ，その両方を一緒に使って相手を変えるというのは原理的に難しいのです。お釈迦様や聖徳太子でもない限り，いくつかのチャンネルを同時に意識することは難しいし，両立しない態度である以上，最初から無理して両立させないことにしましょう。

　ここで，二つの回路のうち内省を中心とした路を A，コミュニケーションを促進する回路を B としましょう。精神分析のなかでは前者はフロイト的な治療態度，後者はフェレンツィ的な治療態度に代表されます。そしてその結果，患者にもたらされる影響は異なります。最近関係性精神分析の流れが登場して，この二つを統合しようとしているのですが，全体として関係性のなかでの情緒的交流，相互交流を重視するもので，後者のフェレンツィの発想に近いものです（Maroda, K. J. 2010; Aron, L. 1996）。

　繰り返しますが，面接をしに来ている人がそのどちらを望んでいるかは重要です。「人をどうしても信用できない」「いつも私は裏切られる」という気持ちで悩んでいる人が目の前にいたとして，その人に「自分がそのように考えるのはどうして，どのようになのか」を考えてもらう，「どうしてでしょうね」と内省してもらう出会い方がひとつの極だとすると，転移や交流のな

かで，セラピストは信用できる，裏切らないという気持ちが根付いていくように面接をするのがもうひとつの極です。前者Aの態度は，その仮説によって患者を把握するためにも，それによってセラピストが精神的に安定して，患者の投げかけるものをうまく整理，消化するためにも重要です。Bの態度は，コミュニケーションを促進するような，多くは非言語的，パラ言語的（言語に伴う身体的要素）な要素を用います。

　心理療法の技法的構造のなかで対極にあるのが，自由連想法と対面法でしょう。自由連想法と対面法は治療のスタイルが基本的に違いますから，セラピストと患者の空間的な配置が異なっています。自由連想法では患者は寝椅子にいて，セラピストは患者から見えない後ろにいます。それに対して対面法では，セラピストと患者は0度，つまり小津監督の映画のように並行して座ることはめったになく，座り方の自由度は90度から180度ぐらいです。二つの技法でAとBの努力，内省を促進する努力とコミュニケーションを促進する努力はどちらが優位になりやすいかという視点から，これらを使ってセラピストが提供できるものは何かということを考えてみましょう。

　まず，フロイトが開発した自由連想法は，セラピストがあれこれ考えるのに非常に都合のよい治療技法です。言語的な理解が解釈の大部分と考えたフロイトは，今日「分析的態度」と呼ばれているものを定型化しました。分析家の声以外は患者には知覚されないような枠組みを，厳密に守ろうと努力するのです。実際のところ，心理療法でセラピストの個人的な感覚や意見，考えが何を通して伝わりやすいかと言えば，視覚的な情報，つまりパラ言語的なやり取りです。精神分析的な心理療法は，その「たまたま」「ふいに」伝わってしまうセラピストの主観的な情報や，逆転移と呼ばれるような障害となる情報を最小限におさえて，意識化しやすい声，聴覚に注意を集中しているわけです。セラピストは患者が横になっている寝椅子の後ろに居て，患者からはセラピストは見えない。そこで患者はあれこれと思いついたことを言うのです。さらに精神分析的な心理療法の自由連想では，患者が重要な話をしているときにセラピストはなるべく沈黙していることが多く，反対にセラピストの沈黙が患者をより内省的にしていく傾向があります。ですから自由連想の設定状況は，セラピストのなかに努力Aを助長するような治療関係を紡ぎ出し，仮説を作りやすくします。そしてその仮説を使うセラピストの

解釈は，患者を内省的にするのです。ここには循環があります。そのため私は，内省的になることが治療的だと思われる患者にこの設定状況を選択します（A＞B）。

対する対面法はどうかといえば，先のロジャースがそうであったように，精神分析のようにパラ言語的な要素を遮断したりすることはなく，全くオープンにしています。自由連想法のセラピストから見れば，これは大変な仕事です。つまり，セラピストの個人的な反応が患者に非常に伝わりやすいのです。さらにダブルバインドという点から見れば，患者にとってもセラピストにとってもマルチ・チャンネルで情報を受け取るという難しい課題がそこにはあります。でも，これがうまく行くととても気持ちがよいのです。たいていは肯定的な感情が前面に出てコミュニケーションが促進され，それが治癒に結びつくという良い人間関係の循環に非常に近いことが起きるわけですから。

カウンセリングでは，よくセラピストの「自己開示」ということが問題になります。対面法という技法では，どうしてもセラピストが豊富な視覚情報のやり取りを避けられない。ですから対面法は多かれ少なかれ自己開示的です。こうした対面法のもっている良い点は，セラピストにも患者にも良い感覚を残すことが多いということです。そのため，共感することやラポールをつけること，あるいは肯定的な感情を体験することが非常に重要な患者には，対面法を考慮するとよいように思います（A＜B）。

対面法かどうかというので難しいのは，プレイセラピーや子どもの治療様式です。実は精神分析の歴史は，アンナ・フロイトやメラニー・クラインといった児童分析によって発展してきた経緯があります。子どもの場合に自由連想のような特別な設定に持ち込むのが難しいので，アンナ・フロイトが苦労して作り上げたのが導入期という時期でした。子どもとの関係を良くして，そして自由連想に持っていくという設定が基本でした。それに対して，導入期のような陽性の関係が不要だと考え対立したのがメラニー・クラインでした。クラインは小さなおもちゃや絵を机の上に用意して，それらを使った子どもの遊びを通して自由連想と同じことができると考えました。この二人の対立は，理論的にも大きなものになっていき，最終的には自我心理学対クライン学派のような，精神分析を二分するような大きな論争を生み出しました。

その後，子どもの治療に関しては，技法をはじめとして相互乗り入れが起きているので，設定に関してそれほど大きな違いはなくなりつつありますが，それでも設定が大きな変数になって理論や認識を変える可能性があるということは重要なことですし，前提となる構造がどのようなものであったかを理解することは，その理論や技法を学ぶ上で不可欠です。ウィニコットが子どもとの出会いで用いたスクィグルは，メラニー・クラインの技法を用いながら相互にやり取りもするので，関係性を維持するような設定にもなっています。

　スクィグルやスクリッブル法のような相互的な絵画療法はどうかと言えば，対面法と同じくセラピストのオンゴーイングな情報が伝わりますし，セラピストがどう思っているかはたいていパラ言語的な要素で伝わってしまいます。でも，対面法にあったような努力Ｂがいつも前面に出るとは限りません。たとえば，ここで私が一枚の絵をお見せするとします。よく学会などでも絵をスライドで写すと，みんながそれに注目し，そしていろいろと考える。これは自由連想に対するセラピストの反応です。患者の一つの言葉を聴いて，セラピストはあれこれと考えるのです。ですから，スクィグルなど絵画療法では，セラピストは自由連想法ほど考える余裕がないけれども，対面法ほど考えないわけでもないのです。実際にやりとりに参加していますから難しいけれど，セラピストは仮説を作りやすくもあるのです。表4-3に，それぞれ

表4-3　自由連想法と対面法

設定状況	セラピストの目標	特徴	空間配置	比重
自由連想法	できる限り患者に有効な，有用な洞察のための体験を提供する	セラピストの主観が伝わりにくいので，患者が内面的，内省的になりやすくなる	セラピストは患者の後ろにいる	A＞B
対面法	できる限り患者に有効，有用な体験を提供する	関係を促進するようなコミュニケーションが可能である	90度から180度	A＜B

の技法で異なるAとBの努力の比重を整理してみました。問題は，患者にとってどのような回路が必要か，という点に集約されますが，セラピストはどの枠組みがどのような設定をもたらすのかを理解していく必要はあるでしょう。

もちろんどのような枠組みもどのような要素も，使い方しだいでAにもBにも使えます。ここからはちょっとだけトリック的なのですが，心理療法のなかでの細かい対応の仕方を工夫することで，コミュニケーションをAが優位なものにしたりBが優位なものにしたりすることができます。細かいしぐさや間の取り方で，どちらかの回路が優位なコミュニケーションをすることができるのです。たとえば，セラピストが患者の話を止めるために手や態度で「待った」をかけます。そして今までのやりとりのなかでは使われてこなかった，つまり目を向けたことのなかった方に目をやって，何か分かりにくいという態度を示すと，患者は自分の言っていることを相手が受け入れてくれなかったことを，どうしてなのだろうと考えるようになります。参考までに，沈黙など非言語的な指標を表にしておきます。これ以外にもさまざまな方法がありますので，あくまで参考です。

さて，「関係性の変数」に関連して治療の戦略が選択されていく道筋につ

表4-4　コミュニケーションの方向性のための工夫

		A（内省志向）	B（交流志向）
1	沈　　　黙	「分からない」という態度やその後での沈黙	相手の話の後，その話していた時間より長くだまっている
2	応　　　答	「ん？」とややイントネーションをあげる	「そうですね」「うん」「なるほど」など
3	パラ言語	怪訝そうな顔をしながら疑問で話す	相手の話をその通りであるように繰り返す
4	非 言 語	遮る手の仕草や「待った」，別の空間を使う	注目する態度，うなずき，相手に同調させた態度
5	言　　　葉	「よく話が分からないけど…」「詳しく」など	反射的な応答，繰り返しや言い換え，要約など

いて，大まかに分かっていただけたでしょうか。心理療法は患者がもっている自分の悩みを取り扱いたいという需要に対して，何かを提供することです。そして提供できるものは，上のAとBの比較例のように，技法によってもセラピストによっても異なるでしょう。心理療法でどんなものがどんな状況だと提供しやすいのかと考えることは重要です。患者の求めるものによって違ってくるのは，どんなコミュニケーションを選択しやすいかということです。それによって，どのタイプのセラピストを患者が好むか，そしてどんなタイプの治癒を求めるかという経過が変わり，そして結末までもが変わってくるように思います。心理療法は，患者の求めるものとセラピストの提供するものの間の需給関係で成り立っているのです。心の居場所は物理的な基盤である心理療法の設定のなかで築かれるものなのです。

　上の回路の例は治療的な需給関係のひとつです。心理療法を行うなかでセラピストは，いろいろな方法を使って患者に何かを提供していくのです。人が癒されるにはさまざまな道があって，一般には病を除去すればよいと思われています。けれども病はその人のあり方全体という氷山の一角であり，医療の世界でしばしば行われている病気の削除という外科的な対処法は，さまざまな道のひとつにすぎません。それに心の病の多くは，長期間にわたって築かれてきた慢性疾患であることが多々あります。その人の生き方全体のなかでの居心地の悪さ，居たたまれなさ，居ても立ってもいられない気持ち，居場所のなさが背景にあります。心理療法は一定の場に腰を据えて，それらを取り扱うのです。

　私たちセラピストは，患者が求めるものを提供することの見返りにお金をもらって生活しているわけです。心理療法は医療のなかでは保険はきくのですが，実際は医師は診察や投薬に忙しく，精神科医療のなかで「正しい心理療法」が行われているかどうかは疑問です。達人でもない限り，現在の精神医療体制のなかで心理療法の時間を確保できるとは思えないからです（もちろん，そうした達人たちによって正しい心理療法が行われている例も多く知っています）。そのため，自費で心理療法や精神分析を受けるのが今は一般的です。料金はたいてい1回5,000円から15,000円の間ですが，地域や治療技法によっても異なります。金額を決めているのは，心理療法家が生活できる程度のお金ということです。また回数は技法によって異なります。多くて

週 4 回の精神分析（ただし 1 回の料金は安い），さらに 1 週間に 1 回の心理療法，あるいは 1 度か 2 度の力動的コンサルテーションがあります。それに加えて最近では心理教育である認知行動療法，短期に変化をもたらそうとするブリーフセラピーや短期力動心理療法などさまざまな技法が開発されています。面接の回数や時間について初回面接から数回の間に十分な説明をしておくことはとても大切であり，患者の要求もないのに回数や時間をころころ変えるようなセラピストはあまり信用されないと思います。一度話し合って決めた設定は再設定されるまで一定であることが，心理療法が一貫した場であることの条件だからです。もちろんそのことを前提にして，設定を変更することの意味を臨床的に活用する技法はあります。中断技法や短期セッションなどです。私の専門は精神分析なので，1 週間の回数が 1 回以上，毎日という場合もあります。心理療法の技法によって異なるので，説明をしておくことが大切なのです。

分析可能性を探す

関係性と治療の選択の話をしましたので，今度は患者のニードに対応した「治療戦略と技法」について，少しお話しておきましょう。すでに PDM のところでお話ししたように，その人の問題全体のあり方から適切と思われる治療技法を選択するのはセラピストの仕事です。そしてそれを患者側の社会経済状況や地理的条件などとすり合わせながら，治療契約を結んでいくわけ

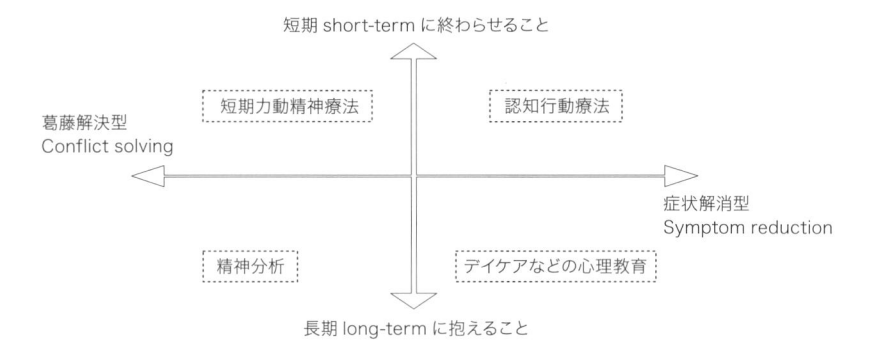

図 4-3　患者のニードと提供される型

（縦軸：短期 short-term に終わらせること ／ 長期 long-term に抱えること
横軸：葛藤解決型 Conflict solving ／ 症状解消型 Symptom reduction
左上：短期力動精神療法　右上：認知行動療法　左下：精神分析　右下：デイケアなどの心理教育）

です。患者のニードに合わせて分類するなら，治療技法の戦略的な分類は図4-3のようになると思います。まず横軸ですが，葛藤解決型と症状解消型の二つのタイプがあります。悩んでいる人のなかには，悩みの原因となっている自分の二進も三進も行かない状況を理解して，自己選択したり主体的に行動したりすることを求めている人がいます。その場合，症状を持っているいないに関わらず，葛藤を解決するために心理療法を訪れます。アインデンティティが拡散しているため自分が何をより所に生きていけばよいか分からず，それを探求するためにカウンセリングを求めてくるのです。このタイプの患者は，葛藤解決型と呼んでもいいでしょう。

　反対に，パニックや不安障害などの症状，不眠や自律神経の失調状態などの苦しみを抱えていて，それをできるだけ早く除去したいというニードを持って訪れてくる人たちもいます。もう少し葛藤に直面したほうが根本的な問題の解決になるのではないかと思うこともありますが，それよりも痛みのほうがひどいので，とにかくそこに焦点付けして解消したいと思っているタイプの患者です。この二つの相対する軸は，患者が持っているニード，心理療法の技法に対する期待に左右されます。

　それに対して縦軸は，提供される心理療法の頻度や時間に対する患者のニードです。患者の社会経済状況にもよりますが，時間を多く使ってゆっくりと考えることを求めている場合と，時間的・地理的に制限があるので早く効率的に症状を除去したいという場合があります。

　結構深刻なことは，現代においてはあらゆる心理療法がすぐに手に入るわけではないので，患者のニードは環境や状況，心理療法へのアクセス可能性などに影響を受け，心理療法はそれに対応して仕方なく選択されているということです。期限が決められている，あるいは経済的に苦しいので，長期的な治療を受けられないこともあります。また保険診療の場面ではなかなか時間が取れませんから，投薬治療が優先され，心理療法としては認知行動療法やブリーフセラピーのように治療構造が比較的浅くてすむものが選ばれやすいのです。もちろん時間がないから葛藤解決型の心理療法が提供できないというのも困ります。私たち精神分析の立場でも，できるだけ少ない回数で効果的に出会えるようにするために，短期力動的心理療法が考案されてきました。短期で患者のパースペクティブに変化をもたらそうとするなら，この技

法と頻度が選択されるべきでしょう。

　言い換えれば，治療の体系的な選択のためには，「治療の文脈」に戻ってもう一度「関係の変数」を見直す作業が必要な場合があるということです。興味深いことですが，境界性パーソナリティ障害のマニュアルを書いた精神分析家のガンダーソンは，さまざまな技法を組み合わせ，入院，外来といった設定を体系的に投与することがパーソナリティの障害には必要だと述べています。またドイツでは心理療法士の国家資格が，（認知）行動療法と精神分析的心理療法を両翼にしていますし，日本でも今のところ保険点数化されているのは最近点数化されたばかりの認知行動療法と標準型精神分析療法だけだということは，図のベクトルが患者のニードにあっているということなのでしょう。

　セラピストの側にも心理療法とのいろいろな出会いがあって，自分の技法との出会いはそれなりに運命的なものが左右しますから，技法への愛着のあまりに偏った判断をしやすいことも事実です。今の世のなか多くの技法が開発されていますから，自分ができない治療技法もあるのが普通ですし，自分に空き時間がないこともあります。それを越えてケースを引き受けてしまう自虐的な世話役の傾向は，福祉医療関係の援助職の人たちがもっている共通の心的傾向なので，この点は配慮すべきだと思いますが，自分なりに治療を提供できる枠を決めておいて，その枠のなかでケースをマネージメントしていくことをお勧めします。それほど多くの治療経験もないのに新しい技法が使えるわけではありませんから，近くの経験者に紹介したほうがよい場合もあります。

　病気の人たちというのは，いろいろな可能性を考える余裕はありません。ですから，技法やセラピストとの出会いも必然的な出会いだと勘違いしやすい文脈が用意されているのです。専門家として頭においておくべきことは，悩みなり問題なりを抱えてやってくる人たちは悪循環を起こしているということです。それは個人のなかでもそうだし，家族関係でもそうです。悪循環というのは，ある人のメッセージが他の人の反応を引き出している，ある人の認知が行動を誘発している，そしてその関係が問題や症状を強化する方向になっているということです。これはかなりバイアス（偏った認知）を生み出しやすい関係だと思ったほうがよいと思います。こうしたことは言葉にす

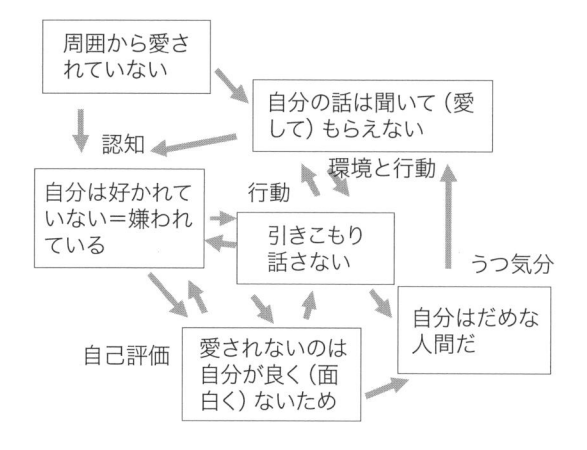

図4-4 あるうつ病の悪循環

ると簡単なのですが，そこに拘束されている人たちにはなかなか見えないのです。

　私は，どのような事例でも一度，悪循環を明らかにするために，力動フォーミュレーションを通して見直してみることを提案します。もし時間が限られているなら，悪循環の機能分析でもかまいません。簡便な方法は図4-4のような機能図を描いてみることです。このうつの患者は，自分が好かれていないのは自分が良くないということであり，面白くないということは自分がだめだということだと思っていますが，それだけでなく，そのような気持ちを話さないという行動を取ることで，現実に周囲から相手にされなくなるという状況が起こっています。それがさらに拘束状況を作り上げてしまい，本人はどんどん話さなくなる，そうするとますます好かれなくなり，ますます自分はだめな人間だと思えてくる。こうした悪循環は，家族療法でも認知行動療法でも共通して取り上げられてきたものです。このなかに自分が巻き込まれていないかどうか，患者は一度確認してみるべきです。

　家族療法家の若島孔文は，メッセージが人を拘束するものだと語っていて，そのメッセージに対して少しだけ拘束から外すようなメッセージを送りだすことが，この悪循環から抜け出させる方法になるとしています（若島 2001）。彼は短期療法家なので，できる限り効果的に変化をもたらすことを考えています。コミュニケーションのなかで起きている相互拘束のなかには，例外的

にうまくいっているもの，たとえば上の悪循環のなかにはありませんが，自分が申し訳ないと思うことで人間関係が穏便に済んでいる部分があるかもしれません。そうしたうまくいっているところは強化して，うまくいっていないところ，つまり自分はだめだとか，人と話さないといったうまくいっていないところに関しては違う認知なり行動なりを処方していこうという考え方をしています。

　これまでの心理療法は，こうした悪循環を認知や行動のレベルで変化させようとしてきた点で基本的には共通しています。私の専門としている精神分析でも，この悪循環に注目する点では共通しています。ただ，悪循環の結果として生じた病気や症状をすぐに変化させるというよりも，これまでお話ししてきたように，治療同盟のなかで取り扱う，そしてできれば，その症状の背景にある長い歴史や人間関係のパターンを理解するために，その患者のパースペクティブを使うという点が，力動的なアプローチの特徴です。心の居場所やより所をもう一度長期的な視点から見直し，それを再構成していきたいと思っているのです。力動フォーミュレーションが求められるのはそのためです。

　本書で取り扱う手続きは，問題があったとしたらそれをすぐに解決するために拘束から自由な新しいコミュニケーションや認知，行動を探すというよ

「汽車の隣で，患者が見ている風景を語ってもらうこと」
＝基本原則

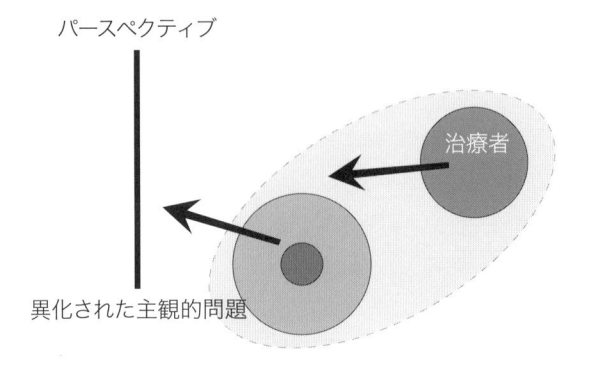

図 4-5　分析可能性と内省

りも，一度その人の人生全体のなかでその問題と解決を見直す作業をするということが前提になっています。さきほどお話ししたように，病気を，その人の人生が何かということを再構成したり再度概観したりする必要性を伝えるメッセージとして捉える点が特徴なのです。

　治療同盟の章で使った図をもう一度使って，患者が違和感をもって捉えた主観的な問題を患者のパースペクティブのなかに位置づけることを考えてみましょう。たとえば不登校になったら，周囲との適応が難しくなっている，あるいは人のことが気になって仕方がなくなっているといった自分の適応障害や対人恐怖傾向といった問題が小学校の高学年ぐらいから過剰になっていると気がつけば，その頃に何があったか，などと考えられるようになります。そうした内省的な態度，自分に目を向ける態度は，それ自体，人の成長に寄与することが多いと思います。ちなみに精神分析で「分析可能性」というのは，まず自分の人生のなかに自分を位置づけて，それを再構成していける可能性ということです。考えすぎて調子を崩してしまう人であれば，考えすぎや強迫を違和感として捉え，自分の主観をもう少しあいまいなものにして，漠然としたことに耐えられるようにしていくという方向も内省の一つです（内省は哲学的である必要はありません）。そうした自分の問題と距離を取って眺められるかどうか，これはかなり個人差があります。その可能性について判断していくことが，精神分析的な心理療法を行っていくために分析可能性を査定するという作業なのです。

　心理療法はよく問題志向型と解決志向型に分けられます。私たちが臨床場面で行っている判断が問題志向か解決志向かと言えば，その両方がかなり緩やかに連続しているというイメージでよいのです。患者の主観のなかにある問題に目を向け，解決の処方箋のために力動的なフォーミュレーションを一応は立てて，そのなかで解決を模索するという作業が，私たちが日常臨床で行っていることです。本書で居場所，より所といった日常語を使うのには，長期的に患者がどこに落ち着くのかを見届けるという含意があります。もちろん，困って来談してくる人に対していつもそうした悠長なことを言っていられるかと言えば，そうでもありません。すぐにでも職場復帰しないといけない，今学校に行けないと人生が真っ暗という切実な思いを持っている人に，自分の人生を見直す作業と言ったところでちっとも説得力がありません。ま

た病気の種類によっては，自分の人生を見直す作業をすることができない，つまり精神的にも知的にもその余裕のない場合があるのです。その場合，解決や症状除去が優先される場合はあります。

　ですから，ここでも患者の主観的な症状に対する態度や社会経済的な状況，そしてセラピストの側のアクセス可能性や状況というのが大切なのです。よくここで費用便益性や費用対効果といった議論をする人がいますが，これは医療者，国家の立場に偏った議論です。霊能者や宗教に多大なお金を払ってでもお祓いしてもらう人がいるように，患者のすべてが費用対効果のようなことを考えているわけではないのです。患者という需要者が避けなければいけないのは，説明もなしに多額のお布施を要求される，あるいは理由もなしに変な宗教に入れられてしまうことです。人は余裕のある限りで良いものを購入したいのです。期待や希望が関係性の文脈を構成し，その関係性の上でお互いの時間を調整していくことが，心理療法の入り口では模索されます。患者は長い目で物事を見る余裕を失っています。だからこそ，専門家としてはそうした期待を査定して，できるだけ手続きを明確にし，計画を示していくことが求められているのだと思います。

　心理療法は，心の居場所やより所という視点から見れば，仮の宿なのです。それを構築するためにセラピストはできるだけ多くの選択肢を持っておく必要がありますし，もし自分の風呂敷のなかにその道具がないなら，近くの専門家に紹介する手だてをもっておくのが倫理的に正しい姿です。

第5章　仮の宿：抵抗，転移，逆転移の話

語りにくいことや語られざること

　初回面接の設定，心理療法の選択がある程度始まったら，同時に査定（アセスメント）の仕事が始まっているはずです。力動的なアセスメントは長い歴史を持ちますが，後述のとおり，1960年代に心理テストのバッテリーとともに米国で開発されたものが形式的に最も優れたものでしょう。ただどのような力動フォーミュレーションの方法を取るにしろ，情報が完全に得られるということはありません。人には防衛が働いているし，自分自身が自分のことを完全に把握しているわけではないし，他人に知らせたくないこともたくさんある，抵抗があるからです。

　精神分析や心理療法に訪れる人々が，語りにくいことを語りに来ているということに配慮しなければいけません。人には秘密にしたいことがあります。心の傷は隠されているというより思い出すことができないようになっていますが，それだけでなく，ごく自然にタブーになっている事柄もあります。それらのタブーについて考えてみると，自分を悪い，だめな人間だと思う気持ちが背景に存在していることが分かります。たとえば，おもらしや自慰といった人に見られたくないことは，どれも実はどうしようもない仕方がないことなのに，当人は自分が悪いと感じ，あまりオープンに話せないことがあります。生理，夢精，閉経といったことは自然な生理現象なのに何となく人に話せないことがあり，誰もがその経験をもっているのにしばしば恥ずかしいと感じます。恥という感情は，オープンにできないという点で罪悪感と似て

います。あるいは性欲，嫉妬や熱情的な狂気，羨望といった内的欲求，感情は，本来だれもがもっているのはずなのに，当人は人に話すとおかしいと思ってしまう，自分がコントロールできていないと感じてしまいます。私たちはこうした部分に人から触れられると，かなり原始的な反応をしてしまうことが多いものです。生物としての生(なま)の部分は，タブーを構成しやすいのです。

さらにまた隠された願望もあります。倒錯や場違いな性的興奮，そして不倫や暴力，死に対する願望すら，人は状況によって感じることがあります。価値が多様になり自由になったと言われる現代でも，社会的な場面では，そうした感情を冗談以外の形で口にすることは難しいのです。私たちが社会的存在であると同時に生き物である限り，傷つく場面はかなり多いのです。特に他者殺害は，どの時代であっても，文化的な場面では，想像することはできても実現することはかなり病的な性格か，戦場のようなかなり異常な状況にない限り無理で，それは強力なタブーです。

自然な，生の姿すら秘密にする人間の傾向には，生物学的な存在である自分と，社会的な存在である人間同士の関係との間で行われる妥協形成が重要な役割を果たしてきました。だめなのはわかっちゃいるけどしたくなる，あるいはだめだと思うとますますしたくなる，これが人間の衝動的な側面です。反対にそれを抑圧しようとする，自らを罰しようとするのが人間の道徳的側面です。この二つの間を過剰に行き来するのが，人間の運命のようなものなのでしょう。

もちろん心にとって外傷的であまりに耐えられないことは記憶の外にあるのですが，それが心のなかに戻ってこようとして症状になることがあります。解離を起こしている部分がとつぜん回帰してきて，症状やパニックを起こすのです。精神分析の発見のひとつは，人の心のなかにある，こうした悲劇的な反復傾向だろうと思います。それが悲劇であるのは，暴力的なもの，攻撃性にまで発展することがあるからです。それが繰り返し，私たちの心を支配することがある，だから反復する傾向があるということを精神分析は発見しました。「こだわり」は私たちの運命を構成している大きな要素なのです。そしてそのこだわりは，かえって語りにくいものでもあります。ですから精神分析では，かならずそこに抵抗が生じると考えています。

フロイトは治療開始時にどのような話をするかは患者の自由に任せておく

べきであると言いつつ,唯一の例外として基本原則に関して(長い文章で)しっかりと伝えるべきだと述べました。それは次のようなことです。

「あなたが話を始める前にひとつだけ言っておきます。あなたの話は一つの点で普通の会話と違うものでなければなりません。普通の会話の場合には,話の道筋をしっかりととらえて,それを妨害するような思いつきやつまらない考えは斥けて,俗に言う,百番目のことから千番目のことへと飛んだりしないようにする必要があるのですが,今の場合にはそれと違ったやり方でやっていただくのです。あなたがここで話をしていると,何らかの批判的な抗議が起こって,斥けたくなるような種々の考えが浮かんで来るのを観察するでしょう。そしてあなたは,あのことはここには関係がない,まったく重要ではない,無意味だ,だからそれを言う必要はないのだと言いたくなることでしょう。しかしながら決してこのような批判に屈してはなりません。そのような批判と闘って下さい。そしてむしろそれを言うことにあなたが嫌悪を感じているからこそそれを言っていただきたいのです。そもそもこういう規則こそ,ここであなたが守らなければならない唯一の規則なのです。どうしてあなたがこの規則を守らなければならないか,後になればその理由もはっきりと理解するようになるでしょう。ですから,あなたは頭に浮かんだことは何でも,そのまま話して下さい。あなたは頭に浮かんだことは何でもそのまま話して下さい。たとえば,汽車の窓際に席を取った旅行者が内側の席に座った人に向かって,自分の眼前の窓外の眺望がどんなふうに変化してゆくか,その有様を次々に離して聴かせるようにやって下さい。最後に忘れてならないことはあなたが完全な正直さを私に約束したことです。たとえどんな理由があろうと,それを話すことがどんなに不愉快であるからといってそれをとばしたりしてはなりません」(Freud, S. 1913)

この文言のなかでセラピストは「汽車」を「電車」に言い換えることは可能だったとしても,それ以外は,患者が寝椅子に横たわったときにそのまま伝えるというのが基本原則でした。この「内側＝となりに座った」という表現は,先ほど治療同盟のところで言いましたが,一緒に患者のパースペクティブを眺めるように,それに寄り添うようにして話を聞くという姿勢のことだ,と今日しばしば語られています(Gray, P. 1994)

この基本原則のなかに「自由」とは異なる権威主義的なニュアンスを感じ

取った人々がいて，この原則をどの程度遵守するかという問題はフロイト存命中から議論の的でした。今日では関係性を取り扱う人々がこの問題をクローズアップしていますが，語学に堪能であったフロイトが「自由 freie」という言葉を使ったそれなりの文脈があるように思います。フロイトの言う「自由」は，精神分析において「意識的目的観念が破棄されたときに，隠された目的的観念が現在の観念群をコントロールする」ようになり，無意識の秩序が明らかになる手順を指します。つまり話すか話さないかの「自由」は，結局は患者の無意識にゆだねているのです。意識に対しての自由ではなく，無意識に対しての自由だとフロイトは言うのです。

　はっきりしているのは，自由連想の「自由」がぶつかる壁のほうなのです。患者がさまざまな葛藤を抱えながら，自分の話をセラピストの前でするかどうかという意識的な抵抗だけでなく，連想に対して不自由で思いつきもしないという無意識の抵抗も含めて，ここで出会うのは抵抗なのです。「自由」の対極にあるのは，葛藤と呼ばれる現象を背景に意識と無意識のはざまにあって抵抗を生み出す「不思議な」力なのです。それが自由な連想を不自由にする理由となっています。以前，ある患者が「先生と面接を始めた5年前に言おうと思っていたことなのですが」と語ったことがあります。私はびっくりして，数年間も抱え続けていたことが今語られていることの意味よりも，以前にそのようなことを語られたかどうか思い出せない自分のほうに意識が向かってしまいましたが，そのように思いとどまる患者は実に多いのです。フロイトが技法論文のなかに「精神分析の間の誤った認識＝すでに話した」を含めたのは，臨床的には，思いついたことは何でも話すべきと基本原則を説明しても，思いついても話さないことがいかに膨大であるかということです。反対に基本原則の説明に対して，「思いつくことなら何でも言うということでしたから，関係ないことでもいいですよね」と，但し書きのようなものをつけて，連想を語ってくれる患者もいます。つまり人の意識は，関係のないことやとっぴなことを思いついたことなら何でも語ることに対して不自由であり，連想が自由であることを強調することにはそれなりの意義があるのです。

　もちろん転移や逆転移を生み出すことも含めて，話が語られる文脈こそが精神分析の設定であり，その設定を枠組みとしてそこからの逸脱や変化を

どのように認識するか，それが洞察をもたらすという洞察は重要でしょう（Schafer, R. 2002）。つまり一言で言うなら，この設定は無意識的な「語られないもの」にも，また「語られにくい」「とっぴな」「無関係なこと」にもそれなりの意義を認めるということであり，それは精神分析的な語り方（基本原則としての自由連想法）を通して明らかになるのです。

治療同盟，あるいは作業同盟のスタンスがセラピストと患者との間でできあがっているなら，フロイトが基本原則のなかで述べたように，「どんな些細なこと，つまらないことで，話す必要がないと思っても，思いついたことはすべて語ってください」と伝えるだけで，かなりの程度，抵抗は減ります。でも語りにくいことを意図せずに避けてしまうという意味での抵抗は，それほど簡単ではありません。

抵抗＝防衛が常に働いていると見なす

初回面接とはいえ，専門家は抵抗の取り扱いを意識している必要があります。抵抗を取り扱うときに大切なのは，人間にとって防衛がとても大切なことだという理解です。防衛とは私たちの心が裸のまま危険な体験にさらされないように，心が組織化された結果です。ですからこれをすぐに暴露するというよりも，つねに防衛が働いているものだとして話を聞いていくということです。アンナ・フロイトが発見したのは10数個の防衛でしたが，今日防衛にはさまざまなものがあり，100以上のパターンが報告されています（Blackman, J. S. 2004）。もちろんこうした防衛全部を知らなくても，患者がそれらを使って自分を守っているという理解が第一に大切です。

短期力動心理療法でマランが考案した三角形というのが二つあります（Solomon, M. F. 2001）。防衛や抵抗，あるいは転移といった心理療法的なアプローチのなかで起きる現象を理解するには便利なものなので，本章ではその二つを取り扱っていきたいと思います。図5-1がその一つです。図のなかの記号Dはディフェンス，防衛です。私たちの行動は防衛の出力部分，結果です。ですから行動には，つねに三角形の他の二点，Aである不安とXである感情（情動）が関わっていると見ることができます。衝動があって，その衝動を実現させようとすると不安が伴うので，防衛が組織されるという

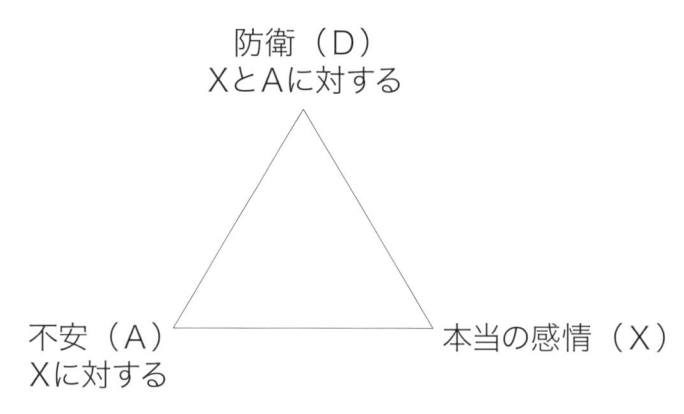

```
              防衛（D）
              XとAに対する



不安（A）                本当の感情（X）
Xに対する
```

図 5-1　情動 - 不安 - 防衛の三角形

言い方でもかまいません。本当の感情は生々しいもので，表面に直接的に表現するのは難しいものです。お腹がすいているっていうことだって，社会的な場面では言いにくいことがあります。言いにくいということは，ストレートに表現することに抵抗があるということです。そのとき意識をそらしたり，別のことをして気を紛らわせたりする，そんな方向転換も防衛のひとつなのです。

　私たちは生きている限りいろいろな制約や社会的なルールと出会いますから，あまり表に直接的な表現をしないほうがよいという思いは，大人として振る舞う限りは当然といえます。心を病んでいる，あるいは心の居場所というか空間というか，余裕のようなものをなくしてしまった人と言うのは，この三角形のスペースがとても小さいということもできます。また境界例水準と呼ばれる情緒不安定なパーソナリティの持ち主たちは，情動に対して極度に不安になったり硬く防衛的になったりという反応をします。フロイトが指摘したように，不安は危険に対する信号です。マキャローという短期療法家は，あらゆる精神障害の基盤には情動恐怖症 affect phobia があると考えているぐらいです（McCullough, L. 2003）。

　精神分析的な治療の特徴として，そこにはつねに防衛が働いているとみなします。言いかえれば，行動，思いついた連想には，そこに防衛があり，そこに付帯する感情，あるいは不安があるということです。ですから，何か患者が自発的に連想したら，そこにはある種の感情が付帯していると考えます。

精神分析家ポール・グレイは治療同盟的な関係，つまり「隣に座って見ているものを報告してもらう」関係のなかで，注意点を表層と文脈とに向けることを提案しています。治療開始と同時に患者のなかには無意識の派生物が現れてくるのですが，そのときそれが露呈することに葛藤を感じるものなのです。つまりここがきわめて大切ですが，もともと危険があるために自我が抵抗し防衛していたものが徐々に現れてくると，その派生に先立って不快（不安や危険な感覚）が生じるのです。自我は防衛を起動するようになっているわけです。

　ここで注目してほしいのは，患者の語っている内容だけではなく，その言い方や間です。行動より感情から入ると言い換えてもよいでしょう。つまり連想をよく聴き，それら一連の素材のつながりにおける変化に耳を傾けるのです。ここでセラピストの注意は，意味内容と同時に言い方，声やしぐさを含めた細部に向けられているのです。

　グレイの方法が「細部のプロセスへの注目 close process attention」と呼ばれるように，近年登場してきた多くの心理療法は，古典的な精神分析的な方法よりもはるかに細やかに，連想の刻々とした連続的な流れに注意を払うのです。グレイの後継者であるゴールドバーガー（Goldberger, M. 1996）は，自我が防衛しているところに介入する瞬間として次の12項目をあげています。

① 自分に怒りが向いた瞬間：「えっと，うんと」といった発言のなかに怒りの内向化が見える。
② 目標や野心についての考えが遮られる。：「なんだったっけ」のような言い方で，それが遮られる。
③ 数分間の沈黙：沈黙のなかには，防衛的なものがつねに入り込む。
④ 一貫性のない感情：「えっと，あれ違うかな」といった言い方で表現される最初と最後が違う感情のようなもの。
⑤ クライエントの姿勢：暗い話を元気に話す，あるいはその反対。
⑥ 時間想起の抑制：思い出しているうちに時間軸がずれてしまう。身近なこと，遠い過去，最近の出来事，いずれにおいても起きる。
⑦ 主題を避ける，想像して，考えたり，夢をみたりしないこと。
⑧ 儀式：いつもしていること，あるいはその反対。

⑨　遅れること，時間を間違える。
⑩　お金を払わない。
⑪　反復される感情。
⑫　行動化。

これら12項目は，後に行くほど，従来から言われている抵抗あるいは行動化です。でも最初のほうでは，観察可能な言い方や仕草のほうに細部への注意が向いていることがお分かりでしょう。必要なのは，注意を細部に向けて，しかもそれがいやみにならないこと。もしそうした防衛的なことが連想を留めており，そこに問題があるとすれば，揚げ足とりにならないように，防衛をもたらす空想の性質に意識を向けることです。ゴールドバーガーは次のようなステップが参考になると言います。

　ステップ1　クライエントが今言ったことを述べる
　ステップ2　そこから逃げ去ろうとしているように見えることを述べる
　ステップ3　その瞬間に分析家に話すことに伴う危険性を調べる
　ステップ4　その危険性についての分析家の理解を見直す

ここでセラピストは，細かい言いよどみや言い方や態度のズレの瞬間を捉えて，患者が感じている危険性から来る抵抗を彼と話せるように，患者の主観的意識＝自我の力に注意を向ける必要があります。危険を感じているのは自我なのです。そして焦点を拡散してしまうことに抵抗しながら，その注意を維持する作業が大切です。セラピストが「私をどう感じているの，私があなたに伝えようとしていることをどう思っているの」と聞く作業がステップ4に近いでしょう。もちろんその場合，セラピストは「過度な」暴露はさらなる防衛を生み出すために危険であるとつねに警告し，同時に，素材の流れ（連想）のなかに意識化を求める衝動派生物が含まれているとみなす必要があります（Goldberger, M. 1996）。

　ちなみにグレイも述べていますが，多くの場合，抵抗あるいは防衛が生じる理由は，催眠療法から精神分析へとシフトした大きな原因である「権威」というものです。つまり抵抗が起き，自我が危険に感じる地点は，たいていセラピストの権威とそれに対する患者の言いにくさに関係しているのです。

出会いの新鮮さ：転移の出現

　出会いというのは不思議なもので，前の章で出会いは偶然だと言いましたが，無意識の領域では必然的なことが多いのです。場がひとたび明確になれば，そして次第にそれが忘れられれば，それだけで，そこにいる人々には相互の関係が明らかになっていきます。心理療法（個人対象のもの）は患者とセラピストの出会いの場ですが，その場ができ，二人の関係に接点ができれば，その接点を通して，関係の質が浮き彫りになっていきます。

　心理療法の出会いについて事例を考えましょう。Nさんのカルテには25歳の男性と書いてあります。面接室に呼ぶと，本人，母親，父親の3人が入ってきました。本人はボーッとして目の焦点が合わない様子で，服のボタンが一つずれています。ここに来るまでひと騒動あったようです。母親は本人の後ろにおどおどした様子でひっそりと付き添って，父親は硬くなって動かない本人を小衝きながら入ってきます。

　私が目を合わせようとしながら自己紹介し，彼に「どうしてここに来ることになったのかな」と聞くと，彼のほうは一生懸命に目をそらせようとしているかに見え，しまいにはうつむいてしまいました。どうやら「話にならない」ようです。間髪を入れずに，母親が矢継ぎ早に事情を話しはじめます。

　母親によればN君は一人息子で，都内の有名私立高校から一流大学にストレートで入って，最終的に有名なエリート商社の新入社員になりました。非のうち所のない学歴と職歴，子ども時代もなに一つ文句を言わない「良い子」だったそうです。1年程前から職場で仕事についてゆけなくなり，黙り込んで仕事にならない日が多くなり，しまいに出社拒否になってしまいました。もともと内向的で口数の少ない人だったのですが，家でも自分の部屋に閉じ籠もり，食事の時も出てこようとしなくなりました。同じ商社マンの父親はあまり家にいないのですが，ある時見かねて本人を部屋から引きずり出しました。そこで本人と取っ組み合いになり，本人は回りのものを壊したりして大暴れになってしまいました。それ以来父子の関係は険悪になるばかり，本人は父親の声に反応すらしなくなってしまっていたのでした。それでも父親は「甘えるな」の一点張りだったそうです。

ではお母さんはどうしていたのかというと,「しっかりしなさい」と励まし続けたのだと言います。「いくら話しても話にならないんですもの」とおどおどとした様子です。1週間ほど前から部屋に閉じ籠もりっぱなしでものも食べないので,さすがに両親も心配になって,やっとのことで今日,無理やり本人を連れてきたのです。そこまで黙ってうつむいていたN君は突然立ち上がって,面接室から出て行こうとしました。そこを父親が本人の腕をつかんで引き戻します。彼は仕方なく椅子に座ります。「どうしてこんなことになってしまったのか」という顔で母親が身を引くようにして座り,父親が憮然とした表情で「話にならん」と一言。こうした面接室で起こることは,本人とその環境である家族との生活の「縮図」なのです。本人が身を引き,母親が口を出し,そして本人が閉じ籠もり,ついには母親が身を引き,最後は父親が小衝き,そして本人がさらに引き籠もるという結果に終わるこの悪循環が,N君の家庭で引き起こされていることです。結局は孤立無縁といった感じです。母親も父親も「話にならない」と思っています。私もN君と会った時に「話にならない」と思いましたし,この感情は父親,母親と同じ線上にあるものなのでしょう。

　心理療法の立場によって若干の違いはあるのですが,私は,患者が今までの生き方で繰り返してきたこと,その延長上にできあがった悪循環,つまりある種の癖のようなものを「転移」と呼ぶことにしています。この言葉は精神分析のもので,厳密にはいろいろな意味がありますが,ここでは精神分析そのものを取り上げているわけではないので,とりあえずは,治療室に持ち込まれてセラピストが発見する心の癖のようなものを転移と呼んでもよいと思います。人の行動パターンというのは普通の人が思い描く以上に狭いもので,なくて七癖と言われるように,ある種のこだわりや習慣,あるいは儀式的なパターンというのがあるのです。この癖が面接室のなかの言葉や連想にも持ち込まれる,そして関係が持ち込まれる,それを転移と呼びます。言い換えれば,「今ここでの」転移は,幼児期からの家族などの親密な人間関係,今現在の人間関係,そして面接室での人間関係とに,ある種の類似性があるということを意味します。図5-2にあるように,それは三角の関係にあります。①幼児期からの人間関係,主に家族との関係や,②面接室の外(転移外)の人間関係,つまり今属している日常生活での人間関係は,③面接室内

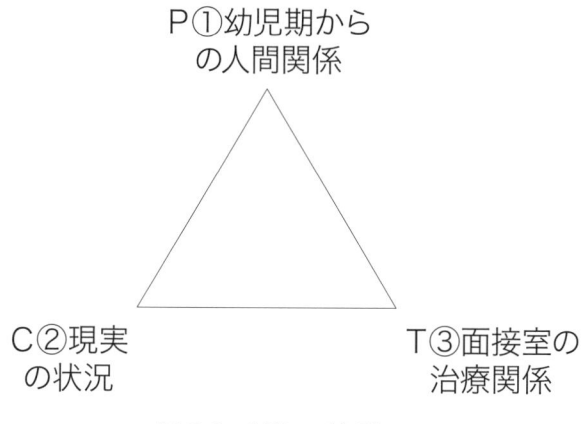

第5章　仮の宿：抵抗，転移，逆転移の話　109

```
            P①幼児期から
             の人間関係
                △

  C②現実                    T③面接室の
   の状況                     治療関係
```

図5-2　転移の三角形

（転移）の人間関係，つまり患者 - セラピスト関係に反映されている部分が多々あるのです。転移という考え方をすれば，①P - ②C - ③T は連続しているものなのです。マランによれば，P は過去 past と両親との関係，C は現在の人間関係 current で，葛藤 coflict を抱えているという意味もあります。そしてセラピスト Therapist との転移 transference が，T となります。

　ですからセラピストが今ここで感じる感覚は，患者の生きてきた，これまで反復されている人間関係の反映であり，逆に言えば，私という治療環境と対象とを通して，母親や父親との関係，あるいは現在の人間関係がかもし出すN君の生（なま）の感情が現れているのです。つまり問題が起きて面接室に来るまでの間，N君がどのような対応を受けやすく，どのようなことを言われやすかったのか，セラピストは目の前のN君を見ることで分かるのです。ここで，セラピストは「独り言」を使って考えます。目の前の彼に対してこれまでの人たちと同じ対応をしたのでは，セラピストの体験した感覚を返すだけでは芸がありません。上の例でいえば，セラピストが自分の思ったとおりに「話にならない」と応えていたのでは，セラピストは患者にとって目新しい人物ではないのです。そんなことになれば，むしろ「ブルータス，おまえもか」と外傷や裏切りの反復者になってしまいます。その意味でも来所の経緯は，治療の文脈として大切です。患者が今ここに来る前に何度も別のセラピストに出会って失望している場合，セラピストは他のセラピストが悪かっ

た（自分は大丈夫）と自己愛的に考えるのも自由ですが，そこに書き込まれている反復を読むことが，転移の三角形で考えるということなのです。事例でセラピストに最初に思い浮かんだ「話にならない」という感じは，N君がセラピストとの出会いより前の多くの人間関係で体験し，周囲から語られてきた言葉ではないかと考えるのです。こうすることで，転移のなかでのセラピストの「独り言」は治療的な機能を帯び，そこで練り上げられた言葉や態度は，治療的な出会いの新しい可能性をもたらしてくれるのです。この事例では，私はN君こそ「話にならない」と訴えているのではないか，心のなかでそうつぶやきました。ここには，これまでの家族関係，友人関係，人間関係で繰り返されてきたものと少しだけ違う出会いがあるわけです。ライクは驚きや新奇さは無意識への入り口だと言い，サリヴァンは心理療法には驚きが必要だと言い，そしてフランツ・アレキサンダーは新しい関係での修正感情体験を強調し，ハンス・レーウォルドは新しい対象との遊びの重要性を語りました。まだ経験していない未知の体験は，治療のなかで新しい可能性をもたらしてくれる。いずれにしても，驚きのある出会いによって，患者の目の前には，これまでの人間関係にはなかった新しい対象としてセラピストが存在することになります。

　心理療法が新しい出会いであるということは，逆に言えば，セラピストは患者の転移にそれほど巻き込まれていないということです。とすると面接において，患者と接点ができているにちがいありません。彼／彼女がセラピストとの関係のなかで自分の問題をようやく語ってくれるときに，セラピストが相手との関係に巻き込まれているなかでは，それがどれだけ転移によるものなのか，不安によるものなのか，それとも出会いの失敗によるものなのか，セラピストは基本的に理解できないのです。ですから私は心理療法を始めるにあたって，相手の状態を正確に知るために，3回から5回の査定面接を行うことにしています。もちろん主観的に問題が特定できていない場合も，あるいは相手の不安や緊張が高くても，心理療法をすぐに行わないほうがよいですから，査定面接として「何回か会ってみてから心理療法という関係を持つかどうか決める」ことにしています。その期間は患者にとっても，心理療法を続けるべきかどうかを決めるまでの猶予期間となります。いくら患者に動機があっても，セラピストを信用して接点をもてない限り，今後も相談を

続けていくことなどできません。この数回の査定面接には，患者が心理療法から降りられるようにしておくという配慮が働いています。しばしば初心者のセラピストは患者が来なくなることを心配しますが，数回で来なくなることは必ずしも悪いことではありません。良い出会いを求める気持ちは私たちの日常生活においても大切であり，セラピストはそれを求めることができる余地を残しておくべきです。そして数回会い続けていれば，転移のなかで，相手との関係の質を見分けることができるようになるのです。

ちなみに今日の精神分析では，転移は治療の重要な道具です。それは患者と出会ったときのセラピストの感覚が，患者の心を映し出すものだからという理由だけでなく，その関係のなかで病気の原因あるいは病的な関係を繰り返しやすく，そしてその関係のなかで関係の修正が起きる可能性があるからです。これは先の三角形のなかで，①これまでの人間関係で起きてきたこと，②そして今現実の人間関係で起きていることが，③「今ここ」に持ち込まれるということです。ですから「今ここ」には，持ち込まれている関係を修正する機会もあります。面接室には，患者にとって「仮の宿」のよう役割があることが分かります。N君の事例を思い出してください。彼はこれまでの人間関係と現実の人間関係の双方で「居場所」がない。「話にならない」。そのことが面接室のなか，セラピストとの転移関係の間で明らかになりました。とするなら，「今ここ」での治療関係のなかで，もし「話になる」人が登場して，「話になる」関係がもたらされ，そこが「話になる」場になるとするなら，それは「話にならない」関係を修正する重要な機会になるのです。

本書は精神分析入門ということではないので，とりあえず転移を使って患者の問題を垣間見る方法を理解していただければよいと思います。この発想を使えば，セラピストは今ここでの患者のコミュニケーションを通して，彼／彼女がこれまでどのような人生を歩んできたかを，関係の質から把握できるのです。

ある程度まとまった物語になっていく

抵抗や転移を取り扱っていけば，その人の話はしだいにまとまった物語，ナラティブになっていくのが普通です。実際のプロセスに沿って，まとまり

ができていく筋を追ってみたいと思います。というのは、力動フォーミュレーションというのは、できる限り短期間のうちに、そして査定が終わるころに、ある程度、その人の物語を読み取れるようにすることが目標だからです。心理療法には、患者が今までの人生で、多かれ少なかれ繰り返し同じような袋小路に入り込んでいるということを発見する瞬間があります。次の女性は、そうした体験が顕著でした。狭い居場所にいて視野が限られていた人が、心理療法を受けることで見え方が変わり、視野が広がった事例です。こうした変化が心理療法を受けることの重要なモーメントです。

　もちろん袋小路もそれなりの居場所ですし、防衛の結果生み出されたより所です。でもその居場所はとても狭くて不自由です。序章では、袋小路のひとつが文字通り物理的な場所である場合についてお話しましたが、それは地位や家族、あるいは自分の価値観である場合もあります。袋小路のあり方もさまざまですが、この事例の場合にはそれが身体でした。興味深いことに、もっとも狭くて不自由な袋小路の一つに、確かに身体があります。

　ちょっと不思議な感じがするかもしれませんが、心身症や摂食障害などの病気では、患者が行き詰まっていて、心が閉じ籠もっている場所が身体なのです。私たちの「心 mind（＝気）」は、ある程度の健康な心身として成長する場合、身体の一部に局在することはありません。でも、これも程度問題です。肩こりが良い例だと思うのですが、一般に人は何か気疲れするような作業、ストレスのかかる作業をしていると、肩がこることがあります。これは知らないうちに、心の一部が身体の一カ所を使いすぎているのです。言い方を変えれば、心が偏在していたわけです。気づかないうちに、気が肩や首に溜まってしまって、流れなくなってしまったわけです。

　精神分析家ウィニコットが指摘していることですが、「心」は本来局在しておらず、何もなければ意識されない、気にならないのです。それが、個人にとって環境側が侵入的になったり、その人が被害的になったりすると、自己のなかで心の局在化が起きる。ストレスに対して反応して、ある部分に力が入るわけです。つまり「心的な現象とは、精神‐身体として存在することの連続性において、すなわちそれらが積み重なって個体の"自己"を形成するもののなかで、さまざまな重要性をもつ」ということになります。心身症である神経性胃炎は、自己のなかに生じた怒りに気が向いて、腹のなかに納

めようとした結果であり，摂食障害でやせにこだわるのは，自分のやせている容姿が気になってしまった結果ということになる。自己というのは，もともと心のなかに「住み込む dwelling in」ものです。環境側からの激しい侵入に対して，自己がどこかに心（気持ち）を込めて対応しようとした結果が，心身症的な障害なのです。

　ちなみに，セラピストも心身症的な障害に陥ることがあります。統合失調症（精神分裂病）の臨床家であった中井久夫は，心理療法が終わってからマッサージを受けに行くと，変なところが凝っていると指摘されることがしばしばあるのだと言います（中井 1982）。確かに心理療法の空間は，患者から発せられる言語的，非言語的な情報に満ちていて，しばしばその情報の海のなかで，その情報の多さに眩惑されて，セラピストが溺れそうになってしまうことがあります。その情報は感覚的なものから観念的なもの，言語的なものから非言語的なもの，具体的なものから抽象的なものとさまざまで，統合失調症などの重篤な病では一貫性がないために，セラピストは患者が投げかける情報を受けとめようとすればするほど，そうした眩惑は強くなるのでしょう。そして多くのセラピストは，その眩惑に対してそれを秩序立てる理論や仮説という枠組みをもっているように見えます。心理療法の理論はそうやってできあがっていくのです。

　ある言葉や行動に出会った時に（それがセラピスト自身からのものであるにせよ患者からのものであるにせよ），突然セラピストにも患者にも「話の分かる」体験というのがあります。たいてい，それを期に今までのよく分からなかった話や行動がセラピストにとって「筋」が通ったものになるのです。つまり「ばらばら」の断片がまとまって一つの「物語」ができる過程であって，セラピストの観点からは，かつてビューラーが「ああ-そうか体験」と述べたものです。非常に基本的なものの見え方，見通しなので，大袈裟な言い方をすれば「分かった」という心理療法の基本的な洞察のあり方なのだということです。そして「ばらばら」の状態を非常に広く取って日常的な現象にまで拡大するならば，つまるところその「ばらばら」から「まとまり」への過程は，治療が患者にとってもセラピストにとっても危機的な状況に差しかかり，そしてそこから脱する時に，たいてい出会うものなのです。私たちは専門家として，この作業をいつも心がけて置く必要があります。そしてい

つも仮のより所となるまとまり，ゲシュタルトを持っておきたいと思うのです。初回面接の場合，このゲシュタルトが力動フォーミュレーションになります。

　まず実際の，少し長い心理療法の事例について考えてみましょう。Ｌさんという女性の患者を取り上げます。

　Ｌさんは，以前から貧血で眩暈を起こしていたのですが，高校時代のある時に教室で突然目が眩み立てなくなって保健室へと運ばれるということがありました。それ以後急に，回りのことが気になるようになりました。しだいに「回りの人が自分のことを噂しているのではと思う」ようになって，教室にいると，いてもたってもいられなくなりました。親には「めまいがする」と言ってしばらく学校を休み，部屋に閉じ籠もって寝ていました。しばらくして，休みを心配する幼友達が相談に乗ってくれたことを機会に「気になる」という症状は消えて，再び登校し普通の生活をおくれるようになったといいます。その後何事もなく高校を卒業してコンピューター会社に就職しましたが，真面目な性格の彼女は，次第に「いやらしい」上司との関係が悪くなり，ついには同僚ともうまくいかなくなりました。ある時，回りの人々の言っていることが分からなくなり，そうした言葉を「あたかもコンピューターのデータがばらばらに飛び回っているかのように感じた」と言います。ついに頭がおかしくなったと思い，クリニックに来所しました。

　彼女の症状は一種の離人感で神経症的なものと考えることができますが，部分的なものであるにせよ，「ばらばら」「おかしい」感覚によって現実感が失われているわけです。また以前にも似たような「めまい」症状がありましたが，これも自律神経系を中心とした部分的な「ばらばら」の状態の反復と言うこともできます。ところが教室で倒れた後の感覚は，単なる常識的な「ばらばら」というよりも「周りが私を脅かす」という意味で，「私」と「周り」の「ばらばら」であり，より深刻な危機です。高校時代のＬさんの症状は，「私の」という部分の感覚に亀裂が入り，被害的になっているのです。そして発症当時に，この症状が「幼友達の相談」という友情の再建という形で解消されたのは臨床的に大切なことです。今度は誰が助けるのかという問題が生まれるからです。ところが就職してからの第二の危機の時期に，時間と空間といったまとまりを作っている現実感が失われるという形で，今度は

異なる部分での迫害対象が現れてしまったのです。

　上述のような患者との心理療法の過程では，その患者の内面に迫害対象の一部が潜んでいるために，話がまとまらずに「ばらばら」なものになりやすいのです。またその患者が真面目であればあるほど，「話の筋を通そうとする」ためにますますばらばらになりやすく，この状態はますます散々なものになる傾向があります。そしてそうした「ばらばら」の状態は，非現実感に限らず，心理療法の間にはさまざまな形で，神経症的な防衛としての隠れ蓑をかぶって，いろいろな場面でさまざまな部分に現れます。そしてその防衛の形にしたがって，治療の「筋を見えにくくする」のです。この患者の場合に限らずに，思いつく限り取り上げるなら（反対から見ればセラピストの場合になりますが），次のようなものになります。

① 話の間があく，沈黙が長くなる：緘黙症の子どもらとの治療に典型的に見られるように，たいていそうした患者は，非言語のコミュニケーションも避けて硬直化するので，話の間や沈黙の意味が見えてこない場合が多いのです。

② 話したエピソードをよく忘れる，昔のことを思い出せない：これは時間的な意味での「ばらばら」の状態であり，無意識的な抑圧が起きやすい患者によく見られます。

③ 時間に遅れてくる，時間外に会おうとする：これは「ばらばら」な状態を行動化してしまう時の現れ方であり，セラピストはばらばらな時にばらばらな患者を見やすい，ということです。

④ 眩暈やイライラ，居心地の悪さを感じる：話の間にこれが起こると，話の意味よりもその身体変化が気になって話がまとまりません。また身体がピクとするなどのごくわずかな身体的な変化を含めるなら，この患者の非現実（離人）感のように，心理療法中に身体症状を体験する人は実に多いのです。

さて，これが抵抗のところでお話しした防衛によって生み出されていることはすでにおわかりだろうと思います。防衛はこうしたばらばらな，あるいは何かおかしいという感覚をセラピストにも患者にも生み出します。見方によっては，こうした諸反応は迫害に対する防衛という形で自分たちを守っているという積極的な意味をもっています。重要なことはこれが抵抗であり，抵

抗をこなしていけば，転移が出現するということ，面接室という設定，枠のなかでこうした問題が起きるということです。「仮の宿」としての面接室は，こうした問題が面接室のなかでも起きることから分かるのです。

　Lさんの話を聞いていくと，しだいに彼女の人生に何が反復されているかが分かってきます。経過から彼女の転移の話を借りてきましょう。

　面接をしていて分かってきたことは，彼女の家庭が「安心して休める場所ではなかったし，今もそうではない」ということでした。父親について，彼女は「お酒ばかり飲んでは暴れる，外で愛人を作る」という思い出しかない。「お金持ちだからお父さんと結婚した」という母親は一人っ子である彼女が物心ついた頃から，いつも「男はいやらしい，信じるものではない」と厳しく教え，ことあるごとに愚痴をこぼしていたといいます。家庭は「居心地の悪い場所」でした。

　高校時代の発症の背後には，ある男子生徒から「いいよられ」，クラスのなかでそのことでうわさになりクラスメートが彼女を冷やかして，友達が離れていくという事件が引き金になっています。つまり今や彼女にとって教室も「居心地の悪い場所」となったというわけです。幼友達との信頼関係がこの状態を救ったのですが，就職して，その職場が再び「居心地の悪い場所」になった時に，再発し来所したのです。

　面接中，彼女がしばしば「めまい」に似た身体変化を起こしていたことは，時々ボーとした表情をすること，視線が揺らぐことから，セラピストにはよく見えました。しばらくして面接のなかでも，症状である現実感の喪失が起きました。話がばらばらでまとまりがなくなりやすく，前回話したことを次の回には忘れたり，さっき話したことを忘れたりすることも多々ありました。これらのことから分かったのは，つまるところ彼女にとって，男性のセラピストを前にして話をするというこの治療的空間も，やはり「居心地の悪い場所」になりやすかったということです。

　ここでのキーワードは「居心地の悪い場所」ということです。ここには①P＝過去の人間関係，②C＝今の人間関係，そして③T＝治療的な人間関係が集約されています。これらを取り扱うことが非常に大切です。

　続く治療過程のなかでセラピストは，現実の状況の「居心地の悪さ」，今までの幼児期から続いている「居心地の悪さ」，発症当時の「居心地の悪さ」，

そして面接室での「居心地の悪さ」に共感しながら，それを一つの共通項として取り扱い，「いずれにしても，君がばらばらな状態になる時にもとめているのは，安心してそのままでいられる場所である」というメッセージを伝え続けました。しだいに面接のなかで話を忘れたり，眩暈に似た身体変化を起こしたりすることはなくなっていきました。

ここでセラピストには二つの選択肢があります。それは前の章であげた二つの回路に対応するもので，一つは患者に「こうなってしまうのはどういうプロセスか」を考えてもらう方向，もう一つは「大変だったこれまでの生き方」に共感していく方向です。この面接は自由連想法を使ってはいませんでしたが，私の治療はどちらかと言えば前者なので，患者はこれまでの人生を整理して考え直す方向で治癒していきました。

再びLさんの治療に戻ってみましょう。

Lさんは面接中に話がばらばらになるということが少なくなり，しだいに話題は自分の生き方についての話に移っていきました。安心して休める「場所」が彼女の求めるものでしたが，今までそんな場所があるとは思えなかったし，信じられませんでした。恋愛や結婚は自分の両親のようになることであり，「いやらしい」ものとして嫌悪の対象でした。このことは，時々母親が彼女に「もっと女らしくしなさい」と言ってきたこと，小学校の頃男の子に「男女（おとこおんな）」と悪口を言われてきたという連想と結びつきました。

ある時彼女はこんなエピソードを思い出しました。高校の時に発症する前のことですが，横に座っていた男子生徒がいやらしい雑誌を隠れ見ていたのに気づき，気分が悪くなり吐いてしまったそうです。以来その男子生徒を見る度に「吐き気」がして気分が悪くなったのです。「いまでもいやらしいことを目にすると吐き気がするし，男女関係を連想させるものに出会うと，目のやり場がなくてこまる」と彼女は言います。目のやり場のない彼女は結果として「目付き」が悪くなりやすく，現在の職場でも上司によく「目付きが悪い」と言われるといいます。

こうした男性に対する吐き気をともなった嫌悪感は，対人関係における緊張感を高め，安心して休める場所を求める時の望みのなさとして，大きな障害になっていました。しばしば彼女は「人なんて信用できない，みんな狼で

すから」と言っていましたが，それは「安心していられる場所などない」という望みのなさの背景にある，「男は狼である」ということ，その「いやらしさに吐き気がする」ということ，その結果として彼女が「女らしく，つまり自分らしくなれない」ということ，そのいやらしさを暗示するものに「目のやり場のない」こと，そのために実際の状況で彼女の「目付きが悪くなる」ということなどを示していました。信頼関係，男性不信，性的な嫌悪感などといった，背景にある複雑な綾をセラピストが一つ一つ取り出して選り分けていくということが続きました。

　手短にその後の経過を言うならば，セラピストが男性であったことはこの場合プラスに作用したらしく，安心する場所である心理療法を土台として男性との関係は改善し，彼女は男がそして人間がみんな「狼」であるとは思わなくなりました。その後彼女は職場を変えて信頼する男性を見出し，症状は消失し治療は終結しました。今では結婚して一児の母です。

　こうして彼女は自分の心の居場所，より所を見出しました。自分の人生と身体，そして精神のなかに場を見出しました。そこで心（気持ち）が精神 - 身体という住まいに居を定める過程は，自分の人生のなかで心の居場所を見つけるプロセスと並行していました。心理療法は衝動と行動，身体機能と観念機能，内なる世界と外的現実，空想と現実，一次原則と二次原則といった「身体的なもの」と「精神的なもの」との二つを結びつける働きをしてきたわけです。こうした働きは，「いやらしさ」に「吐き気」がする，あるいは「目付きが悪い」のは「目のやり場がない」からとか，「安心していられる場所がない」とかいった患者が到達した理解の随所に現れています。心理療法で重要なことは，それらの関係性が「今ここで」取り扱われているということでしょう。

セラピストの「独り言」

　では抵抗や転移を通してまとまりができあがっていくなかで，面接室がより所になるにはどうしたらよいのでしょうか。ここではまずセラピストの「独り言」に注目してもらいたいと思います（ちなみにこの「独り言」は，セラピストが初心者の場合，本当はスーパーヴァイザー＝指導者の言葉であ

ることが多いのです。ケースメントが指摘しているように，セラピストの成長に伴ってスーパーヴァイザーは心のなかに内在化されていきます）。というのも，セラピストの「独り言」あるいは治療チームの思いつきは，無意識に患者の問題を反映しているものなのです。

　ですから，セラピストが患者の状態を把握するときに，彼／彼女が繰り返している問題や行動のパターンを面接室にどのように持ち込んでいるか，転移を通じて感じ取ることのなかで，セラピストの「独り言」は重要です。優れた臨床家であったウィニコットは，晩年に神父の集まりに呼ばれて，次のような質問を受けました。「私たち神父のところに告白に訪れる人たちのなかで，精神科的な治療が必要な人とそうでない人たちをどう見分けるのですか」と。ウィニコットは考えてから次のように答えました。「もしあなた方がその患者の話に耳を傾けていて，退屈してうんざりしなければ，その患者は精神科への紹介は不要です。でももし患者の話を聞いていてうんざりしたら，それは精神科的な治療の必要な人たちです」というのです。この逸話は非常に啓蒙的です。つまり患者の問題は転移を通じて面接室に持ち込まれます。そこでセラピストが感じる感覚はひとつのサインであり，同時に，そこでその持ち込まれた問題を受けとめられるかどうかを表す指標となるのです。ウィニコットによれば，もしその面接の話を聞いていて面白ければ，あるいは関心を維持できれば，その話を語る患者の問題も受けとめることができるというのです。セラピストが自分の心のなかで「面白い」「話になる」「大丈夫だ」と独り言としてつぶやくような事例は，それほど重篤な問題ではないということでしょう。

　問題の深刻さ，病気の重篤さをコミュニケーションの質から見直す作業をしてみると，セラピストが維持できる関係とそうでない関係が分かるのです。このことをさらに理論的な言葉にしてみましょう。面接室のなかに持ち込まれる関係には，おおよそ三つの様式があると考えられます（Langs, R. 1988）。

A. 言葉のレベル，つまり象徴や意味のレベルでやりとりできるコミュニケーション：コミュニケーションをしている双方が言葉の意味内容を考えながら，相手の言うことを咀嚼している様子でやりとりしている。

B. 行動化や投影同一化のレベルのコミュニケーション：どちらか一方が

思っていることを実際に行動で示したり、お互い、あるいは一方が思っていることを現実に目の前で繰り広げたりするコミュニケーション、退屈な話を退屈そうに話す場合、あるいはやや唐突に、身振りや手振り以上の行動で自分の思っていることを現実化しようとする。

C. まとまりのない、混乱したコミュニケーション：一貫性がなく、どちらも相互にやりとりする意図や方向性を失っている状態にある。

私たちはコミュニケーションがAのレベルで展開している限り、それほど意識せずに、自然に自分の思っていることを相手が分かってくれることとして語り、耳を傾けます。でもCのレベルだと、もう話しているだけで疲れてしまいます。何しろ話がばらばらですから、その話を聞いていればちんぷんかんぷんです。それゆえCの領域はウィニコットが「精神科的な治療が必要」と述べた、セラピストが「うんざり、退屈する」領域です。そして治療的なコミュニケーションの問題は、主にBの領域で起こるのです。ここで投影同一化というあまり耳慣れない言葉が登場していることに注目してください。この領域でこそ、セラピストの「独り言」が重要なのです。

ここで「投影同一化」モデルを簡単に説明しておきましょう。投影同一化は、今日の精神分析において最も重要な治療的な概念のひとつです。この概念を発展させたのは精神分析家ビオン、あるいは最近ではオグデンといった人々で、主に重篤な病気の患者たちとの経験から、そのモデルのメカニズムを明らかにしました（Ogden, T. 1982）。

重症の、というか心のなかに深刻な問題を抱えている患者というのは、次のようなプロセスで人生のなかで病的な関係を反復していると考えます。

① 自分の人生は全体として不幸であると思っている。部分的に良いことはあっても、たいていは悪いことだらけである。

② その結果生み出された心のなかの悪い部分、人間に対する不信感や

③ 人生に対する不満、そうした部分を自分と関わる人に投影する。つまり周囲の人たちも、そうした不幸をもたらす一部であり、自分は疎まれている、つまり嫌われている、意地悪されている、のけ者にされていると思い、そのため相手を信じられずに、不幸な関係を確認しようとする。

④ 周囲の人たちも人間なので、不信感を向けられることは好ましいと思

わない。
　⑤　すると本人はやはり自分は疎まれていると思い，そのことの確認をして，その体験を取り入れて，自分の自己像として同一化をする。

こういうプロセスです。つまり心のなかの悪い部分に端を発して内面と外部，さらには対人関係にまで悪循環を起こしていると考えるのです。セラピストは結果としてこの悪循環のなか参加者となり，こうした不信感や不満感を向けられるのでたまったものではありません。一所懸命に治療して世話しようとしているセラピストも，こうした陰性感情を向けられるとどうしても参ってしまうものです。転移あるいは逆転移という言葉で表すなら，こうした陰性転移というのは，セラピストにも陰性の感情を生み出しやすいのです。そして③にあったように，セラピストも嫌な顔をしてしまう。そうするとセラピスト-患者関係もやはりこの悪循環に巻き込まれてしまいます。ここでも「ブルータス，おまえもか」ということになります。セラピストも周囲の人と同じように悪い奴になってしまうわけです。こうした現象は，パーソナリティ障害や精神病的な水準の患者が行動化したときや攻撃的な言動を繰り返すとき，あるいは混乱して発作を繰り返すときなど，表現としてはさまざまですが，起きている可能性が高いのです。Bの領域というのは，こうした認知と行動の間の悪循環が起きる場ということです。

　逆転移と呼ばれる現象はフロイトにとっては障害でした。ですからそれを分析して，病理的な悪循環のなかで冷静に観察能力を保つことが必要とされていました。それが病気の重い人たちとのなかではどうしても私たちが巻き込まれることが避けられないという発見がなされ，今では逆転移の結果生じるエナクトメントは治療のための道具だとすら思われるようになっています。優れた精神分析家であったエラ・シャープはかつて次のように警告しました。「つねに分析家はコンプレックスや盲点，限界をもつであろう……というのは，それは分析家があくまで人間だということを言っているに過ぎない。分析家が普通の人間でなくなるときには，よき分析家でもなくなる。……逆転移はしばしば，そのなかに愛情に満ちた態度を含んでいるかのように語られる。問題を起こすような逆転移は，セラピストにとって無意識的な場合である。たとえそれが幼児的な，陰性のあるいは陽性の転移のいずれかであろうと，あるいは両者の交錯したものであろうと，……もしも私たちが逆転を起

こすことがないと考えるなら、それは自己欺瞞である。重要なことは逆転移の質である」ということです。

　逆転移を扱う場合のガイドラインのようなものを提示しておきましょう。自分が巻き込まれているなと思ったら，

- 患者の言語的，非言語的行動に対する自分自身の情緒反応について気づく習慣をもつ。
- 患者に耳を傾けているときに，心に浮かんだことで無関係な連想に見えるものを見逃さない。
- そのときに自分自身の人生で問題になっていることで自分の経験している感情は説明できるだろうか。
- その感情が自分に個人的に関連しているときですら，あなたは患者の投影に反応していることがあるかもしれない。
- あなたがどうしてもそうしたいと体験しているときには，介入を避ける。解釈したい気持ちは，自分が侵入されているために患者に送り返したい投影の力を示している。
- あなたのなかに生じた感情とともにとどまり続けようとする。何か言いたくなったら，それは投影同一視の作動しているさらなる指標となる。
- 自分が重要な情緒的距離や視野を得るとともに内的な内省の過程ができ，それで心理的な緊張感を和らげられる。この段階に内的に到達したら，可能な解釈を定式化する準備ができ，患者がそれに受け入れられる判断ができるようになる。

このときにセラピストがどのような対応をする必要があるかと言えば，やはり「独り言」なのです。つまり患者の「人生は全体として不幸で，人間は信じられない。周囲の人たちも，そうした不幸をもたらす一部であり，自分は疎まれている，つまり嫌われている，意地悪されている，のけ者にされていると思い，そのため相手を信じられずに，不幸な関係を確認しようとする」作業に対して，その人が「これまでに家族をはじめとして，繰り返し，そうした人間関係のなかで，自分が疎まれていると思ってきたし，今も私（セラピスト）との間でそれを繰り返している」という理解，あるいはその理解についての解釈を行うことです。そうした理解，つまりセラピストがあれこれ

と思いを巡らせることで，セラピストは嫌な顔をする頻度，あるいは程度が少しだけ減ります。「独り言」はセラピストの態度を少しだけ変え，理解を変え，最終的には解釈，そしてコミュニケーションを変えるのです。ビオンはこれを「物思い reverie」と呼びました。言い方を返れば，ただ嫌な体験であるセラピストの逆転移は少しだけこなれて，毒気が抜け，セラピストに余裕ができるために，患者の行動化や陰性の言動に対して，治療的な対応が可能になり，治療関係を通じて悪循環から抜け出せるのです。

査定（アセスメント）という芸

　セラピストの「独り言」のなかでとりわけ重要なのは，診断名，つまり病気の重さ（病態水準），そしてその人がその病気とどう付き合っているか，そしてどのようなことを期待してここを訪れたか，に関する言葉です。力動フォーミュレーションと呼ばれる方法は，この査定の結果を踏まえて見立てを行い，方針を立てるまでが一区切りです。それは一応の対応を決めるというプラグマティックな行為であり，患者へのフィードバックを含むものなので，「独り言」と言うのは奇妙な感じがするかもしれません。それらは専門家が使う客観的な道具ではないか，と。けれども実際の治療的なコミュニケーションのなかでは，診断名，あるいは仮説や理論も，第一にセラピストの「独り言」にすぎません。DSM-IV や ICD-10（どちらも精神疾患の診断体系）といった疾患単位，あるいはカテゴリーがありますが，重要なのはその人がどのように苦しんでいるか，悩んでいるかであって，その視点から見ればこれらもラベルの一部です。でも転移あるいは投影同一化のモデルを通してみれば，診断名も患者の問題を抱えるためのセラピストの「独り言」であり，その限りで大切なものです。特に PDM のような力動的な視点からの診断基準ができているので，これをより体系的な力動フォーミュレーションにつなげていければ，この独り言はよりエヴィデンスや公的な言語へと発展していくものです。

　考えてみてください。本章の最初に取り上げた N 君の態度。憮然としていて「話にならない」。これでは「話にならない」とセラピスト。でも「まてよ」とここで一言。ひょっとしてこの関係は，N 君が繰り返してきたこと，

少なくともこの面接室に連れてこられるまでの騒動の表れかな，と。これで納得がいくなら「大丈夫」で，もしそうなら，今彼が陥っている人間関係の一部と理解できます。なぜなら彼が憮然としているからですし，私の感覚も転移関係からうなずけます。でも，二人になって話してみてもやはり「話にならない」というのは困ります。不安や緊張があるからかと思って安心操作をして，あれこれと時間をとってみても，やはり「話にならない」としたらどうでしょうか。ここではじめて患者の病理を語ることができます。N君のことで言うなら「話にならない」内実です。ですから，3回から5回ぐらいしたら診断をすることになっているのは偶然ではありません。それぐらい面接の回数を重ねていけば，Bの領域のなかでも，相手の本当の問題が分かるからなのです。

　セラピストは「独り言」としての診断名や病態について，ⓐ専門用語を使えることは自分が専門家集団の一員である証拠になる，ⓑ診断名はある種の客観的な統計的手法やカテゴリー化によって明らかになった名前であることが多い，ⓒ病気によっては特定の治療法が開発されていて，それに関するエヴィデンスが出ているために，患者に説明する義務があるのです。このなかでⓒは職業倫理のようなもので，たとえば今日，うつ状態ならすぐれた抗うつ剤が開発されていて，その投与が有効であることは証明されていますから，心理療法と併用すれば効果は絶大です。ですからⓒの「説明による合意」の過程も含めて，診断名がセラピストにとって大切なものであるのは，そこにセラピストを安心させるメカニズムがあるからなのです。心理療法の文脈においては，そうした名前は患者を投影同一化のなかで抱えるためのもので，Bの領域で，その名前がセラピストの言葉として重要なのです。

　それゆえ気をつけなければいけないことは，それらの診断名のなかには，「その人たちは大変だ」という意味のものがあるということです。精神分析家のストロロウのような間主観性理論の立場をとる人たちが述べていることですが，境界性パーソナリティ障害あるいは自己愛パーソナリティ障害などのように人格や性格の病に対する言葉は，しばしばその患者との付き合いが長期に及び，しかも大変な困難を伴うという意味で使われてきた歴史と文脈があります。もちろん専門家同志で，つまりチーム医療のなかで使う分には，ⓐの意味で安心な場合がありますが，患者とセラピストとの間では，少しだ

けこの言葉に慎重である必要があります。「あなたの人柄は歪んでいる」という言い方は誰も望んでいません。むしろ患者に即した言葉として,「あなたの心の深いところで病気の根が張っている」という言い方がよいと思いますが,そのためには,診断名のなかにそうした不満や困難さを含めた意味があると意識しておく必要があるのです。心理学でも人格が変えられるかどうかは大問題ですから,医学に限らず人格の病という言い方はそれ自体が歴史的に問題視されやすかったことは覚えておいてよいと思います。コミュニケーションの視点から見れば,それはただ,領域Bの関係を持ちやすい人という程度の意味です。

　診断と査定の違いについては,精神医学的な病名を告げることを診断と言い,よりその人のニードを含めたケースフォーミュレーションの作業を査定と言うことが一般的でしょう。ただ,次の章でお話ししますが,急いでいるときにはそれらを区別できないことがあります。力動フォーミュレーションというのは,体系的な治療選択のところでお話ししたように,できるだけさまざまな要因を整理してそれを抵抗や転移のなかで明確にしていく作業だと考えてください。全体像の把握は,その人をゲシュタルト,まとまりをもったひとつのあり方と捉えるということです。査定という行為はひとつの芸（アート）です。抵抗や転移を取り扱いながら,さらに投影同一化の結果として生じる逆転移を取り扱い,その人のあり方を治療との関係で定式化するわけです。サリヴァンやバランジャーらは「関与しながらの観察 Participant observation」という言い方をしましたが,これがなかなか難しい（Baranger, W. & Baranger, M. 2009）。患者と面と向かって交流しながら,その一方で患者との関係を観察しているわけです。この方法は,初心者は特に,なかなかうまくいきません。前田重治は世阿弥の「離見の見」を引いて,臨床的な「参与しながらの観察」ならぬ,「観察しながらの参与」について述べています。つまりセラピストは患者と関係を持ちながらも,なおかつ二人の関係を第三者の視点から離れて見る能力を持つ必要があるということです。あるいは神田橋は「離魂融合」という言い方をしています。つまりセラピストは患者と関りながらも,そこから魂のような視点を徐々に離して,一度,治療関係を上から見てみる,そしてもう一度,二人の関係に戻るということです。

ここで，これら達人の先生方の主張を理想的な目標としつつ，日常的な現実に即して誰でもできる方法をお話します。それは一言でいえば，その場で両方ともできると思わない，ということです。関与することと観察することは両立するかもしれませんが，関与しながら冷静に相手を客観的に観察することは無理だと観念するのです。ではどうしたらよいか。後から事後的に分かると思っておく。そして3回から5回は会ってから，査定をして力動フォーミュレーションと呼ばれる作業をするようにする，あるいは面接が終わったらそのたびに自分に「独り言」を言うのです。たとえば診断ならば，「この患者の病気はどのくらい重いのか」という「独り言」です。しかも診断名はあくまでラベルとして，いつでも変更可能なものにしておくのです。いつでもどこでも先の領域A，B，Cを使って，彼／彼女と自分との関係を見直してみるのです。フロイトは認識や発達は事後的にしか行われないと言いました。なかなか便利な言葉です。自分はいつでも間違える，しかも気づくのはいつも後になってからだ。そう思っておくことが，診断や査定においては原則です。そしてこの練習を続けていけば，いつか先述したような達人になれるという希望を捨てないことです。

　繰り返しになりますが，基本的な発想は，セラピストが抱えられると感じられる問題は，たいていの場合，抱えきれるということです。反対に，最初から不安で自分にできないと思っている限り，つまり不安が強い治療的な出会いの場合，いかに簡単な事例でも，しばしば抱えきれないということが起きます。私たちは自分と付き合える程度にしか，面接相手と付き合うことはできません。

　これまで心理療法のなかでの，患者とセラピストの出会いと付き合い方について考えてきました。患者との出会いを新鮮なものにするための工夫は，場を確保して，そして抵抗と転移を理解することから始まります。言い換えれば，何を語っているのかを聞きながら，何を語りにくいのかを考え，これまでどのような人と出会ってきたかを考えながら，出会いを考えるということです。

　語りにくさが抵抗を生み出すということ，そしてそれまでの過去の人間関係，そして今現在，日常生活で繰り広げられている人間関係の双方が患者とセラピストの間に持ち込まれるものが転移ということです。心理療法に訪れ

る人は，基本的に心の居場所やより所を失って放浪状態にあります。そのため，新しい出会いを提供する心理療法の場は，その人の人生にとって「仮の宿」のような役割を果たします。ある程度まで行くと，語りやすく，居心地が良くなる。語りが持ち込まれ，これまでに反復されていた問題のある人間関係，体験が治療室に持ち込まれて，そこでセラピストは新しい人間関係を築こうとする。その意味で，抵抗や転移という発想は治療の道具にもなるということはここで確認しておいてもよいでしょう。「仮の宿」ではありますが，それなりに重要な新しい場になるのです。

第6章　失われた居場所：緊急対応

緊急対応の場合

　経済的，物理的な基盤がなくては居場所の確保はできませんが，その基盤だけでは心の居場所は確保できない，そして経済的，物理的な基盤が自分の居場所であると思っている限りはそれはけっして安全なものではない，安全な物理的な居場所などどこにもない，ということを序章でお話しました。でも本当に経済的，物理的な基盤が失われている，つまり生物として，生き物として居場所を失ってしまう場合だってあります。本章ではその問題についてお話しましょう。

　前章のN君の場合，幻覚妄想状態あるいは重い意識混乱を起こしていて，急性期にあるかどうかは重要な問題です。急性期といっても疾患によって症状も病像も異なるのですが，意識が急激に解体してしまって混乱している状態のことを一般にそう言います。そしてもしN君がそういう病態ならば，そうなるまでに繰り返し長い苦悩の航路を経ているのが普通です。この状態は苦悩の最終的な姿であると言ってもいいかもしれません。彼らはどこにも居場所がなく，そのために空想や自閉の世界に入り込んでいる。急性期の患者は，錨を降ろさずに嵐のなかにいる船のようなもので，誰も分かってくれない，「話にならない」いう絶望感の海のなかにいるのです。ですから話を聞いている側も「話にならない」と思いやすいのは当然です。この病態においては，生物学的な意味で基盤が崩れかけてしまっているのです。

　不安や恐怖，あるいは抑うつや混乱といったさまざまな問題を抱えて，自

分から心理療法を訪れる人たちの共通項は，彼らが行き場を失っているということです。でも自分から心理療法にやってくる人は，かなりの程度，すでに自分を治そうとしている気持ちがあるので，治る途上にあります。そのような場合に私たちに求められる態度は，その人の話をよく聴いてその治癒プロセスに同行するということです。急がず，焦らず，その人のペースに合わせていく。

けれども来所する人，あるいは来所させられる人たちに，どうしても心理療法だけでなく緊急の対応が求められる場合があります。これは心の居場所というよりは，むしろ自分なりの社会資源，友人や家族に相談しても埒が明かず，自分なりに治る工夫をしてもうまくいかなかった，そして今もうまく行っていないということなのです。言い方を代えれば，社会 - 経済 - 精神 - 身体の基盤というレベルでうまくいっていないので，心がそこに居場所を求める前に行き場を失ってしまっているのです。実は N 君はそのようなケースです。ここで緊急の対応というのは，たとえば医師からの投薬，ケースワーカーの相談，法律関係の相談などのことです。心理療法を行う前に，あるいは行いながら，そうしたさまざまな対応が必要になります。こうした人たちは，環境において本当に自分の居場所を失って，二進も三進も行かない状態にあります。その場合，外部からの援助はできるだけ多くを投入したほうがよいのです。彼らに「これからどうしたいですか」と聞いても，たいていは答えが返ってきません。つまり希望がなくなっているのです。

ここで必要になるのはもちろん査定です。診断その他については別に譲ることにして，ここでは主に初回面接をするなかで必要な考え方について述べておきましょう。原則を言うなら，こうです。「生命，あるいは精神に取り返しのつかない，不可逆な事態をもたらす可能性のあるものは，どのような手段をとってもそれを阻止すること」です。基盤が失われているのですから，その基盤を早急に作り出す必要があります。

この原則に従うなら，私たちが専門家であるにせよそうでないにせよ，安易な対応をしてはいけないのは，主に次の 3 つの場合です。

　(イ)　自殺の可能性がある
　(ロ)　児童虐待の可能性がある
　(ハ)　精神病水準の不安がある

どれも心理療法の守秘義務を踏み外してでも緊急に対応したい問題で、この3つの場合、私たちは家族、周囲の専門家（ケースワーカーや医療関係者）など、使える社会資源をすべて使います。

　今日、①自殺の可能性という問題は深刻です。ここ数年（2000年から現在）、自殺者が年間3万人を超えるという悲惨な状態にあるからです。自殺者の防止は臨床社会学的な優先課題です。もちろん景気の悪化、失業率、倒産の数、ローン返済の不能、自己破産といった現実と密接に関連していることは間違いありません。わずかな保険金のために自殺する自営業や中小企業の経営者が相当数いて、家庭が荒れていることは確かです（だから虐待も増えるのでしょう）。序章でお話したように、物の満ち足りた世界に生きている私たちは、失われた十年と呼ばれる景気の悪化以降、非常に不幸感が強くなっています。物理的な物の世界の逼迫感に対して、これまで高度経済成長期の右肩上がりの世界しか経験したことのない日本人は、非常に弱いのです。不況 Depression ＝抑うつの世界が今日の日本の精神状況なのです。

　心理療法で自殺を防ぐためには、まずその危険性のある人が現実にどれだけ切迫しているかを見きわめることが重要です。経済的な苦境が深刻な場合には、そのための介入が必要な場合もあります。また法律相談が有効なこともあります。自己破産をはじめとした法的な手続きによって、どれほどやり直せないように見える経済的な苦境でも、最終的には個人は生き残れるようになっています。自尊心や罪悪感を脇においておければ、法的な手段によって救えない状況はないということです。ですから問題の中核は、そのことを理解する余裕のない精神状態をいかに修正するかにあり、治療の対象は自分の状況を受け入れられない患者の精神状態にあります。自殺を考えているだけでかなり深刻な精神状態であり、専門的な心の治療が必要なのです。

　けれども、不可逆的な事態がもたらされるリスクはつねにあります。事故によってであれ患者が死亡する可能性があるのです。ですから自殺をほのめかす患者を発見したら、セラピストは自分のもっている社会資源の情報をできる限り活用して、その人の周辺の資源を探して、助けを見つけだすことです。その意味で緊急事態なのです。

　「自分は死にたい」という声は「助けを求める叫び a cry for help」であり、そのほのめかしは誰に対しても行われるものではありません。それはある程

度，選ばれた関係において発せられます。ですから，「自殺」という言葉に反応して問題を避けることがないようにしましょう。誰でも危ない話だと思うはずです。選ばれた関係ですからなおさらです。

そこで心理療法として望ましくない対応がいくつかあります。周囲の人々が第一の対応としておそらく繰り返し語っているのは，「そんなことはするべきじゃない」という言葉です。自殺について相談されたり話されたりしたときに，セラピストはすぐに自分の倫理的な価値基準を当てはめないことです。激励，叱責といった上からの言葉は，弱っている彼／彼女がたいていこれまでも耳にしているか，さもなければ自分で自分に発しているものです。「すべきではない」「馬鹿げている」という言葉もしかりです。また，やさしい周辺の人たちが悩みを無理に軽減させるような対応をしている場合もあります。それは「喉元過ぎれば」「克服できる」といった言葉をかけることです。あるいは共感的な人なら自分の苦しい経験を話しているかもしれません。「私も若い頃には」のごとき言葉です。どれもうまくいけばよいのですが，「この人は分かっていない」と思われやすく，リスクが高いものです。

セラピストに生じやすい心理状態も留意したいものです。「死にたい」という言葉を聞かされると，聞き手は不安になります。そして，あせっていろいろと対応策を練るのです。心理療法では，いろいろな人に患者の自殺の危険性を伝えてサポートしてもらうことは必要ですが，それ以上の叱咤激励，アドヴァイスは禁忌です。でも聞き手が感じた不安はさまざまなアドヴァイスになって現れやすいもので，セラピストも例外ではありません。でも，安易にそうしたアドヴァイスをしてしまっては，患者がこれまでに周囲の人との関係，あるいは心のなかで何度も反復しては袋小路に陥っている，「死にたい」関係を反復することになります。「ブルータス，お前もか」です。やっぱりここもそうだったのかと，ある意味で「死にたい」状況を確認することになってしまいます。ですから原則として，使えるものは何でも使う，そして自殺にいたる状況と気持ちとはできる限り理解しようとすることです。

自殺の心理と抑うつのそれが近いことは，よく知られています。うつ状態に対する今日の抗うつ剤の進歩はめざましいもので，これは自殺を考える患者にとっても朗報といえます。心のなかにある「自分はいても仕方がない」「居場所がない」「自分は生きていたら駄目だ」「八方ふさがり」といっ

た気持ちは，実際に経済的に二進も三進も行かなくなっていることを引き金にしていることが多いとはいえ，深刻なうつ状態の問題があります。多くの自殺者は心のなかで，「自分に居場所がない」，「居場所がないのは自分が悪い」，だから「自分は生きていても仕方がない」という三段論法を使っています。取り急ぎ，現実の問題を解決すること，周囲のサポートを張り巡らすこと，そして「自分が悪い」「生きていても仕方がない」という気持ちから脱して心のなかにより所を見つけ出すという3つの作業を，並行して行っていくことです。

いずれにしても心の居場所やより所を見つけだすためには，物理的な居場所と心理的な居場所の双方を作り出す作業，あるいはその二つを結びつけていく作業が不可欠です。

㈤の児童虐待は，防止のための法律ができてから年々その数が増加しています。不況と一見無関係に見えますが，中高年の自殺と家庭内での児童虐待は，経済的な余剰や基盤を失った家庭という，同じ問題を根に持っています。実際，英米でも低所得者層で虐待の件数は多いのです。基盤の喪失の問題が，家庭のなかで一番弱い存在である子どもに向くというのは不幸なことです。

親が自分から「私は虐待者である」と言って子どもを連れてくることはそれほど多くなく，その場合，虐待は重度ではない可能性が高いといえます。深刻な虐待はたまたま発見されることが多いのです。診察中に黒ずんで茶色くなった傷跡を見つける，あるいは骨折で運び込まれた病院で疑われる，そんな文脈が多いのです。でもそうした文脈で発見されるのは，虐待する親が一所懸命に隠しているからではなく，無意識的には助けを求めているからです。以前，心理相談で，頻尿が問題だとして相談に来ていた事例がありました。治療をしていると，その子どもは小さな人形を盛んに叩きのめしたり，めちゃくちゃにしたりという，いわゆるトラウマティック・プレイをするのです。そこから虐待が明らかになりました。母親は頻尿を問題視することで，実は自分が虐待していることを，無意識にではあるものの伝えたかったのです。母親が子どもに怪我をさせてから何日もたち，ややあざになった状態で病院を訪れるのも，そこで自分の暴力を止めてもらいたいという心理からです。有名な代理ミュンヒハウゼン症候群，つまり子どもが病気ではないかと思って，偽りの病名で検査や診察を受けさせる行為がありますが，これも明

らかに，親が自分のやっていることを無意識的に発見してもらいたいからなのです。

　虐待が認識されたらすぐに入院，あるいは施設に入れることが原則です。躊躇してはいけません。自殺同様にリスクの問題があるからです。不可逆的な結果がないとはいえないからです。最初から親との面接で，放置や怪我が故意かどうかなどの詮索をしてはいけません。面接者に疑われていると思って親が心を閉ざしたら，結果は悲惨です。そして虐待が判明したら，親が反省しているからといって子どもを家には返してはいけません。相談に来たことがかえって，「生命に不可逆な出来事の起こる」引き金になることすらあるのです。

　まず児童相談所へ通告し，ソーシャルワーカーへ連絡し，そして関係者を集めて，方針を決めるためのカンファレンスを開くことです。反省を見せる親の態度に引きずられてはいけません。虐待加害者はさまざまな方法で援助を求めていることは確かですが，その罪悪感を信じて判断を誤ってもいけないのです。繰り返しますが，ことは生命の不可逆性に関わるのです。東京都の虐待に関する指針のうち，外傷の区別によって虐待を見つける方法を次のページの表に挙げておきます。こうしたことは，子どもが心理的な理由で連れてこられる場合にも精神科を受診する場合にもありえることです。

　児童虐待を受ける子どもたちは，文字通り，その家庭環境下で行き場がないのです。心はあっても心を休める物理的な場がなく，つねに物理的な傷を受ける。同時に，この母親，あるいは父親たちも，行き場のない感情を抱えていて，しばしば経済的な破綻者であるか，精神的な破綻者であり，心の居場所を失っています。親も子も居場所がないことが多いのです。そしてしばしば親は，自分の子ども時代に同じように虐待を受けた経験をもっています。そしてこの親たちも心の置き場，物理的な基盤がない，その気持ちの犠牲者です。このことからお分かりのように，子どもの生命の安全が第一とはいえ，親たちを責めるような形で子どもを守る側に回るような態度は，かえって事態を悪くします。精神分析家のアンドレ・グリーンは，彼らは「心のなかの母親が死んでいる」と言いました（Kohon, G. 1999）。これはかなり的確な表現です。親たちも，世界は自分を守ってくれるよりも迫害すると思っていて，ひたすら愛情としつけ，失敗と悪意とを混同してしまっているのです。

表 6-1　外傷と虐待による外傷の区別の方法

1. 「外傷」が発生したときの情報から虐待が疑われる場合。
    A. 目撃者の存在（子どもの証言、親の告白、他の親の目撃証言）
    B. 説明できない外傷（例：親が知らない間に怪我をしていた）
    C. 不可解な怪我の説明
    D. 子どもが自分で傷つけたと主張する。
    E. 兄弟が怪我をさせたと主張する。
    F. 病院を受診するのが非常に遅い。
2. 子どもが過去に虐待されたという情報がある。
3. 親の行動から虐待が推察される場合
    A. それまでに、取るに足らない症状を心配して子どもを連れて救急外来を受診している。一日のうちに何回も外来に来ている場合もある。虐待の可能性を早期に認知出来れば、重大な怪我の予防につながる。
    B. 極端に未熟で大人気ない言動を示したり、子どもの発育発達についての誤った知識を持っていたりすると思われる親は、子どもに非現実的な期待を持っている場合が多い。
    C. 子どもへの敵意を隠さず、罪悪感を感じていない様に見える。
    D. 医療スタッフに対して攻撃的であり、通常の信頼関係が結びにくい。
    E. 自分から状況を説明するのを渋ったり、ごまかして言い逃れをしようとしたり、話に一貫性がなく矛盾していたりする。
    F. 怪我の診断・治療に対して相応の関心を示さない。または、直ちに治療をし、治すことを要求する。逆に、説明に納得せず、治療を拒否する。
    G. 親の知的な問題、鬱状態、幻覚妄想状態など精神病が疑われる場合。
    （身体的虐待や放置をする親の 10％が精神障害を持っていると言われている。再発率の高さ、親に対する治療も含めて、このグループ認知することは重要である）
4. その他の虐待や放置をする親にしばしば見られる行動様式や問題点
    （救急外来では知ることは困難だが、その後得られた情報で重要と思われる事項）
    A. 厳しい体罰を当然であると考えている。
    B. 親自身に虐待の既往がある。
    C. 一般的に他人に対して疑惑と反感を持っており、親しい隣人や親戚が居ない。
    D. 孤立した生活（自分から拒否する、周囲から見放されるなど）
    E. 子どもに心理的に過度に依存しており、子どもに慰めや安心・満足を求めており、それが満たされないとその不満を子どもにぶつける。（役割逆転）
    F. 一貫した子どもへの養育態度がなく、子どもが親の期待通りに行動できない時に、子どもを脅し、体罰を加える。
    G. 子どもの正常な発達に無関心で、たとえ教えられても理解していない。
    H. 母親が加害者の場合には、母親自身が夫からの暴力の被害者であることが多い。直接の暴力がない場合も、育児に無関心、家族を顧みない、経済能力がない、など母親を追い詰めている場合が殆どである。
5. 打撲傷による皮下出血の所見から外傷の時期を大雑把に推定する
    （親の証言との食い違いを記載しておくこと）

色	受傷の時期
赤みがかった青	出血直後
暗い青あるいは青っぽい茶色	1日から3日
緑がかった黄色	7日から10日
黄色っぽい茶色	8日以上
無色	2から4週間

それゆえ社会資源を使って周囲の人に虐待の可能性を通告する場合にも，親子に対するセラピストの発想は「皆に手伝ってもらって，子どもを抱え，親を支える方法を考えましょう」ということです。

　重要なことですが，「苦しかったでしょうね，自分のかわいい子をいじめざるを得ないのは」といった心情主義的な解釈は必ずしも有効ではありません。心のなかの基盤がない，つまり「母親が死んでいる」のですから，子どもをかわいいと思えないことで悩んでいる親もたくさんいるのです。その人たちに「今まで苦しかった」「どうしょうもなくてかわいい子どもに手を上げてしまった」という言い方は，「自分はやはり悪い人間なのだ，この人のように子どもをかわいいと思えないのだから」という罪悪感を強めるだけです。虐待は良くない，けれどもそれに至る心理は理解する，これが基本です。そうやって心の置き所を考えていけるように方向づける。子どもには本当に物理的な居場所を，親には心理的に頼れるより所を探せるようにするのです。

　虐待する親が経済的な余裕をなくしていることはしばしばです。実際に，借金をしていたり消費依存症だったりして経済的な貧窮感に悩んでいる人も多いですし，不況時は父親のリストラなどで家庭全体が殺伐としていることもあります。いずれの場合も虐待していることの背景に「行き場のない気持ち」があり，虐待という悲惨な結果のために長いあいだ「居心地の悪い」思いを抱えてきています。ですから，虐待が明らかになったことで安堵し，その背景の気持ちを聴いてもらうことでたいそう安定する人も多いのです。

　外傷性精神障害，いわゆる解離性同一性障害（多重人格）などの病気を生み出すのは，子ども時代の虐待であると一般に言われています。つまり児童虐待は，生命に対する不可逆な事態を生み出すという意味で緊急に対応すべきものですが，さらに，子どもの心に長期的な形で取り返しのつかない傷という有害な副産物を残すものでもあるのです。

　ちなみに，解離性同一性障害がどうして人格の多重化を起こすのかということは，心の居場所という本書の主題と密接に関わっています。簡単に図式化するなら，図6-1のようになります。①子ども時代に虐待を繰り返し長期にわたって受ける，②その被害を受けた人格の一部を忘れて，切り離してしまう，③人格の一部が切り離されて解離が人格の乖離症状を起こす，④さらに同じ体験が繰り返されると，乖離が進行する，④その切り離されたものの

①繰り返される虐待

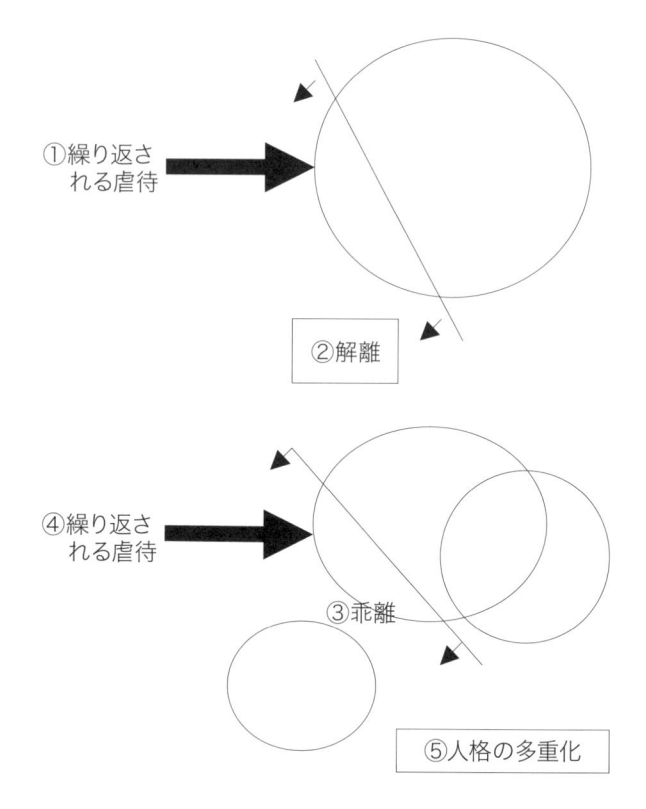

②解離

④繰り返される虐待

③乖離

⑤人格の多重化

図6-1　人格の多重化

それぞれが別の役割関係をもち，⑤人格が多数の解離のなかで多重化する，というものです。

　身体，人格，あるいは「自分が一人である」という自己の同一性を保つためには，ウィニコットの言葉によれば，心が精神身体のなかに「住み込む」必要があります。心が自分の在り処という感覚を失って，居場所がなくなってしまうと，人格が心の居場所ではあり得なくなるのです。虐待は，こうした副産物を生み出してしまうのです。自殺はそれを行おうとする本人の居場所のなさが問題でした。児童虐待は虐待する人の心の居場所のなさから生じますが，本人よりもむしろ子どもの成育に恒久的な傷を残すという意味で深刻なものなのです。

居場所の喪失と崩壊

㈥は，さきほど指摘したN君の診断にまつわる問題です。つまりN君の問題が精神病的なものかどうかという問いです。面接室で二人だけになってN君の話を聞いていて，どうも話が分からないという意味で「話にならない」と思ったなら，そこでのコミュニケーションは，限りなくCの領域で行われている可能性が高くなります。この場合，私たちはできるだけ早く，彼の問題が統合失調症（精神分裂病）という症状群に属するかどうか，観察によって見きわめなければなりません。なぜか。それはこの病気は，精神にある種の不可逆的なものをもたらすらしいからです。

統合失調症（精神分裂病）の一部は，歴史的に発見された当時は「早発性痴呆」と呼ばれていました。つまり若いころにボケを起こしてしまい，どんどんボケがひどくなっていく病気だと思われていました。確かに，最近分かってきたこととして，この症状群はある種の生物学的な変化を伴うものらしいのです。しかもある種の進行が起きる，というよりも放っておくと進行するらしいのです。児童虐待や自殺の場合は生命を絶ってしまう可能性がありましたが，統合失調症は，精神の基盤の崩壊という不可逆的な結果をもたらす可能性があるのです。

統合失調症（精神分裂病）と確定するため基準として以前から使われているのが，精神医学者シュナイダーの一級症状です。それは簡単に言うと次のようなものです。

① 思考化声：自分の考えが大声で話されているのが聞こえる
② 対話型の幻聴：対話型の声と応答の形をとった幻聴
③ 幻聴：実況中継の形をとった幻聴
④ 異常体感をもたらす幻覚：外から何か体に影響が出ていると思う
⑤ 思考奪取：自分の考えがあたかも他人か外的な力によって削除されたかのように，抜き取られたと感じる
⑥ 思考吹入：自分のものではない考えが頭に吹き込まれる
⑦ 思考伝播：自分の考えが言いふらされて，他人が自分の考えていることを知っているという感じを抱く

⑧ 思考途絶：意識的な流れが障害を受けて，思考が途中でギャップができる。突然言葉をとぎらせる。あたかも空白のあるテープのように再び話しはじめる。
⑨ 妄想知覚：普通の知覚に対して，論理的な理由なく，異常な，自分自身に対する出来事として意味づけする。
⑩ させられ体験：感覚，動機付け，自由意志の領域におけるどの出来事も，他人につくられた，あるいは影響を受けたものとして体験する

　こうした思考障害の諸症状のために，言葉が突然途切れる「途絶」，考えていることがぐるぐると頭のなかを回って進まなくなってしまう「保続現象」，あるいは論理的な関連性のないものが次々と思い浮かんでしまう「連想弛緩」，あるいはまったく新しい言葉を捏造してしまう「新語制作」といった現象が起きます。

　今日，統合失調症（精神分裂病）と呼ばれる病態をどのように把握するかについて，さまざまな異論があります。かつて三大精神病と呼ばれていたもののうち，てんかんは生理学的な解明が行われ，今では躁うつ病も生理学的な解明がほぼ完了しつつあります。精神病的なものは統合失調症を残すだけになりました。表6-2を見てください。これらは統合失調症の生物学的原因論についての最近の研究です。共通している認識は，何か生物学的な変化が起きているということです。また生化学的なアンバランスが理由なので，進行する病であることも明らかにしています。ですから精神病は，心の基盤に生物学的なアンバランスをもたらすものらしいのです。

　幸い今では，以前は存在しなかった抗精神病薬がいくつも考案されています。逆に言えば表の仮説は，クロルプロマジンをはじめとして，薬が開発されるに従って作られてきた仮説で，変な話ですが，薬が効くから作られている仮説です。ただ，それらの薬は症状の進行の多くをはっきりとブロックできることが分かっています。いろいろな薬理作用が発見されて，精神状態の多くを変化させられるようになりました。不可逆という意味は，このアンバランスや失調状態という人間の生体システム上の変化は，取り返しがつかない可能性があるということなのです。ですから統合失調症において，進行予防のための投薬治療はファーストチョイスなのです。お分かりのように，精神病において大切なことは，早期発見早期治療ということなのです。

表 6-2 統合失調症(精神分裂病)の生物学的仮説

神経伝達物質仮説	ドーパミン仮説	興奮を抑える神経伝達物質ドーパミンの過剰伝達から
	興奮性アミノ酸仮説	興奮性の伝達物質の異常低下(→ドーパミンの昂進)から
	セロトニン仮説	低下による感覚鈍麻の説明から
脳局在仮説	辺縁系仮説	自律神経機能異常、固有感覚障害などから
	前頭前野仮説	前頭部低活性化の現象から
	皮質機能低下・皮質下機能亢進下説	前頭葉皮質のドーパミン低下、かつ皮質下のドーパミン昂進から
情報処理障害仮説	視床フィルター機能不全仮説	興奮を抑えるドーパミンを作動する端末と興奮を高まるグルタミン酸のアンバランスから
	認知障害仮説	組織的な制御系の異常というモデルから
	注意障害仮説	注意欠陥症状から
脆弱性仮説	胎生期異常仮説	遺伝と環境の相互作用モデルによる調査から
	自己免疫仮説	血液の研究から
	ストレス逆耐性仮説	覚せい剤との比較研究から

　ですからセラピストがその症状群を発見したら,すぐに専門の投薬医に紹介して,そちらにつなぐ必要があります。自殺願望のうつ状態にある患者でもそうでしたが,薬を使うことでかなりの程度は軽快しますし,進行を抑えて精神状態の悪化をふせぐことができます。できる限り早く急性期の入り口で捉えれば,投薬を中心とした集中的な治療で,その進行や固定を避けることができるということです。早期の状態についてはいろいろと指摘されていますのでここでは詳しく述べませんが,中安信夫が「初期分裂病」という概

念を提案しています（中安 1990）。また，サリヴァンは初期の急性緊張状態の前駆状態について述べています。それらの指摘から，統合失調症の先駆症状は，そこに焦燥感，敏感な反射感覚，不気味な感覚，そして総じて強い不安があることが特徴と言えるでしょう。

　ただ，上のさまざまな仮説を見て，統合失調症に対して心理療法が不要であるような印象を持ったとしたら間違いです。投薬と並行した心理療法を行うこと，特に安心操作にかかわるものが精神病的な患者に対して重要であることは，多くのセラピストが指摘してきました。また薬は症状の進行を止めるという意味で重要ですが，生物学的な変化＝生得的な問題であるかのような発想は，今日の脳生理学では間違いです。脳のなかの伝達物質も脳のシナプスの結合も，ある程度は経験によって変化することが分かっているからです。そもそも被害・迫害妄想をはじめとして，精神病の患者がどうして外部を侵入者，敵であるかのように悪く体験するのか，という体験そのものについての問いは，脳や生理の言葉で置き換えることはできません。「脳の伝達物質が異常なのです」と訴える人などいません。それらは主観的な体験です。その体験をどのように受け止めて，理解し，解釈するかが重要なのです。よく精神科で聞かれる，精神病的な人は「具合が悪くなると薬を飲まなくなる」という言い方に典型的ですが，具合が悪いから薬を飲まないのか，薬を飲まないから具合が悪いのかは，卵が先か鶏が先かの問題です。患者の「異常な体験」に耳を傾けて，日常言語で安心や安全を操作する作業は依然としてセラピストの仕事ですし，周囲のネットワークをサポートする網のように考えて，投薬医と看護，セラピスト，そしてケースワーカーがチームを組んで患者に対応することを推し進めるのも，しばしばセラピストなのです。

　さらに薬についてお話しておかなければならないこととして，薬によって精神病理学は大幅に変化しましたが，実は患者の生き方，そしてさらには症状も変化しました。薬との付き合い方が，その人の養生の仕方に組み込まれたからです。これは高脂血症や糖尿病などの慢性疾患における薬の付き合い方に似ていますが，精神状態のマネージメントは特別な配慮を必要とします。実は，薬を飲む前よりも薬を飲んだほうが不安だと感じる患者は多いのです。このことは薬へのコンプライアンスや薬効にのみ注目する研究ではなかなか分からないのですが，心理療法をしていると強い不安が投薬とともに示され

るのです。患者の人生において妄想や幻覚は、突発的に現れるとはいえ、ある種の蓄積の結果という面もあり、現実よりもはるかに現実感があったものなのです。それが突然、消えるわけです。不安もそうです。不安は人生の原動力の一つですが、それがなくなるわけです。ですから患者には、薬はどんなふうに効くのか、それは意識だけでなく無意識にも作用することをしっかり説明して、ある種の手ごたえのなさや現実感のなさが薬の効いていることの表われであると伝えておく必要があります。

統合失調症において患者は、生物学的な基盤が揺らいでいるために頭のなかを嵐が吹き荒れていて、自分で自分の居場所を決める段階にはないので、養生するための、刺激の少ない居場所を作るためには、多くの人の援助が必要です。ですから、統合失調症こそ心の居場所がない病であることを確認しておきたいと思います。それは現実にはそれほど危険ではない世界も、彼らにとってはいつも戦争状態に見え、世界が破滅に向かっているように感じられることから分かります。彼らの主観的な世界を、ユージン・ミンコフスキーの言葉がうまく表現しています。彼は精神分裂病者の生きている世界を「生ける現実との接触の喪失」と言いました（Minkowski, E. 1927）。心が世界と生き生きとした接触を失って、自分だけの世界に入り込んでしまうということでしょう。彼らが世界から撤退するのは、その生きている現実に「取り付く島」がないからです。つまり彼らの心の居場所は、この精神-身体の世界にはどこにもない。これが問題なのです。

自殺から統合失調症まで、居場所やより所のなさの問題がもっとも極端に表れる姿を見てきました。自殺は経済的、社会的な生活基盤の崩壊から居場所を失わせ、児童虐待では親が生活基盤の崩壊から心のより所を失うことで子どもの養育の基盤を失い、子どもの人格に深刻な影を投げかけます。さらに統合失調症は生物学的な基盤に変調をきたすために、心の統合の崩壊を生じます。これらの①生活の基盤、②養育の基盤、③生物学的基盤という3つの意味で、物理的な居場所のなさは深刻なので、それらに対応することなくしては、心理療法の器に納まりきらないことも多いのです。セラピストがもしこれらを発見した場合、早期介入によって、家族、社会福祉、医療スタッフ、緊急施設、入院施設など、できる限り多くの社会資源を使って居場所やより所を作り出す努力が求められます。

第7章　心理力動ケースフォーミュレーション

初回面接の到達点

　足場や土台ができあがれば，あとは建築物を築き上げていくことが仕事になります。人間関係の場合，足場ができあがると，先の関係性の変数で述べたように，ある程度相性や雰囲気が形成されていきます。臨床心理学の草分け的な存在だった霜山徳爾は「人間のまなざしは人間の身体性を媒介にしている。すなわち知覚と運動とが生きられてあることのうちに一つになって「身共（みども）」（われわれ）が成立しているような世界である」（霜山1968）と述べています。まなざしや手，足といったさまざまな営みがそこで投入されてきたことは，すでにお話してきたとおりです。

　初回面接がどこで終わるかは，その人が選択している技法によってかなり違います。たとえばフロイトは，まず寝椅子に横になって試みに10セッションほど行ってみることを勧めていますし，ロジャースのように，すぐに面接に入っていた人もいます。たとえば家族療法のリフレクティング・チームのように，家族の関係をたえずモニターしながら，毎回仮説を組み立てては変更していくという立場もあります。どの立場にも共通していることは，仮説，あるいは明確な手続きについての説明，あるいは解説の手続きをもつということ，そして専門家の芸が味つけされているということです。本書では初回面接を，専門家が一通りケースの概要を作り上げ，それをフィードバッ

クして，患者が自ら治療戦略と技法を選択して，治療契約を結ぶまでとしたいと思います。前半の解説やフィードバックの手続きは，治療同盟における患者のパースペクティブを通して見た時，患者が治療に乗る動機を高めるためです。そのためにはある程度，彼らに仮説を提示する必要があるのです。言いかえれば，治療同盟が形成できて，しかも合意のなかで患者とセラピストとで治療技法が選択されるプロセスまでの間に，セラピストが患者のプロファイルについておおまかな全体像をもっていることが求められます。もちろんそのプロファイルも抵抗，転移，逆転移の産物なので，あくまで暫定的なものです。

　力動ケースフォーミュレーションというのは，概要全体をもとに専門家がケースマネージメントを含めて見立てを行い，方針を決め，そしてそれを患者にフィードバックすることです（ちなみに土居健郎によれば見立てというのはフォーミュレーションの訳語でしたが，今では見立て以上の意味合いがあるように思います）。第一に精神力動の視点から仮説的にそうしたケースの全体像を知っていて，それを報告できるという程度の意味です。そして第二に，力動的な意味として，無意識における未思考を知っている（ボラス），つまり自分に気がつかなかったことをある程度驚きや新規性を伴って気づいているということです。

　第一の点について言えば，それはあらゆる事例に不可欠な要素です。もともとケースの定式化の発想は精神医学のなかにあって，事例研究をするからには経緯や主訴，現病歴や既往歴，生育歴や家族歴などの大まかな患者像をもつという古典的な発想が出発点にありました。有名なのはカール・メニンガーの「精神医学的ケース研究」で，詳細な事例の報告形式でした。入院事例の変化をグラフにプロットする方法で，かつてはさかんに使われました（Menninger, K. 1952）。この方法に合わせてデビッド・ラパポートらが作ったのが心理テストのテスト・バッテリー論でした。米国の力動精神医学のなかには，ケースをしっかりと把握していく形式的な手法として，臨床心理学と精神医学が共同して事例を理解していくという発想があったのです。その延長として自我心理学では，発達プロファイル，あるいは葛藤についてのモデル，自我の力，超自我および対象関係についての評価などを行ってきました（守屋，皆川編 2007 を参照）。これらの手法は，精神分析的心理療法のな

かで共有されているわけではありません。たいていは記述的な手法，つまり経緯，主訴，現病歴，既往歴，生育歴，家族歴，そして力動的な仮説が書きこまれて，大まかなプロフィールになっていることが一般的だろうと思います。

興味深いことは，力動的な治療のなかでも短期的な立場に立てばたつほど，フォーミュレーションを明確にする傾向があるということです。それはある意味で当然で，もし早く終わらせる治療を選択するなら，その根拠を提示してから始める必要があります。似たようなことは認知行動療法にも当てはまります。ケース概念化やケースフォーミュレーションを限定的に，しかもかなり明文化した形で用いるのはむしろ，これらのマニュアル化した治療技法のほうです。反対に，長期的に抱えることで心の居場所やより所を作り出す治療なら，少しばかり誤差があっても長年の間に調整していくことが可能です。フロイトの，とにかくやってみようという発想もそこら辺にあります。その意味ではニナ・コルタートが『精神療法家として生き残ること』（Coltart, N. 1993）のなかで述べているように，患者の側が週4回以上を覚悟してくれている精神分析のほうが「簡単」ですし，安全なのです。でも今日では社会経済的にあまりのんびりとしていられないことが多く，法律上明文化しておくという義務と，エヴィデンスを確かめるという学術上の責任が，ますます重くなっています。

経済原理を度外視して見れば，私は週4回以上を確保する精神分析がもっとも優れて安全な心理療法だと思います。効果や効率ばかりを追求する文化は，社会的には宗教や信念イデオロギーの後継者である力動的な伝統とは齟齬を起こしやすいのです。とはいえ現代の精神分析は，時代を生き延びるために，治療契約をしっかりと取って，治療技法についてもできるだけマニュアル化して，エヴィデンスを残すようにしていくという方向にあります（たとえばLevy, R. et al. 2009）。

精神分析的な心理療法の最終段階で行うものに，治療契約があります。二人の人がどんな形で出会い，どんな形で治療をするのか，それを可能にするためにどんな条件と状況が必要なのか，それら契約条件には以下のようなものがあります。

- 寝椅子の使用：これは特別なセッション，技法の導入という印象を与

えます。前にお話ししたように，内省重視の姿勢を取れます。重症の病態では，基本的に寝椅子は使わず，関係性を重視して対面法を用います。
- セッションの時間と頻度：対象恒常性を維持するには，基本的に週1回以上の頻度が必要です。でも頻度としてはオン・ディマンド（要請があったときにセッションを持つ）やコンサルテーションのような数回のものから週4回以上のものまであり，さらにセッションの時間については，中断を導入する1時間半以上の家族（夫婦）療法から短時間セッションまであります。
- 料金：固定的な料金が望ましいとされています。上記と同じ理由ですが，セラピストの逆転移が起きにくくするということもあります。
- キャンセルの時の対応：いつまでのキャンセルでどれぐらい料金をもらうか，そして特別な天災や病気や緊急の対応などを決めておきます。
- 守秘義務：枠組みの保持にとって重要です。どんなときに家族や主治医と連絡を取ることがあり得るかということもあらかじめ決めておくと，堅固な枠組みになります。

これら以外に自傷他害をやめてもらうなどの契約事項を入れることがあります。契約は一見すると，心理療法のような受容と支持，あるいは共感を強調する世界とは遠いように感じますが，契約を枠組みと言いかえれば，分かりやすいのではないかと思います。枠組みをしっかりと持つことは，安心した居場所，より所を作り出す基本的な条件なのです。契約関係は一度決めると，基本的な原則と同じように強力な枠組みになります。バランジャーらは精神分析を二者関係が連動して展開するフィールドだと述べ，契約，患者の語る顕在内容である素材，そして治療を構成するバイパーソナルな関係の3つによって構成されると考えました（Baranger, W. & Barnger, M. 2009）。契約による枠組みというのは，それ自体が治療構造になるので，セラピストと患者の関係を左右する大きな要因なのです。ラングスは，枠のしっかりした心理療法は次のような心理的な特性を持つと言います（Langs, R. 1988）。それは，

① 基本的信頼感を育てる。
② 明確な対人関係の境界線を明確にする。

③ 患者の現実との接触，現実検討を行うキャパシティを無意識的に支持する。
④ 健全な治療的共生を生むような関係の基礎となる。
⑤ 本当の洞察を通じて治癒が生じる様式の基盤となる。
⑥ セラピストのものではない患者の狂気の周辺にある力動や発生論の状況提示をする。セラピストが確固とした枠を守れば，浮き彫りになるのは患者の狂気である。
⑦ 健全なアイデンティティと自己愛を持っている人としてセラピストのイメージを患者が持ち，それを取り入れる。
⑧ 正気なセラピスト像を提示する。
⑨ 充分に抱えられて，庇護されているという強い感覚をもたらす。
⑩ 適切な欲求不満と健全な満足の状況を提示する。

ということなのです。

フォーミュレーションのための心理テスト

　フォーミュレーションのもう一つの意味，つまり力動的な意味で，それが無意識における未思考を知っている（ボラス），自分に気がつかなかったことをある程度驚きや新規性を伴って気づいている，という点については，フォーミュレーションの手続きのなかに，治療同盟を前提にして，患者にとって「分からないこと」，未知のこと，驚くようなことをセラピストが取り扱うという作業が含まれています。この未思考の問題は，一つには，心理テストを行うことがアセスメントに必要かどうかという議論と関わっています。
　心理テストが必要かどうかは，基本的に，アセスメントをする人の技に関わっています。つまりテストを取らなくてもかなり膨大な仮説を組み立てることができる人がいるということです。でも，もしセラピストが自問したときに，その事例の全体像が浮かばないような不安定なフォーミュレーションしかできていないのであれば，心理テストを最初に取っておくことは，後の心理療法の方向性を占ううえで重要です。これまでにお話ししてきた，足場を作る，治療同盟を作って患者の動機付けを行う，そしてアセスメントをするといった手続きが行われているなら，患者にフィードバックするぐらいの

フォーミュレーションはできているはずです。そして治療の選択のなかで枠組みを最終的に明示するための契約に入るのです。枠組みがしっかりと固定されるための暫定的な仮説の提示が力動フォーミュレーションだとすれば，心理テスト・バッテリーも以前精神医学のなかで使われていたほど厳密なものというより，枠組みを強化して患者の動機を強めるためならば，用いることに意義があるでしょうし，上述のように，短期であればあるほど，その意義は高まります。

　枠組の確保という課題から見るなら，心理テストはあまり臨機応変というよりは，いつも定型の心理テスト・バッテリーが組まれて，事例の問題を明確にするようになっているほうが，セラピストだけが「よく分からない」不安を投影するためにテストをするという力動から自由でいられます。この点で，心理療法を始めるにあたってどうして心理テストを行ったのですか，という問いに対する最も陳腐で意味のない答えは，行うことになっている（儀礼だ）から，というものでしょう。とりあえず私は，あらゆるケースにおいて，お互いがよく分からないというラポールと治療同盟が成立したと思った段階で，風景構成法を行うことにしています。そしてさらにフォーミュレーションができにくい，あるいは本当に分からないと思った事例には，バッテリーになっている心理テストを行います。たいていは自分ではなくスタッフに依頼することが多いのですが，人に自分の内的世界をのぞき見られる不安の強い患者や一人臨床の場面では，そうも言っていられません。その場合自分でロールシャッハとSCT，エゴグラム，そして家族画（KFD＝動的家族画），そして精神機能の歪曲や障害の可能性，つまり学習障害や発達障害の疑いがあれば，WAIS（WISC）などの知能検査を行います。

　ただ，これまでにお話ししてきたことからお分かりかと思いますが，ひとりでテストも引き受けることになった場合，施行場所，あるいは部屋を心理療法場面とは変えて，テストを構造化します（一人臨床で部屋も構造となってしまっていたら，座る向きを変えます）。これは最小限の設定，構造化だと言えます。

　心理テストの力動的な設定の利用については別に一冊本が必要です（ロールシャッハに関しては馬場禮子・小此木啓吾の『精神力動論』〔1989〕がありますが，バッテリー論のテキストは日本にありません）。大まかに言えば，

中井が開発した風景構成法は，もともと構成的な空間が反映されやすいので，発病転導性を予測する，精神病的な発症の可能性を示唆してくれるだけでなく，患者の使っている防衛を映し出してくれるテストです。取り急ぎ発病の予測や予後可能性に役立ちます。それに対してロールシャッハは，予測や予後にはそうでもないのですが，反応パターンが映し出されやすいので，心理療法で抵抗や転移という反応のあり方を読むときに便利です。文章完成法，SCTに関しては少し特別な問題があって，現状で時間がないということで，よく質問紙として患者に手渡してしまうテスターも多いということです。テスターがいない時の反応を引き出すと考えている人もいますが，それはあまり妥当性がありません。私としては，もともとこのテストで決められているように，時間が許す限り目の前で施行したほうがよいと思っています。日本におけるこのテストはメニンガーのバッテリーにおける言語連想検査とソート検査に当たるのですが，それらは個人のコンプレックスと言語反応とを読み解くためのテストでした。SCTでそのことを浮き彫りにするためには，テスターがいないところでゆっくりと自発的に回答してもらってもあまり意味がないからです。むしろロールシャッハと同様に，テスターのいるところで反応してもらい，できればショック反応までを記録しておくことを勧めます。つまり防衛を読むために，反応時間，SCTの回避項目と逸脱言語反応，および誤字脱字などの反応ミスからテスト結果を読む努力をしていくほうが力動的には有益だと思います。ロールシャッハのような図版への操作的反応と言語への操作的反応を力動的に読みこむことで，得られるデータは圧倒的に増えます。これらに対してエゴグラムは交流分析のテストですが，力動的な仮説を患者のパースペクティブから説明するのに有益なテストです。ロールシャッハとWAIS，あるいはSCTでは専門家が患者の反応スタイルを読解するのに対して，患者の側から理解しやすいテストとして貴重です。家族画は家族像や実際の家族と対比してインタビューするために使いますが，同時に風景構成法と違って主題を与える投影法として，対象関係の布置を理解するためにも役立ちます。今日本には対象関係を知るためのテストはあまり実用的なものがありませんから，これで代用しています。

　力動的な視点から見て心理テストの選択において重要なことは，それがその人の力動的な仮説の組み立て方と連動しているということです。最近精

第7章　心理力動ケースフォーミュレーション　*149*

神分析の世界ではナンシー・マクウィリアムズが『ケースの見方，考え方』，原題「精神分析的ケースフォーミュレーション」（McWilliams, N. 1999）という本を書いていますが，自我心理学の時代とはかなり異なったものになっています。この百年で精神分析のなかにもいろいろな説明の仕方ができあがってきたこともありますし，近年アメリカで起きているマネージド・ケアのシステム変化のおかげで精神分析が料金的にペイしないことが多くなっていることもあります。対象関係論による心の布置や自己心理学による自己（愛）評価のあり方など，使い方によっては患者も納得しやすいような心理学的な概念やパースペクティブが多く使われています。精神分析が精神医学の治療の道具としてよりも，より包括的，全体的な患者の自己理解のための道具になりつつあるのです。

　心理テストがうまく導入されれば，患者自身のパースペクティブが豊かになる方向で，心理テストを活用することができます。図7-1は図4-5を少しだけ変形させたものですが，患者が自分の問題を異化して，それを自分自身の人生のパースペクティブのなかに位置づけるとき，そのパース（遠近線）のなかには，どうしても不連続な部分があるのです。それを心理テストを導入することで補塡できれば，彼は自分自身の人生をより豊かに理解できることになります。セラピストと一緒により密度の濃い内省が可能になるわけで

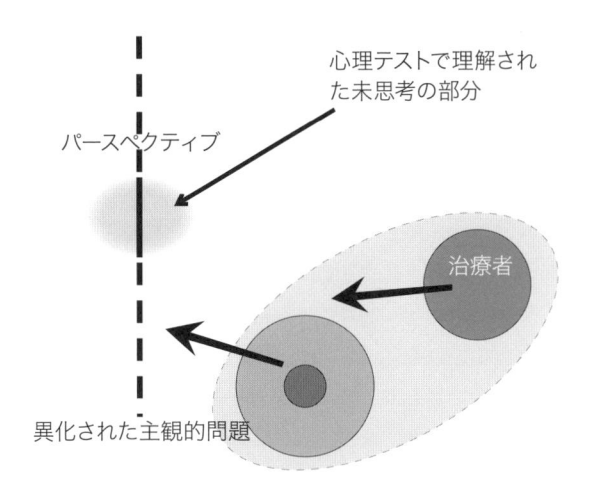

図7-1　心理テストの力動的導入

す。そのために心理テストが使われていくことが，力動的な導入方法です。

無意識を浮き彫りにする読解方法

　未思考の問題は，無意識を取り扱うための技術と関連しています。抵抗，転移を取り扱うということはもちろん，無意識に働いている防衛を取り扱いながら，患者と会話を成立させていく時の方法ですが，だいたいのプロフィールができあがっていくときに，それを力動的に読解することも精神分析が開発した重要な技術の一つです。それはもともとフロイトが夢の分析から抽出したものです。今日要素分析と呼ばれる方法ですが，その手続きは，

① できるかぎり詳細に連想してもらう（夢の部分部分を連想できるまで連想する）。
② 連想内容のなかで反復する主題を発見する（反復主題を連想から導く）
③ 主題と患者の現状（前回のセッションで語られたことや来所までの経緯など）を対応させて，全体像を理解する（昼間の残存物と主題とを対応させる）。
④ この繰り返し。

ということです。フロイトは『夢判断』でこの手法を用いて，自分自身の夢を分析するという，かなり困難な冒険をしました。自分の無意識は一番見えないはずですから，テキストに書き起こしたものに対峙して行ったのです。この手法はさまざまな領域に応用できるものですが，限界もあります。その後フロイトらが特に関心を示したのは，精神分析状況で被分析者が連想を語るときに生じる，分析家の存在に対するさまざまな反応，現象でした。自分に見えないで他者からは見える部分を指摘されると認めたくない，傷ついて感情的になってしまう，あるいは自分に見えていても語りたくない，語ったつもりになって語らない，などといった現象がたくさん生じます。思いついていても言いにくいので言わなかったり，最初から思い出したくないことを連想しづらそうにしたりすることもあります。そこで不自然に連想がとまってしまいます。連想阻害とでも言うべきそれらの現象は精神分析にとって重要な情報源であり，それはフロイトが要素分析を止めたひとつの理由です。

精神分析以前のフロイトは，催眠療法から出発して懸命に思い出すことを患者に要求していました。額に手を当てながら行う前額法を試みて，患者から「うるさい」と言われたりしました。そして自己分析の結果，自由連想法をもとに精神分析を着想しました。最初の頃，自分が夢分析で発見した要素分析を患者にもしていた痕跡があります。でも患者の反応は，連想の流れが止まってしまう，思い出さない，といったことだけではありません。人によっては寝椅子から起き上がってしまったり，もっと極端な場合，セッションに来なくなってしまうなどの反応が起きるので，そちらの不思議な現象のほうに彼の興味は移りました。つまり抵抗に注目したのです。分析状況で生じる障害を逆手にとって，積極的な意義にまで逆転させたといってもいいと思います。臨床技法の文脈では，思い出すことや連想を強要することよりも，分析家が中立的で，被分析者の連想が自ら不自然に止まる現象のほうが貴重だし，発見的な価値が大きかったのです。転移もそうです。分析家に対して，被分析者がこれまでにもってきた人間関係に使われていた感情が向いて，つまり転移が起きて，分析作業が先に進まないこともあります。転移はそうした障害物としてフロイトによって発見されました。そしてそれが臨床的な概念として見直されるようになりました。そして転移神経症こそ，厳密に治療空間で起きる，問題となっている人間関係の再現であり，それが新しい人間関係で操作できるものだと考えるようになりました。こうして転移を中心にして分析状況をより密度の濃いものにしていこうとしたのです。「今ここで」被分析者と分析家との出会いの瞬間のなかで起きる，誤った（不適切な）行動や誤認知を転移と呼び，それを治療のなかで気づいていく方向に概念をシフトさせたのです。こうして転移が道具になりました。

　分析家が被分析者にアドヴァイスしたり，こうしろああしろと行動を処方したりして主題を方向付けてしまうと，抵抗や転移が自発的に起きることが難しくなります。要素分析しろというのも同じです。だからフロイト，そしてその後の精神分析は，要素分析の手法に限定するのではなく，自由に連想を広げてもらいます。そして分析の間におきるあらゆる談話（言葉や行動）のなかに反復主題を発見して，それを解釈して伝えるという作業を精神分析家のほうの仕事にしました。被分析者のほうは，できる限り自由に連想できるようにする作業を徹底して行ってもらうよう依頼しました。

実は人前で自由に思いついたことを言うのは、そんなに簡単ではありません。分析主体（被分析者）が寝椅子で横になり、分析家のほうが寝椅子の後ろで熟考しながら行われる形式は、この点で非常に優れています。主体のほうでは、目の前の人間的対面関係がないので、あまり相手の反応を確認することなく、ただひたすら、本人が心のなかに今まで抱えてきた、そして今でも抱えている思い込みが持ち込まれやすい。分析家のほうも、相手の表情や仕草に対応しないで、分析的主体のなかでどんな心が動いているのかに集中できます。そして精神分析は、そうした非対称的な状況のなかで、分析家と被分析者の間で起きるさまざまな現象を、共同作業として分析していく道を選びました。夢は無意識への王道には違いないのですが、それはあくまで自己分析、あるいは分析の方向に分析的主体を導くためのものです。だから今でも語られた夢は重要な報告の一つには違いありません。でも精神分析はその手法を談話、状況、現象全体に広げました。私もしばしば分析のなかで要素分析に近い形で夢を取り扱うことはあるものの、あくまで全体の談話のなかの一部、分析的主体の談話の一部としてです。自由連想法を開発して自己分析よりも他者分析に精神分析が移行した後は、夢だけを取り出して分解していくという静的な方法ではなく、患者の談話全体が連想の対象になりました。つまりこれまでに論じてきたように、セラピストが相手に対してインタビューしながら、不安や緊張を取り扱い、治療同盟を形成しながら、抵抗や転移、逆転移を処理して、力動的な全体像を描き出していくのです。

　以上の手続きをもう少し初回面接から力動フォーミュレーションのプロセスに当てはめて言い換えていくなら、次のような手順になるでしょう（レマが述べているものを少しだけ修正してあります：Lemma, A. 2003）。

ステップ１：問題を経緯＝文脈から記述する。
・患者から見た問題：患者は何あるいは誰に反応しているのか。
・何が患者の「核となる痛み」なのか：彼がもっとも恐れている／避けようとしているのは何か。

ステップ２：問題の心理的なコスト、つまり現実に困っていることの周辺や関連事項を記述する。
・患者が生活で機能するうえで限界や狭窄化しているもの、あるいは他者と自己についての彼の知覚の歪みがどのように問題から生じて

いるか。
- そして問題にどのように対応しているか。

ステップ3：問題を文脈に当てはめる：関連する前提となる出来事，引き金や経緯を再検討して，経緯のなかでの環境や生物的な要因などのなかに反復主題を発見する。

ステップ4：患者のもっとも主な，繰り返している対象関係を記述する。そして次のことを自問する：患者は他者との関係で自分自身をどのように経験しているか。
- 患者の内なる世界ではどんな対象関係が支配しているか。
- 誰が誰に対して何をしているのか，それに関連した情緒を発見する
- これら内在化された対象関係が，患者の現在の生活のなかにどのように顕在化しているのか。
- 自己／他者のその表象は現在の関係にどのように影響を受けているか，あるいは影響しているか。
- これらの内在化された対象関係があなたとの関係でどのように顕在化するかを際立たせること＝転移。

ステップ5：防衛を発見する：患者がどのように自分自身を心的痛みから守っているか。そして次のように自問する：変化可能な結果は何か。防衛の全体像を記述する。

ステップ6：治療の目的を同定する。そして次のように自問する：患者が何を求めていて，何を欲しているのか。
- 患者が求めているのはどんな種類の援助なのか，そしてあなたが精神分析的アプローチを勧める，あるいはそうではない理由を詳述する。

という6つのステップを踏むことになります。こうした手続きにより，まとまりがあるゲシュタルトとして，その人の問題を含めた人物像がだいたいわかるような物語，ナラティブができているはずです。

実際のやりとりから

実際のセッションの例を使って，このプロセスを一通り見てみましょう。

初回面接は，インテイクと呼ばれることが多いのですが，それを構成する文脈があります。忙しい精神科のクリニックだと，10分程度の受理面接をインテイクと称していることがあるし，児童相談所では虐待のことだけに集中して調査面接をしなければならないことがあります。文脈そのものが力動を構成しますし，治療構造によってあらかじめ時間的な制約があります。開業の場合，最初に留意するべきことは，前の章で述べたように，精神病的なものの発病転導性を見定めることでしょうが，もちろんお話を聞いているうちにさまざまな背景によって治療を続けられるかどうかの継続可能性を査定する必要もあるでしょう。ただどのような場合でも，最低限の力動的フォーミュレーションと呼ばれる手続きをインテイクのときにしていくのは，どんな文脈を構成するにしろ，いろいろな判断の手助けになりますし，もし心理療法を構成することができない構造的な制約がある場合には，排除診断や特定の情報を得ることを優先すればよいと思います。次の面接は心理療法の実際場面を転写したものに手を加えたものです。途中切り取りながら，どのように力動フォーミュレーションを構成していくのかについてお話ししていくことにしましょう。

Th①： はじめましてMと言います。Aさんですか。どうぞ。（Aさんが座るのを見て，席に座りながら）一応，受付で書いていただいた申込書だけ目を通しましたが，あのこちらにいらっしゃったのはどういう経緯なのか，教えていただけますか。

Pt①： ええ，そうですね。もともとここに来るきっかけになったのは，1年ほど前に，仕事に行く途中，電車の中で息が苦しくなってしまって，それで途中で降りたんです。それから電車に乗るのが怖くなってしまって。なんとか電車が空いている朝早くにとか，どうにか行っていたんですが，最近では出掛ける頃になると胸がドキドキしてしまって，足が震えてしまうんです。それでどこかおかしいのかなって思って近くの内科に行って，心臓やら血圧やらを調べてもらっても特に問題はないようなのです。それでその内科医が「パニック」という名前で，こちらのクリニックの先生を，そして先生がカウンセリングを紹介してくれたんです。

Th ②： 仕事に行くときに，息苦しくなったり，最近ではどきどきしてしまったりしてしまうってことですね。それが内科の先生によると「パニック発作」だということになったんですね。どんな具合か，もう少し詳しく，話していただけますか。

Pt ②： そうですね。（えっと）最初はたいして問題だと思っていなかったんです。家から職場へは1時間半ほどあります。最初は途中で降りたりしていましたね。だから仕事に遅れてしまったりしていました。全体にだんだんとそれがきつくなって，ドキドキするのがひどくなっています。今ではめまいがして，心臓がドキドキ，冷や汗をかくし，失神しそうになる，そして全身が震えるんです。胃が痛くなって，終わるとどっと疲れます。

Th ③： ここに来るのも大変だったでしょうね。その内科の先生が紹介されたのでしょうが，その先生のご紹介，えっとパニック発作でしたか，診断や紹介を含めてどう思われたんですかね。そしてこちらの先生はカウンセリングが必要だと。

Pt ③： ええっと，そうですね。最初は何でこんなことが起きてしまうのかっていうことだけで，よく分かりませんでしたね。今もどうしてこんなことなるのか，説明がほしいって思っています。その名前でいろいろと本を読んでみたりしたら，そういった症状が書いてありました。だからきっとパニック発作でいいんだろうと思いますが。こちらの先生は，お薬を出してくれていましたが，そんなに効かないのです。

Th ④： どうしてこんなことになるのか，あるいはどうしてここ，カウンセリングに来ることになってしまったのかっていうことでしょうか。

Pt ④： 内科の先生が先生を紹介してくれたときに，親に相談して，親がこのクリニックの先生ならば大丈夫じゃないかって。それでなんか精神科とか，嫌だなって思いましたが。症状が取れればいいなあって思ってですね。そうしてお薬をもらっているんですが，そんなに効かない，ドキドキは消えることがありますが，眠くなりますし，どうしても息苦しいという感じはなくなりません。

インテイクの時間が45分程度与えられたとして，私たちが出会いのさまざまな方略を考えながら，患者に座ってもらって，自らも場を選び，自己紹介して，相手の話を聞く場面を考えてみましょう。たいていはこのTh①からPt②までのように，セラピストがオープンな質問ではじめます。医療的な面接はオープン（相手が自由に答えられる質問：「どうしました」「どうしていらっしゃいました」）からはじめて明確化の段階に入り，問題を要約して，治療的に必要なことをセラピストが整理して，そのフィードバックに対して，今後どのような方針でやっていくか，患者が同意して終わります。この場合，最初に内容的なことだけに限って言えば，まず聞くことは，経緯と主訴でしょう。すでにお話ししたように，主訴があいまいで分からない，あるいは患者自身が自ら来たわけではないことは多々あります。というより，自分で困って来所したかのような発言で始まる事例ですら，主訴の主体が家族であったり，教師であったりすることは稀ではありません。Aさんも，経緯のなかに内科医から勧められたとあるので，自分で納得して来所しているわけではありません。そこで来談の引き金がどこにあるのかは，明確にしておく。Th③から④でセラピストは来談の引き金について聞いています。ここで主語が彼自身なのか，それとも内科の先生なのかは不鮮明です。Pt④では「嫌だ」と言うことも語られていますから，それを取り扱う。ここで動機づけ面接が使うように，自分から来るという方向付けを行ったり，認知行動療法がしばしば行っている問題志向の焦点化をしたりする方向がありえますが，「嫌々ですが，どうにか来ていただいた」とか「嫌でしょうね」といった言葉で明確化するだけでもかまいません。初回面接の目標は，誰かを非難するためとか，別の意図による偽同盟を避けるために，できる限り，誰が主訴をもっていて，どのような内容なのかを明確にすることです。たいへんな状況で紆余曲折を経ながら来談した人たちの苦労には，共感や共鳴が起きることは当然なのですから，それを伝えつつ，あまり多く一方的な質問をせずにオープンな質問をし，患者の考えていることについて，論理的な流れ，防衛によって隠されている，伝え難い情報，そして自分の話を統合していける力を注意深く観察しつつ，主訴の歴史を聴いていくことです。

　ここで患者とすれば，歯医者と同じように，症状の痛みを取ることだけに集中しやすいことに留意してほしいのです。おそらく症状だけに気を取られ

ていると「いつからその症状が起きましたか」と時間軸を導入しやすいと思うのです。認知行動療法に特化していく場合は，症状を時間軸に並べつつ，ここで治療同盟を作ってしまう方法もありますが，それだと全体的なアセスメントのための準備をすることが難しいのです。それに力動的に「分からないこと」は大切なのですが，それを重視する方向に行きにくい。できれば症状が起きた時期だけに集中しないで，その周辺にある症状を形作っている背景情報に目を向けてもらいたい，できれば最終的に時間軸のなかで症状から来所にいたる経緯のなかでのさまざまな力動を明確化したいわけです。ですからどちらかというと，時間軸に特化しない形で「症状に関してどう思っておられるのですか」とか「ご自分ではどうして症状が」といった自己説明的な質問をするのが私のお勧めです。この自己説明的な質問は，いつ使ってもよいオープンな質問のひとつです。

Th ⑤：ここに来るのは大変でしたね。ご自分では症状はどうして起きていると思っておられるのでしょうか。
Pt ⑤：えっとこれが1年前に起きてからしばらくはどうにかやっていたんです。でも最近になって，職場で業績が悪いことを責められたときに，ドキドキしてきて，目がまわって失神してしまいそうになったんです。それでますます電車に乗れないという症状が強くなった。これは普通じゃないなって，一度かかっていた内科に頼んで，精神科のクリニックということで，こちらを紹介してもらったんです。
Th ⑥：そして主治医の先生との治療のなかでカウンセリングが必要だということになったんでしょうかね。
Pt ⑥：主治医の先生は，お薬を出してくれていますが，それだけだと，ドキドキするのは治まりますが，電車の中で息苦しいという症状が良くならないんで，先生にお願いして，カウンセリングを受けることにしたんです。
Th ⑦：それではこちらの精神科医の先生の勧めもあって，いらっしゃったんですね。カウンセリングにはどのようなことを期待していますか。
Pt ⑦：そうですね，どうしてこんなことなるんでしょうか。
Th ⑧：そうですね。まずそれを一緒に考えていくのが，カウンセリングの

仕事ですが，まずここではあなたがカウンセリングにどんなふうに関わったら，あなたの期待に合うのかっていうことが知りたいので，数回お会いしてから決めたいのですが，よろしいでしょうか。
Pt⑧：（うなずく）

　セッションを構造化していくことは，どのような面接でも重要なことです。ギルたちが語っていますが，初回では関係づけと査定と同時に，心理療法（あるいはアセスメント）への動機づけを作ることが重要なのです（Gill et al. 1954）。これから数回アセスメントの時間をとって，ゆっくりと方策を一緒に練っていくという態度が方向づけられれば，もう一度，症状の周辺で思いつくものを語ってもらいます。

Th⑨：　それで症状に関連して思いつくことであれば，何でも教えていただけますか。
Pt⑨：　そうですね。よく分からないんですが，息が苦しくなったのは仕事が忙しくて，それで焦っていたということもあるかもしれない。最初に苦しくなったのは，今の職場に来て新しいプロジェクトが始まって，あまり家に帰れなくなってからですね。上司が新しくなって，けっこうあれこれと動きまわらないといけなくなりましたし，直接の上の上司はあまり動かない人になってしまって，私がほとんどの案件をこなしていましたから，それでさらに上の部長からあまり仕事が進んでいないことを批判されていたりしました。部長はとても厳しい人ですから業績が上がっていないと思ったんですね。仕事にはそれなりに意義を感じていましたから，どうにかキャッチアップしていくように努力していました。かなり疲れていたということもあるかもしれません。
Th⑩：　なるほど疲れていた，それで焦っていたのですね。息苦しいという症状のときには，けっこう息苦しい人間関係と言うか，状況だったとも言えそうですね。
Pt⑩：　そうですね。あるとき，電車に乗り遅れそうだったので走っていた。それで息が切れそうになって，ぎりぎりで電車に乗れたんです

が，動悸がずっと止まらなかったんです。それで息苦しさが続いて止まらないので，ちょっと変だなとは思っていたんです。
Th⑪：今もちょっと苦しそうですね，大丈夫ですか。頭に思い浮かぶと，ここでも起きるということがあるかもしれませんが。
Pt⑪：逃げ場というか，電車なら途中で降りることでどうにかなっていたんです。でも，仕事が忙しい時にはそうも言っていられないというか，まあ，ええそうですよね。（手が震えている）えっと。

　主訴の歴史を書き言葉にまとめるときには，経緯と主訴とを一緒にした形で，現病歴と呼ばれるものにまとめられますが，どこまでが現在の病気なのか，ということが治療を構成する上で大切です。患者が主観的にどんなことに苦しんでいるかを理解して，それを解決する方向にもっていく作業をするためには，出発点の意識は肝心です。そうでないと，患者の病理を過剰に重くしたり，軽くしたりすることになってしまいます。主訴は多重決定的です（原因がひとつではないという意味でもあります）。主訴を訴えている患者あるいはその家族の主観的な悩みに関する合意確認作業をするためには，主訴の周辺にあるさまざまな連想から，はじまった時間とその後の経緯，そして主訴と同時にどのような出来事，どのようなライフサイクル上の変化が起きているかなど，主訴の量と質を決める必要があるのです。
　さらに力動的な視点から言えば，ここに来るまでの経緯のなかには，その人が反復しやすい人間関係のパターン，つまり転移の情報や対象関係が組み込まれていることも多いのです。たとえば，回避的な人は問題が生じて病院に受診せざるを得ない状況を繰り返していても，治療に乗らない歴史を持っていたりします。あるいは何度も病院に訪れることで，何人もの医師たちからうんざりされて，見捨てられる歴史をもっている人は，乳幼児期に見捨てられる体験をもっていたりするのです。
　経緯となっている来談のプロセスのなかで，これまでにどのような治療を受けてきたのかは，これからの治療，新しいセラピストとの出会い方を左右する情報でもあります。Aさんのように，内科に行って精神的な問題だと言われ，精神病院に行って気のせいだと言われ，数年後に症状がかなりひどくなってから再び精神科クリニックを訪れる事例があります。セラピストと

これから作り上げる関係性が，これまでの治療者とのそれの反復となるかどうかは，その来談経緯のなかにすでに書き込まれています。患者は，これまでの治療者の時と同様に，「気のせい」と言われるという予測の下にセラピストを訪れているからです。経緯のなかに書き込まれているこれらの情報を聞きながら，セラピストは，患者にとって自分がどのような対象であることが，同盟関係を築いて，一緒に解決していく立場として望まれているかが分かってくるのです。これはステップ4に関わることですが，主訴と経緯の関係は対象関係的にも重要だということです。

ステップ1から2の間で行われていることは大まかに確認していただけたのではないかと思います。ちなみにTh⑪で治療者が行った介入は，「今ここ」での介入と呼ばれるもので，しばしば有用なものです。どんな症状も，どんな問題もそれを語っているときは，その症状なり問題が想起され再燃していると考えられます。うつ病の人は自分のうつを語るとき，ある程度落ち込んでいますし，対人恐怖の人は対人恐怖の体験を語るとき緊張していますし，このパニックの人もパニック発作を語るときには，それに近い心理状態にあるからです。ですから相手の状態を取り扱うことで，そこにある防衛や転移といった現象を取り扱いやすくします。

力動的には防衛や転移は至るところで働いていますが，それに関してインテイク時にセラピストの心のなかで患者に聞きたい質問が浮かんだとするなら，少し立ち止まって，自分自身に次のように問いかけてみるとよいと思います。この人はどのような感情に対してどのような防衛を使っているのか，そして，この人が示している欠陥や欠損はどのようなものなのか，ということです。前者は防衛の三角形（マラン）を使いながら確証する作業ですが，後者は査定における欠損や欠陥，診断を含んでいます。つまり統合や記憶，言語的な知性といった自我の力によって，どれだけ自己組織がまとまりをもっているかアセスメントするという作業を含んでいるわけです。この2つはしばしば混同されやすいので，ここで介入することは，鑑別診断の視点から有用であることが多いのです。「あまり詳しくお話ししていくのが難しそうですね。話しにくいですか」とか「私に話すのがまずいと思っていらっしゃるように見えますが」とか。防衛だと，こうした指摘で簡単に解除されないにしても，何らかの反応があって緩んだり，反対に緊張したりします。それ

に対して欠陥や障害に関わることだと，今ここで防衛を取り扱っても，あまり反応がない，むしろまとまりのない反応，記憶の欠落，不明確な記述を明確化した時の困難，知的な論理的展開の阻害などがどうしても生じてしまうのです。こうした状況ではより詳しい心理テストを査定の時に取るとよいかもしれません。

　この区別を前提に治療同盟を作り，それを一緒に見られるようにしていく。同盟関係ができていき作業同盟へと変化していけば，ますます防衛が解除されていきます。Aさんの場合，明らかに防衛的な反応が起きていますから，それを取り扱っていくのが望ましいのです。

Th⑫：　（沈黙の後）どうにもならなくなった時があったんですよね。
Pt⑫：　それが部長に怒られたときですね。だましだましやっていたのですが，その時には息が苦しいだけではなくて，過呼吸というのですかね，過酸化状態ですか，それだけではなくてドキドキして，体が倒れそうになってしまったんです。
Th⑬：　なるほどかなり煮詰まった関係に陥って，それで症状がピークになって，どうにもならなくなってしまったんですね。何か対処法はありますかね，そうなっているとき。
Pt⑬：　そうですね。もうパニックになったら，もうならないようにとしか考えられないので，今はパニックになりそうだったら，頓服でもらった薬でどうにかしています。後は忘れることですね。

　そもそもPt⑫の「だましだまし」という表現が防衛ですが，症状の周辺部には，性心理発達の固着点，対象関係，そして身体においては器官選択，器官言語，あるいは象徴的な主題といった力動的な問題があります。これらはセラピストのほうが精神分析的なトレーニングを積んでいないと連想できないことが多いのですが，防衛の周辺の穴のようなものを連想する感覚で，たとえば，電車に乗って移動する，つまり家から仕事に移行するときに症状が発症した時，象徴的には移行の主題があると考えますし，息がつまるというのは，出生時の子どもの状態，口唇期における満腹状態での症状なので，一種の退行です。あるいは言いたいことがあるときに「飲み込む」とい

う身体現象がありますが，それは言語化を制止しているときの身体反応です。口惜しいという表現がありますが，言いたいけど言えない時の感情述語です。めまいについては精神分析に膨大な文献があって，基底欠損から自立の失敗まで複数の意味があります。たいていの心身症状の背景にある怒りは，「腹が立つ」と表現するように，感情を自分の中に抱え込むことと関連しています。忘れるというのは，抑圧や否認の表現ですが，パニック症状の裏側には，そうしたさまざまな反復主題が動いています。これを連想しながら，抵抗を防衛として取り扱っていくのです。

Th ⑭： 忘れること。えっとちょっと反対のことになってしまって，きついかもしれませんが，そのときにどんなふうに思ったか，あるいはどんな行動をしたか，どんな気持ちだったか，思いつく範囲で教えてもらえますか。その時に部長さんや上司の方に感じた気持ちもあったのではないかと思います。

Pt ⑭： （落ち着きがない）ええ。まあ怒っていますね。いや怒っているというか，口惜しいというか。でもあまり感情的にならないように，しています。（体を緊張させている）

Th ⑮： ちょっと緊張しているようですね。部長さんと上司の方という２人の方が登場しているようなので，違う感情を感じていらっしゃるようにも思います。

Pt ⑮： 部長には申し訳ないというか，もともと上司のK，あいや上司が何もしないからですね。（こぶしを強く握る）

Th ⑯： 怒っているっていうことですね。でも部長には怒られているときには，申し訳ないとも思っている。上司に怒りを向けたい，部長さんにはそれを向けると分かってもらえないことになる。そうするとどうなりますかね。

Pt ⑯： それは情けないことですね。怒られたからって，他人のせいにするのは自分が許せませんし，きっとますます怒られるだけでしょう。自分がだめだって証明していることになります。

　ステップ３から４の手続き，つまり防衛の三角形で起きていることを意識

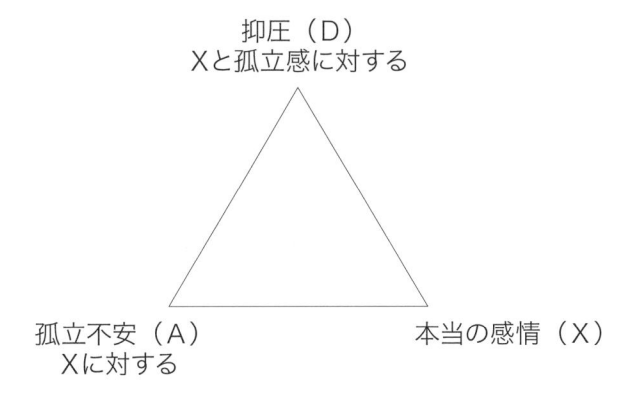

```
        抑圧（D）
        Xと孤立感に対する

孤立不安（A）              本当の感情（X）
Xに対する
```

図 7-2　A さんの情動 - 不安 - 防衛の三角形

しつつ，症状の歴史を聞きながら，どのような形それがはじまり，続いてきているのか，そしてそのなかでどのような対象関係が繰り返されているのかが分かってくると，さまざまなアプローチが可能です。もう一度，そのときの感じを繰り返してもらって，思いつくことを語ってもらったり，あるいはそのなかで認知療法がするように，気分や行動，認知を分けてもらって，体験を認識しやすくしたりする方法があります。あるいは症状に対する自分なりの解決方法や対処方法を聞くことで，解決志向の方向に話を進めることもできます。

　力動的にそうした方向付けをする前に，考えておいてもらいたいことは，たいていの症状は患者が自分なりにさまざまな対処をしている，そのため複雑化しているという面がありますが，その対処のなかに解決しようとする方向性，意図が含まれているということです。ですからそれらは努力として評価するべきことです。時にはそこから解決方法を模索する作業を一緒にしていくこともできますから，解決しようというスタンスは治療目標を明確にして，治療同盟を強くします。

　ちなみに A さんが対象関係のなかで感じているもとの感情は「怒り」のようです。実際怒りの身体反応とパニックの身体反応は器官言語（フロイト）として似ています。防衛の三角形を思い描いてください。A さんが対象関係の中で感じている葛藤は，怒りとそれを表現することに対する葛藤を基盤としているものです。上司に対する怒りを感じるが，それを表現すると

情けない，駄目だと思われるし，さらにその上の部長から怒られるし，能力がないと思われてしまう。だからその感情は表現できないということになります。こうした対象関係が明らかになってきたら，子ども時代の思い出，あるいは以前に似たような症状があったかどうか，聞いてみると，防衛が働いているのでストレートな表現ではないものの，かなりの頻度で自己発見的な情報が得られます。

Th ⑰： 以前に似たような状況や，似たようなことを体験したことがありますか。忘れるようにしているってお話しだから忘れているかもしれないですが。

Pt ⑰： ええ，そうですね，昔から緊張しやすいたちでしたが，息が切れるような体験ですね，あるかな。えっと，そうですね。（長い間考えている）小学校の高学年の時に，発表会があったときなんかに，失敗したことありますね。あれはそうですね。ひとりで人前で発表するときにミスしたりして。（うーん）まあやりたくはなかったんですよ。先生には嫌だって言ったんですが，でも作文の課題で「たまには目立ちたい」なんて書いたら，先生がそれを読んで発表会の代表をしろって。（うーん）母親が来ていたんですが，それでも恥ずかしくって。その時，途中で息がつげなくなって，先に進めないってことがありましたね。

Th ⑱： 何か言いにくそうにしていますね。失敗してしまったことを思い出すのは難しいのかもしれませんが，何か言いにくい，駄目だとか「いけない」って言われている感じでしょうかね。

Pt ⑱： あまり良い思い出では，ないですね。

もちろん防衛が強いところは，抵抗が強いところです。忘れるというのは会話の中では抵抗ですから，防衛が強いところに働きかければ，Pt ⑰のような言い淀みや言いにくさがでてくるのは普通のことです。できればこの抵抗を取り扱いながら，先に進む，細かなプロセスに注目（グレイ）しつつ，今度は対象関係についての情報，子ども時代のお話を聞いていきます。

Th ⑲： 思い出と言うなら，過去の，子どもの頃のお話を教えていただけますか。思い出しにくいことかもしれませんが，今起きていることと関係しているかもしれません。

Pt ⑲： そうですね。父親は，もともと祖父が厳しかったからですが，母親はいつも父親のことを怖がっていましたね。父親は公務員をしていたのですが，いつも家の中では暴君でした。お酒を飲んでは暴れる，の繰り返しで，そうすると母親は何もできない。小さい私にはどうしょうもなかったのです。あまり覚えていないですが，3歳のときに母親がけがをして家にいなかったのかな。お母さんのおばあちゃんのところに預けられました。それから家に帰ると，母親はいつも怯えていて，私がお母さんをかばっていました。母親も私をたてにしていたように思うこともありますが，でも私がかばうと父はますます暴れる。ますます暴れると，私も母もどうしょうもないっていうことで，父が亡くなるまでは，その繰り返しでしたね。

Th ⑳： お父さんは亡くなられたのですね。

Pt ⑳： はい，えっと小学校3年の時です。お酒ばかり飲んでいたから。だから私は今もお酒が飲めないんだと思うのです。でも私と母親は，いつも父親がお酒臭く帰ってくるのではないかって，戦々恐々としていました。父が死んでから母はまったくなんていうか，外向きになった。もちろん仕方がない，私たち兄弟がいて，経済的に支えてかなきゃいけませんでしたから。

Th ㉑： お父さんが亡くなられてから，お母さんは働きに出たわけですね。兄弟というのは。

Pt ㉑： ええ，妹です。妹は今結婚して，別に住んでいます。妹は私と違って父親の暴力をあまり見ていませんから，私のように結婚に対して慎重ではなかったんですね。私は30過ぎても結婚する気にはなりません。

Th ㉒： 今はどなたと暮らしているんですか。

Pt ㉒： 大学から一人暮らしです。どうしても早くに家を出たい，自立したいと思ってきたから，大学で一人暮らしをできるところを選びました。最近恋人というか，付き合う人ができましたが，家庭が最悪で

したから，どうも結婚は考えられません。

　子ども時代の経験を聞きながら，患者の治療の外，人生における全体的な眺望を描いていくようにします。もちろん力動的に見れば，過去の話は現在の問題と，「子ども」として語られる問題は，今ここでの関係を語るのとほぼ同じことです。すでにPt⑮前後に語られた，症状の周辺部にある現在の問題，その周辺部の対象関係の中で生じている良いこと，あるいは悪いことを聴いていくと，子ども時代の経験はかなり重なり合っている部分があります。ラングスが明らかにしたように，子ども時代の経験は，現在の人間関係のメタファーであることが多いのです（Langs 1978）。

　現在の関係のなかには，対象関係と対人関係の接点が含まれます。職場関係，あるいは家族の人間関係，つまり配偶者，あるいは重要な他者である親（性的な活動があるかどうか，分離の程度が分かるようにしていく），子どもたち，現在の生活状況（一緒に住んでいるのは誰か，どこで寝ているのか，家でどのような時間をどのような空間で過ごしているかは，関係性を投影することが多いので重要な情報です。特に大きくなっても一緒に寝ているような親子関係が意外に多いのは，日本の住宅事情も影響していますが，そうでもないのに，分離不安というだけで世代を越えて一緒に寝ている患者は多いのです），両親や親友，親族の場合もありますが，近親の人間関係，援助者（信頼関係のレヴェルや親密さを維持する能力のなかでどのように人との関係を持っているか知っておくこと，特に困ったときに助けてくれる人がいるかどうかは，社会的な資源の視点からも重要になるでしょう），こうしたことが含まれています。さまざまな関係性の詳細が生育歴の重要な一部を構成しているのですが，ここに神経症的な葛藤が現れているかどうか，あるいは精神病やパーソナリティ上の欠陥があるかどうか，の先の区別と同時に，力動的な治療に適応かどうかに関わる基本的な情報が含まれていることが多いのです。

　Aさんの場合のように対象関係が明らかになることがあってもなくても，現在の仕事（学習）がどんな具合かを聴き書き留めておくことは，現場への適応を考える上で不可欠なことです。適応障害か，内的な葛藤から来る神経症なのか，という2つの軸は，外的な環境を調整したほうがよいのかどうか

という基準になります。また社会的な技能は，その人の適応能力を判断する上でも大切な資源です。今日の社会は学習社会と概念化されているように，文化，あるいは文明が生み出されてからというもの，ヒトという生物に児童期がわざわざ準備されるようになりました。この児童期の発達は，仕事への適応のためです。職場の人間関係，特に上司との関係は親や友人の人間関係とは異なる社会技能が必要ですし，それらの技能は，両親からの転移の結果でもあるので，受け身的な態度で受け流したり，反抗心を示したりして問題になることがあります。あるいは自分自身を支える能力を左右する技能ですので，現実検討能力や規範に従う超自我についての情報に関連しています。職場で有能かどうかは，そうした人間関係のなかでの技能に関連しているのです。また薬物やアルコール依存の既往歴が疑われる場合も，この領域での挫折が多いものです。就職から学歴に関連した，知的な学習面での問題なども，この領域には関わっています。受験や学習上の問題が生じたときどのように解決してきたか，成果や学力などを含めて聞いておくことは大切です。これら子ども時代と，今職場で起きている問題，そしてセラピストを訪ねるまでの経緯のなかで治療を構成する文脈とがしばしば重なっていることがあるのです。

　見直してもらいたいのですが，経緯のなかに「近くの内科に行って，心臓やら血圧やらを調べてもらっても特に問題はない……その内科医が『パニック』という名前で，こちらのクリニックの先生を，そして先生がカウンセリングを紹介」したという文脈がありました。内科医が，精神科医に，その精神科医の主治医は，カウンセラーに，すでに２人のセラピストが彼の話を「分からない」として引き受けずに，見切っている歴史があります。また職場の関係では，直接の上司は何もせず，部長はＡさんの苦労を「分かっていない」という問題があります。さらに子ども時代に戻ってみれば，父親の暴力と母親の不在という２つの問題をＡさんが抱えていたことが分かります。さらに次の情報として，最近恋人ができたにもかかわらず，子ども時代から引きずっている父母の不仲が，結婚への移行を躊躇させているらしいのです。ここで現在・過去・今ここの，転移の三角形（マラン）を使う可能性がでてきます。

　この三角形から転移解釈の可能性が出てきますから，初回面接で一度，そ

```
        P：父母ともに自分のこ
          とを分かってくれない




C：上司2人が自分のこ          T：セラピストたち
  とを分かってくれない          も分かってくれない
```

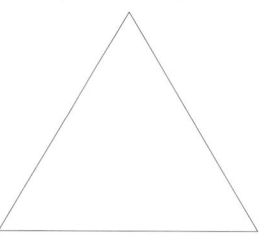

図7-3　Aさんの転移の三角形

の理解を伝えてみる価値はあります。それはTh㉓のようになります。ちなみにこうした多くの人間関係で良いことと悪いことが共存しているのが普通の人間関係であり，絶対的に良い人，絶対的に悪い人が現れたら，それは何か防衛なり，欠損の現れで，要注意の指標になります。もしこの事例で，たとえば「母親は天使のような人です」「母親はすばらしい」と言えば，それは何かネガティブな感情を防衛している可能性があります。

　ステップ5の防衛の発見は，抵抗や転移の中で行われるものなので，内容とは別に語り方，あるいは関係性のなかで参与しながらの観察の結果です。Aさんの場合，転移の三角形の中で共通していたのは，親や上司，そして医師が分かってくれないという思いであり，おそらく情動としては「怒っている」ことが言えないらしいのです。これをさまざまな形で防衛しているようです。これまでの生育歴，そして現病歴のなかに含まれている今現在の人間関係を考えれば，そこで使われている抑圧のメカニズムは，防衛全体を描き出すにはまだ不十分なものですが，ある程度，反復主題としては，怒っているが，それを誰も分かってくれないとでも表現できるでしょう。

Th㉓：　それで恋人とは結婚しないということになっているのですかね。
Pt㉓：　言えないですよ，そんなこと。えっと，あ，なんていうか，そういうことは考えられません。
Th㉔：　なるほど，どうもいろいろと大変な気持ちを抱えながら，一人暮ら

しを長くして来られたのですね。家庭の中でのお父さんにしろ，お母さんにしろ，自分を守ってくれなかった，分かってくれなかったという歴史があって，最近では何もしてくれない上司，部長さんが分かってくれなかったということが問題になったのですね。そして内科医も，主治医も，そして私も分かってくれないのではないか，この身体の症状を分かってくれないんじゃないかと思うかもしれませんね。恋人もやはり分かってくれない人になったらショックですからね。

Pt㉔：これまでの医者のお話にピンと来ない。そうね。

Th㉕：あなたの痛みと言うか，苦しみと言うか，焦りを理解してくれる人はなかなかいないようですね。

Pt㉕：（うーん）今の恋人と付き合い始めて思いますが，分かりあうことは難しいんです。なんていうか，ちょっと待ってくださいね。

　こうして転移の三角形から，防衛の三角形，そして引き金と，治療者が今後どのようにして関わっていくのが望ましいのかということが見えてきたところで，だいたい30分が過ぎています。たいていの心理療法では，初回面接ですべてが分かる必要などないので，「どうもこんなことが関連しているようですね」という言い方の中に，治療同盟を作るプロセスで説明したような，「何か分からない」けど，症状を考えていくには，問題をもう少し深く話し合っていく必要があるらしいという方向性ができれば，心理療法への動機付けはまずまずです。後は質問をオープンからクローズにしていき，明確化したいことを聞いていきます。すでに見てきたように，過去のこと，つまり生育歴と現病歴に加えて，この際，どさくさにまぎれて聞きにくいことを聞くのに良い機会です。心理療法は，精神分析的な寝椅子を使うセッションでない限り，対話的な会話になることが多く，あえて聞きにくいことを突然聞くわけにもいかない状況は多いのです。ですから初回面接の最後の時間枠は，生理，セックスといった聞きにくいことを聞いておく良い機会です。「えっと，ついでに」といった言い方で，「セックスしたことあります」みたいに聞きます。

　時間があれば，既往歴を中心として，入院歴や受診歴，投薬の現状を聴い

ておくと便利です。こうした受診歴は今回の来談の文脈とは一見別なことに見えますが，実は背景にある力動を理解する上で参考になるのです。たとえば，ぜんそくは口唇期の症状のメタファーとして使われることもありますが，小児ぜんそくで重症の場合には小児期に頻繁に病院に関わり看護を受けて，母子に強力な関係が作られていることが多いのです。またイベントとして手術や外傷，疾病の歴史はそれぞれの年齢，外傷的な記憶の可能性とともに今回の来談の背景にある力動の一つを説明してくれることがあります。女性であれば，初潮から婦人科系の受診，生理不順など，妊娠の歴史，そうした身体的な変化がさまざまな反応を引き起こしているので，聞いておきたいことです。

　生育歴は過去のことなので，もっとも記憶の再構成を受けていると考えます。でもだからこそ力動的に見て，選択される主題は現在と今ここでの関係のメタファーとして機能しているのです。サリヴァンが述べたように，今ここでの関係を取り扱うよりも，過去の思い出のほうが語りやすいのです（Sullivan 1953）。最早期の記憶，乳幼児期，児童期，思春期，第二次性徴期，そして青年期までの間にどのような分離，死を体験しているか，あるいは両親以外，たとえば祖父母などが養育に関わっているかどうか，庇護と依存，そして自立のベクトルのようなものを描くことで，今現在起きている問題の人間関係の力動的な背景が読み込めることが多いのです。これらの情報を最後に確認しながら並べていくのも手です。家族歴をこれと別に組み立てておくと，本人の対象関係を予想する助けにもなります。そのとき，親のパーソナリティを「暖かい，冷たい，侵入的，無関心，優しい，厳しい，あるいは支持的，批判的」といった形容詞で記述しておくと，後でジェノグラムを作っていくのに役にたちます。またしつけの仕方，そして誰がしつけをしたか，罰は何であったか，それにどう対応，反応したか，といった主題は，患者が見ている基本的な人間関係のあり方を理解するのに参考になることは多いのです。思春期に入ってからの親の態度は，初潮に対する反応を含めて，患者たちが自立することを容認してくれたかどうか，デートに関してどうだったか，親自身の病歴を含めて理解の助けになります。

　こうした患者像の再構成によって，私たちが心に書きとめておくことは，精神医学では既往歴，職歴学歴を含めた生育歴，そして家族歴と呼ばれるも

のですが，患者から見れば，ギルがパースペクティブと呼んだものです。インテイクでそれらを一通り書き込めれば，患者が何を求めてここに訪れ，何を目標にしていくか，力動フォーミュレーションが全体に見えてくるのです。ステップ6は，こうして完成します。そしてその眺望が，治療同盟を形成していく過程のなかで，自然と経緯，今回の発症の現病歴と自分自身の歴史がリンクしていくように，患者に見えてくれれば，内省的な方向付け，アセスメント面接，力動的心理療法への導入ができるのです。もちろんいつも力動的療法や精神分析が必要だったり，相応しかったりする事例ばかりではないし，はじめに述べたように，治療構造によっては，そうした治療が選べない臨床場面も多いのです。ですから経緯から現病歴，既往歴，生育歴，家族歴と記載できることは，専門職としては最低限の仕事だという考え方もできます。また精神科のクリニックだと，インテイクにはたいてい最後に精神医学的な妄想や病理についての定型の質問，そして睡眠や食欲についての質問をします。

　さて先ほどのステップのなかで症状における情緒，情動を確認してみましょう。Aさんの問題はパニック発作ですから，その症状にはさまざまな身体的反応があります。ステップ2は対処法やその周辺の問題ですが，そのおかげで電車という移動手段も使いにくく，不便をしている。パニック発作の多くがそうですが，移動機関に乗っているときに起きます。確かに象徴的に何かを達成することの失敗です。Aさんは今結婚への移行に躊躇しているらしいので，最後に述べたことは彼が今ライフサイクルのなかで移行の手前にあること，そしておそらく彼はこの発症によって，どこかに行くことができなくなったということです。このメタファーは感情にも当てはまるのでしょう。きっと何かの感情を表現することが閉ざされているのかもしれません。

　この部分の抵抗と本当の感情を理解するために，もう一度，症状の周辺部を見直してみましょう。彼は症状に対していくつかの対処法，あるいは連想を語っています。まず器官言語です。それらは眩暈，心臓がドキドキ，冷や汗，失神，そして全身の震えです。また胃痛，疲労感で，自律神経系の副交感神経が賦活したものです。これは怒りや恐怖に関連した視床下部，扁桃体の周囲にある感情と関連しています。つまり彼がもっている症状の身体的な意味は「怒り」なのです。そしてもう一度，ステップ4で導き出した対象関

係を見てみます。彼は皆に分かってもらっていないと体験している。こう考えると，Aさんが感じている本当の感情は「怒り」ではなかったのでしょうか。つまり親たち，上司たちに対する怒りです。

　こうして経緯，主訴，現病歴，既往歴，生育歴，家族歴といった精神科的なデータが力動的なフォーミュレーションと連続して描けるようになりました。性心理発達モデル，自我の葛藤モデル，あるいは自我の欠損モデル，あるいは対象関係の記述，あるいは衝動，葛藤，防衛のモデルを連続させて記述していけば，力動的な背景，見立て，あるいは転移の性質などが分かってくるのです。

　もちろん多くの事例で，ここまで来て，振り出しに戻る場合があります。Aさんのように症状に困っている，苦しんでいる人は，自分の心のなかの問題よりも，症状を早く取りたいと思って，長い目で自分の人生を見直すといった作業には向いにくいかもしれません。いわゆる症状解消への希望から，パーソナリティや精神機能の軸を修正していく作業よりも，症状を軽減させることを優先させて，投薬治療を切望するかもしれません。患者がセラピストの提案を受け入れないというか，確かに子ども時代のことや今も繰り返しているパターンは分かったが，取り急ぎ症状をどうにかしてもらいたい，ということだってあり得るからです。毎週来るのは経済的に無理だ，と最後に分かる場合だってあります。もしそうなら，私たちはもう一度「治療様式の選択」の章に戻って，はたしてAさんが求めている解決が，症状を取ることにあるのか，自分の心の全体をもう一度見直していくことにあるのか，問い直してみる必要があります。とても逆説的なことなのですが，セラピストが患者とともに，さまざまな可能性のなかから，一緒に彼にとって最良の治療様式を選択できるような関係になっていくなら，患者はほとんどみな，そのセラピストの治療技法を選択する傾向があります。治療同盟というのは，それだけ大事な関係なのでしょう。そしてほとんどの患者ができればそのセラピストに見てもらいたいし，もし見てくれないでも，別の治療を推薦するなら，彼の勧める治療技法を彼自身で行うことはできないかと訊いてきます。治療の行方を決めるのは，エヴィデンスのある治療技法と患者の主観的な理解という組み合わせだけではないのです。関係性の変数が技法の選択に優先されることがほとんどです。

同じことはセラピストとその人の技法との関係についても言えます。地方にいたとき，私にはほとんど紹介できる治療者がいなかった技法があって，その時には，あえてその技法を学びにセミナーに出掛けて行ったこともあります。さきほど精神分析との出会いのときにも述べましたが，セラピストの技法の幅を広げるのは，そうした治療の文脈，関係性の変数であり，臨床のなかでの出会いなのです。

さらに心理力動フォーミュレーションのもっとも重要なところは，症状が発現したために心の治療に訪れたことを良い機会と考えて，その人が子ども時代から繰り返している反復のパターン，パーソナリティ傾向と精神機能の2つの軸として表現できるパターンの力動を明らかにしていくということなのです。抵抗や防衛，転移や逆転移が働いているために，心理力動フォーミュレーションは，いつも仮説的，暫定的なものです。治療関係のなかで，回避されている情動が明らかになったり，防衛が再構造化されたり，あるいは自他のイメージが変わって話しやすさや話しにくさが変わったりしていけば，フォーミュレーションは変わっていきます。ここでは初回面接，そしてその後の数回を取り扱っています。見立てができて，方針が決まっていく間の出来事が描かれているので，何かまとまった画像ができあがるような印象を持ってしまった人がいるかもしれませんが，あくまで仮の宿であることは確認してよいと思います。

再びホームへ：ウィニコットの実例から

最後に，1回，あるいは2,3回しか会えない，そんな出会いについて考えてみましょう。あまり多くの時間が取れない治療構造での出会いもあります。もちろんそのなかでも力動フォーミュレーションをしっかりと行っていくことができれば問題はないのですが，1回だけ，しかもそれなりに影響を与えて，その出会いを終わらせたい場合だってあります。この点でもっとも優れた実例はウィニコットの治療的コンサルテーション（Winnicott, D. W. 1971b）でしょう。フォーミュレーションの最後に，彼の実例を見直してみましょう。

短い出会いのなかで彼が行っているセッションの基本的着想は，彼が

1941年に書いた「設定状況における幼児の観察」（Winnicott, D. W. 1958 所収）という論文にあります。彼は普通の小児科臨床の部屋のなかで，待合室から自分の診察室へと導きいれるときに，診察の机の上に舌圧子を置きました。ご存知の方も多いと思いますが，昔の舌圧子は金属製できらきら光っていた。子どもには見た目，魅力的なものです。これを自分と母親に抱っこされる幼児との間に置いたのです。これが設定状況 set situation です。そうすると子どもはその間の舌圧子を見て，次のような段階で変化します。

第1段階：魅力的なそれに手を伸ばそうとして，はたと治療者と母親の目を見つめて，待つ，ためらうのです。子どもによっては手を引っ込めて母親のブラウスに顔をうずめてしまいます。これをウィニコットは「ためらいの段階」と呼んでいます。ここに留まってそれ以上進まない子どももいます。でもたいていの子どもは次に行く。

第2段階：口にしまりがなくなり，よだれがおびただしくあふれ出て，その舌圧子を口に入れて，歯茎で噛んでみたりする。それは自由に動きながら行われる。あたかも食べ物のように取り扱う。そしてここで空想にふけりながら，あたかも外を見ていないかのように口で自己満足を繰り返し続ける子どももいる。

第3段階：最初子どもは舌圧子をまるで誤ったかのように落とし，それが戻されると喜んでそれをもう一度落とす。それを乱暴に扱って繰り返す。子どもによっては，それを拾ってくれる治療者か母親との間で永遠に繰り返す。だがたいていの子どもは，床に降りて，それを口に入れて再び遊び始める（戻る）か，舌圧子に関心を持たずに別のものに手を伸ばし始める。これが第三段階の終わりを意味している。

さてこの3つの段階は，普通の小児科臨床のなかで行われた観察結果で，間に舌圧子という魅力的な対象をおいただけで，子どものあり方を簡単に査定できるものです。私は舌圧子をもっていないので，年齢の小さい子どもには，間におもちゃをひとつ置いておいて，その反応を見るために使っていますが，こうした間の対象は，ウィニコットが後に「移行対象」（1951）と呼んだものとつながっていますし，スクィグル・ゲームという間でやりとりする描画療法とも連続しているのです。第1段階でとどまる幼児は，抑制というか抑圧の強い子どもでしょう。第2段階にとどまる幼児は自己耽溺的空想，

（しばしば自慰的な）衝動性がやや強い子どもでしょうし，第3段階で人を動かして楽しんでいる子どもは対人関係で人を操作する，あるいは周囲を振り回しやすい子どもかもしれません。いずれにしても，間の対象を治療者と母親との間でどのように用いるか，そして遊べるかである程度の査定ができるのです。

　この3段階を終えてみると，そのどの段階でどのように遊び，どのように空想に退行してしまったかなどを観察できるのは，間に舌圧子があったおかげなのです。同じことはスクィグルのように，お互い関係を作りながら，結果として絵を描く時の描き方，そしてその描く内容，あるいはコメントなどを観察していれば，観察しながらの参加が実に容易になるということが言えます。私たちにあまり時間がないときには，できるだけ相手の観察から心の中を垣間見たいですし，そしてできれば心の内側に働きかけるようなアプローチをしたいものです。観察と関与とを一緒にするには，こうした移行空間，中間領域を積極的に使うのがよいと思います。観察しながら，できる限り深いところに到達しつつ，相手に内側を垣間見せてもらうということです。ウィニコットが行っていたことは，仮の宿というものを一瞬のうち，1回の面接のなかで作り出すということなのです。彼はそこで子どもの内的な深層に到達して，それを理解し，マネージメントしていくわけです。

　1回限り，あるいは2,3回の出会いしかできないような治療的コンサルテーションから私たちが学ぶことはたくさんあります。この技法は長期にわたって週4回以上のセッションを行う精神分析療法ではないのですが，ウィニコットの言い方では「精神分析的に関わる」ための，きわめて重要なアプローチです。彼の症例研究『ピグル』のオンディマンド法と合わせて，子どもの臨床をはじめ，それほど多くの時間を力動的なフォーミュレーションに取れないときに，短い出会いをこなしていくための必須の方法だと私は思っています。ウィニコットが述べているように，スクィグルはあくまで「子どもとのコンタクトをつけるための，単なる一つの手段」にすぎないし，「ゲームのなかや，面接全体で何が起こるかは，そこで現れた素材を含めて，子どもの体験をどう活用するかで決まってくる」ものです。そこで私たちが考えるべきことは，どのように環境，子どもで言えば現実の環境であるホーム（家）を使うか，ということを考えながら，やりとりすることです。関係性

を含めて子どもの状態を査定しつつ，そのなかで理解した限りの深層に到達するのです。

　面接時間を長くとれない事情はいろいろあるでしょう。ちなみになぜ数回かについての彼の説明は，なかなか興味深いものです。彼は病院で子どもの臨床をしているうちに，子どもたちの多くがはじめて病院に来る前に医師である自分の夢をしばしば見ているとことに気がついたというのです。私もそうした発言にはしばしば出会うので，確かにそうかもしれません。子どもたちは病院に来る前に，医師や治療者のことをいろいろと考えて，「自分を助けてくれると思われる他の人々に関して，彼ら自身が想像的に作り上げた像を反映」しています。そしてそれに気づくにつれて，彼は自分が子どもたちの，その先入観にあわせようとしていることに気がついたというのです。だから一瞬にして子どもの救いを求める声にならない表現に合わせて，それを汲み取る作業ができたということになります。彼は期待される役割を引き受けて，子どもたちに接触するのです。その機会は，初回面接か，2〜3回の面接の間でしかない。逆に言えば，その数回こそがもっとも充実しているというわけです。だから彼はその数回に集中するために，この技法を開発したのです。つまりウィニコットの目的は，精神分析の訓練を前提にした精神療法家が，その貴重な数回で子どもの心の深層に接点を求めるところ，それに触れることにあり，交わりの，相互作用の領域を作ることにあります。

　ウィニコットが後に語った，スクィグルの特徴について見てみましょう。
1. 治療者のほうが子どもたちよりもなぐりがきが上手で，子どものほうがたいてい絵を描くのが上手である。
2. スクィグルには衝動的な動きが含まれている。
3. スクィグルは，正気の者が描いたのでない場合には狂気じみている。そのためスクィグルが怖いと思う子どももいる。
4. スクィグルは制約をつけることはできるが，それ自体は制約のないものである。だからそれがいたずら描きだと思う子どももいる。これは形式と内容という主題に関係している。用紙の大きさと形がひとつの決め手となる。
5. それぞれのスクィグルにはある統合が見られるが，それは「私」の側にある統合から生じるものである。これはよくある強迫的統合ではな

い。よくある強迫的統合には混沌の否認が含まれていると思われるからである。
6. ひとつのスクィグルの出来栄えは、それ自体が満足のいくものであることが多い。そういうのはたとえば、彫刻家が石や古い木片をひとつ見つけて、手を加えずに一種の表現としてそれを置いたような「見出された対象」のようなものとなる。たとえば、石、あるいは古い木片のようなものであるが、彫刻家はそのようなものを見つけ出し、手を加えずに一種の表現として配置するだろう。このことが怠け者の少年たちや少女たちにうけ、怠けることの意義に光をあてることになる。もし少しでも手を加えると、理想的な対象として始まったものが台無しになってしまうだろう。紙やキャンパスがあまりにも美しいため、台無しにしてはならないと感じる芸術家もいる。もしかするとそれは傑作なのかもしれない。精神分析理論には、そこで夢が見られる舞台、夢スクリーンの概念がある。

言い換えれば、ウィニコットにとって紙は夢スクリーンであり、描画は内的幻想世界への、夢の入り口、ナルニア国へのワードローブ、アリスの穴なのです。彼が夢の精神分析的な研究史のなかで、夢は見ることに意味があるのではなく、怖い夢を親に語ることに意義があると述べた最初の人であることは注目に値します。彼は治療的コンサルテーションが夢を照らし出す技術だと考えているのです。

ウィニコットがどうやって子どもと出会い、その深層に到達するのか、そのプロセスについて簡単に事例を通して描いておきましょう。それは心の居場所を私たちが心のどこに見出すのかを考える上で、とても参考になります。

事例は「ルース」という8歳の女の子です。彼女とウィニコットが出会うのは、この子のお父さんが困って彼に相談しに来たことからでした。この男性は、妻が3つも病気を抱えていて、その援助に大変でしたし、さらには最近になって自分の3人の娘のうち、真ん中の子が盗みをするようになって学校から目をつけられるようになったので困惑していました。そこで彼はその娘「ルース」に会うことにしたと言います。ウィニコットは、お父さんの、環境を抱える力が弱っている今、彼と彼の娘、さらには母親にとって何が必

要かを次のように言います。父親は「ルースには援助が必要だと感じていた。そこで私は彼の娘に会う手筈を整えた。その娘との面接の中で私は，彼女の反社会的行動へ向かう傾向を逆転させなくてはならないだろう。もし私が成功すれば，この人は，妻が病気にもかかわらず示しているポジティブな素質にも当然助けられて，妻の3つの病気を含めた家族状況全体に対処できるようになるだろうと，私は確信していた」。これが父親からの情報で得られている大まかな全体像です。少なくとも環境については，彼のフォーミュレーションは大まかにできあがっています。

　ここで最初に臨床的な確認をしておきましょう。数回の出会いで重要なことは，彼が環境全体をどのように活用できるかをすでに考えて，今，この数回の出会いでどんなことをするか，考えているということです。これは構造と設定をすでに考えているということを意味しますし，この患者が帰っていく前提になっている家庭のことをすでにフォーミュレーションしているということを意味します。

　彼はルースに会って，すぐさま，スクィグルをはじめます。最初は絵を描きながら，その子がどんなことを伝えに来たかを見ることから始まります。ルースはウィニコットのなぐり描きを乳母車に変えます。これだけで十分に乳児期の何かを伝えていることになります。乳幼児期に何かあったらしいのです。そして治療者のことを安全だと思って協力的になったルースを見て，彼は家族のメンバーを描いてもらいます。

　ここで2つ目に確認したいことですが，重要なのはスクィグルそのものではなく，相互性の，交流することの領域で，セラピストが患者に知りたいことを表現してくれるように頼めるということなのです。これはいろいろな情報をセラピストに与えてくれます。聞きたいことを聴いているわけですから，それによって力動フォーミュレーションはかなり進みます。

　ルースの描画には母親の病気が描かれています。そしてそのメンバーがそれぞれどのような大きさで，誰に同一化しているかも表現されています。私たちは動的家族画法を持っているので，今こうした介入はそれほど難しくないのですが，表現を力動的に読み解く力は，参与観察の一部になります。ウィニコットが彼女の描画に応えるあり方は，波長を合わせるという言い方が正しいのかもしれませんが，観察しながら，それを同時にできていることが

重要です。そうすると子どものほうが積極的に参加する場合が多いのですが，ルースもかなり積極的に自分の見えるものを描くようになっています。6枚目（3回目のやりとり）で，彼女はウィニコットのなぐり描きを蝶に変えながら，家にトイレを借りに立ち寄った男が，家の庭を台無しにしていたエピソードを語ります。おそらくウィニコットの介入を侵入的に感じたということかもしれませんが，そこでウィニコットは解釈をしません。

　むしろ彼は一つ一つの解釈よりも，相互性の領域で応えることに集中して，次のスクィグルで新たに線を加えます。治療者はそれを飛行機にしましたが，彼女はそれをハエだと言うのです。まあフライつながりではあるのですが，こうした遊びは自由連想のそれに近く，かなり治療的な自由が展開していることが分かります。この描画は表現の場，心の居場所になりつつあります。こうして明らかに同調性が高まり，8枚目を彼女は馬に，9枚目をウィニコットは動物に変え，彼女はそれをキリンと命名します。10枚目では彼女が自らハーブに変えながら，自分がリコーダーを吹くことを話しています。11枚目にウィニコットは，彼女のなぐり描きを踊る女の子に変えています。これは描画を通した，描画に対する，描画による解釈です。明らかに描画の空間は，彼と彼女を抱える枠組みになりはじめています。最後にお話ししますが，この枠組みこそ心の居場所と呼ばれるものを私たちが作る基盤となっているのです。

　ここまでで，ウィニコットと女の子との間に治療同盟に近い，一緒に描画のなかを共視するスタンスができていることが分かるでしょう。すると面白いことが起きます。女の子の描画に反応するかのように，ウィニコットのスクィグルをルースは女の人の頭に変えますが，女性の舌が出ていたところを彼女はタバコに変えるのです。ウィニコットはここでもペニスとして解釈するといった野暮なことはしないのですが，明らかに彼のそれまでのやりとりを反映している心の内容物です。そしてウィニコットは彼女のなぐり描きを植物に変えます。これは最初にウィニコットが見たものの繰り返しなのですが，舌をタバコに変えた後に，彼女がウィニコットにキャンディを差し出します。スクィグルではこうした相互的なやりとりがよく起きるのです。描画が現実に，現実が描画に，相互的な乗り入れが起きるわけです。ここで確認しておきたいことは，描画を通して，描画に対して，描画による解釈があり

図 7-4　14 枚目のスクィグル（Winnicott 1971b）

得るということです。だがそれは意識的なものというよりも，描画と現実，現実と描画を行き来するものです。

　一緒に見る，そして相互性の領域でやりとりすることができるようになると，子どもは以前よりはるかに大胆になります。それはどんなプレイでもそうですが，描画の領域では，自発性を発揮して，自分から表現を付け加えることで分かります。そしてルースがこのゲームを気に入ったことが分かり，以前より大胆になると，治療者もまた大胆になり，ぐちゃぐちゃな表現を描いてみたりするのです（図 7-4）。もちろん，ここでは勝手にぐちゃぐちゃな投影を治療者がロールシャッハを見せるようにして投げかけているわけではないことが大切でしょう。でもそのぐちゃぐちゃなものを子どもがどのように受けるか，それはきわめて大切なことです。興味深いことですが，ルースはこれに容器，つまり抱える構造として円を描き，バケツのなかの魚として受けとめます。さて，この子どもが行う描画をしばしばウィニコット自身が行うことは，やりとりの性質上，留意していいように思います。ばらばらなもの，ぐちゃぐちゃなものを「皿」や「入れ物」として受けとめる，一種の，描画のなかで抱えることを治療者ウィニコットはしばしばしているのです。

図7-5 夢の描画（Winnicott 1971b）

　あえてここで，紙は表現を受けとめる媒介であるということを強調する必要はないかもしれません。こうしてぐちゃぐちゃなものを見て，ウィニコットがルースに述べることが，彼にとってスクィグルのもっとも重要な機能です。彼は独白します。「ここにはパーソナルな空想がみられ，私はルースの夢の世界に近づくことができるようになった。私は，彼女が夢を見る時，これと似たものの夢を見たことがあるかどうか尋ねた。彼女はテレビでなら見たことがあると言ったが，その時見たのは穴の開いた桶に入っている魚だった」。未思考の混沌のなかにウィニコットは夢という考えをあきらめないで，「おかしな夢とか，恐ろしい夢とかはどうかな」と聞く。すると彼女の話の視点が夢の生活に移動します。そして，ウィニコットは大きな紙を準備していたのでしょう，子どもはそれに夢の内容を描き始めるのです。
　ここまで来て，彼がスクィグル表現，特に不気味さや混沌を表現する描画は夢の入り口であると考えていることが分かります。実際，心のなか，防衛の先に情動の部分を理解するのに，夢はしばしば媒介になります。
　こうして夢の一部が表現されます（図7-5）。ルースにおいてそれは「古代の船が水とともにやってくる。『妹が腕に抱かれている赤ちゃんだった時，

図 7-6　最悪の夢の描画（Winnicott 1971b）

私は走っていたの。それはお母さんが脚を悪くする前だったの。水が押し寄せて来ているの。私はいろいろな品物や，赤ちゃんのベビーフードを持っているの。赤ちゃんのために，ベビーフードは他の品物と一緒にしておいたのね。夢はすてきな終わり方をしたのよ。お父さんが自動車で帰って来て，車庫にバックで入れたの。お父さんが船に体当たりして，船を粉々に壊したの。すると水が全部引いていったの。こんなふうに夢はすてきな終わり方をしたの』父親が帰ってきて，その状況を救ってくれるまで」，その間には不安が見えます。この物語は，力動的なフォーミュレーション，彼女の幼児期の再構成にとって，実に多くの情報を与えてくれます。

さらに夢の世界について，ウィニコットは最悪のものを聞きます。これは彼の常套手段なのです。描画のなかで，妊娠した母親がくびれのないお腹で表現されていると同時に，妹の出生を機会にして盗みを始めたルースも描かれていることが示されていますが，もっと救いのない悪夢があることを確信したウィニコットは，出産の前後の状況をもう少し聞くために，さらに最悪の夢を尋ねるのです。

そして再びルースは，自分自身仰天しながら「あれ，すごく小さいチビだ」と言いつつ，自分の後ろにある海には，赤ん坊を縮ませる毒が入っている，という描画を描きます。母親も縮んでしまうのだろう。そして分離が言語化されます。「あっ見て，私，どんどんお母さんから離れていくわ」（図7-6）。この描画は母親の抑うつ，赤ん坊が生まれて（ウェストがくびれて）毒の入った水のために赤ん坊が小さくなり，ルースがどんどん母親から離れていくことを描いています。ベビーフードの入っていないバッグを手に不機

嫌なへの字の口をして泣いている彼女が描かれています。こうして言語化の準備ができたと思ったウィニコットは，彼女に慎重に尋ねます。「今まで物を盗ったことがあるの」。彼女は応えます。「小さい時にやったわ。よくベビーフードを盗んでいたの。私が食べたの。とくに赤ちゃん用の桃の缶詰が好きだったわ」と。このことをルース自身から聞き出したことが重要でした。

こうしてやりとりが終わり，ルースは自分の愛情剥奪のプロセスを，自分の言葉で表現できるようになりました。安心な環境の中で，自分の過去を振り返り，そしてそれを言語化できたのでした。こうしてセッションの重要な局面が終わります。そして最後に，ルースの緊張を取るために，ウィニコットはスクィグルをします。彼のスクィグルを彼女は魚に変えます。そして彼女のスクィグルにウィニコットは皿を描き加えて，皿の上の食べ物に変えました。この皿は，これまでのプロセスのなかでもっとも重要な食べ物を受けとめていますが，前のセッションで彼女が描いた容器，彼女の心の受け皿でもあります。

こうして安全な居場所でやりとりをして，セッションが終わります。放置しておけば，反社会的な傾向の子どもになってしまったであろうルースは，この数回のやりとりによって，夢の世界の入り口を得ました。今後お父さんの抱える力によって復活して，自分なりに人生を活かしていくことができるようになるでしょうし，実際そうなっているように見えるのです。ウィニコットにとって夢を見られること，そして怖い夢ならば，それを人に語れるようになることが重要だということを再び確認しておきたいのですが，このやりとりのなかで，ある程度，ルースの描画を媒介として最低限の力動フォーミュレーションをウィニコットが伝え，それを通して彼女が自分なりの表現をできるようになったことが重要です。そしてこうして危険な状態にあった彼女と1回のセッションで関わることで，もう一度彼女が自分の家庭に戻って行ったとき，その環境との間で，自分なりの居場所を見つけ出すことができるだろうという査定が行われていることがより重要なことです。

最初に心理力動フォーミュレーションのことを「取り付く島」と言いました。セラピストが理解したことを患者に伝え，それを基盤にして患者が自分自身のあり方を見直していく，そのプロセスで仮に作り出される心の場のようなもののために作られるのがフォーミュレーションと呼ばれるものだから

です。ウィニコットの実例がそうであったように，わずかな島がある程度セラピストと患者の間でバイパーソナルな，移行的な場として作り出され，そのなかで自分の過去や問題を見直す作業ができるなら，それを起点として，もう一度現実の家庭に，あるいは職場や環境に戻っていっても，自分なりの心の居場所を持ちつつ，生活を立て直すことができます。ルースがそうであったように，そのやりとりのなかで得られた体験をホーム，基盤としてもう一度自分の生活を立て直すことができるのです。

終章　now/here 今ここでの／どこでもない場所

心は細部に宿る

　本書には心理療法が始まるまで，そして始まってからの数回のことが描かれています。人が癒される（あるいは癒されると思い込む）道がひとつではないのは当然です。

　そのさまざまな道のうち，心理療法が目指す結果をラングスは7つほど挙げています。それらは，セラピストの一方的な提供によって行われるのではなく，患者とセラピストの間の需給関係で決まります。

(1) 枠組み（場）の提供
(2) コミュニケーションや相互性の提供
(3) 健全な関係性の提供
(4) 症状の治癒
(5) 力動や発生の理解
(6) 同一性と健全な自己愛の獲得
(7) 狂気に比して正気の提供

この順番は，セラピストが配慮する物事，つまり場の設定と関係の築き方，そして関係のなかでもたらされる物事をある程度反映しています。最初にお話ししたように，心理療法を準備するプロセスは①場を設ける，②足場を作る，③関係を築く，④心の居場所を発見する，でした。この設定を正確に，そし

て明確にしておくことは，関係を成り立たせる場を準備することになります。枠組みがあるから問題は明確になりますし，場があるから「仮の宿」という意味が明確になります（心理療法が本当の宿になってしまったら依存症です）。ですから心の内面を探求する作業，つまり内容物を取り扱うためには，まず枠組みから始めるということでした。枠作り，つまり初回面接の方向性が，どのような立場にしろ，その後の心理療法を決めます。

　序章で心の居場所を考えるうえで，公式のようなものを考えました。私たちはコミュニケーションを，①談話あるいは文脈，②場，③関係，そして最後に④対象と主体の順番で考えます。発想の順番はつねに①から④であって，逆ではありません。理由はこれまでお読みいただいた読者にはお分かりでしょう。心理療法の原則として，まず場を成り立たせてから内容に向かうことになるからです。治療の枠組みという点から見れば，構造から設定，設定から関係，関係から態度や姿勢です。

　当然のことながら，患者の言葉の取り扱いも，上の順序とほぼ同じになります。図L-1は序章の図0-1をやや変形させ，言葉にどのように耳を傾けるかという公式を図像にしたものです。たとえば患者の「私は嫌いです」という言葉を耳にしたとき，聞き手としてあなたは，「今ここで，どんな文脈で，どんな状況で，そして誰がどんなふうに嫌いなのだろう」と順に思いな

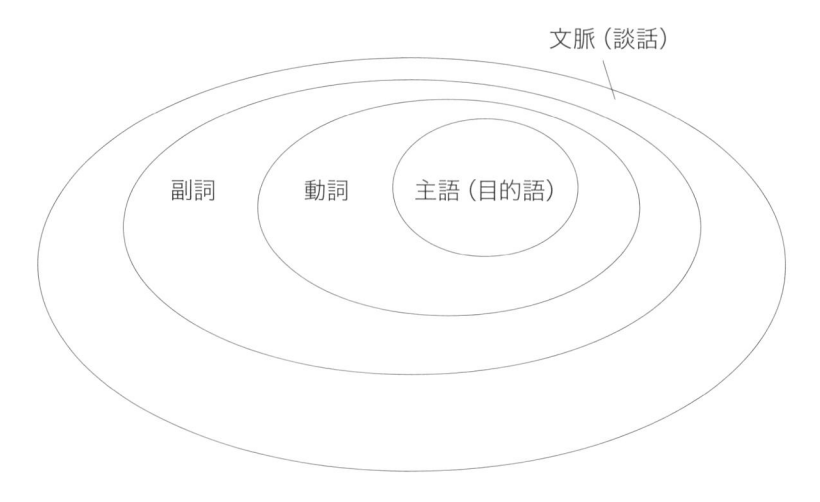

図L-1　言葉の公式

がら，耳を傾けるのです．文脈や状況としての経緯が重要なことは，これまでに何度も繰り返してきました．

そして治療関係を成り立たせている性質については，抵抗と転移を取り扱う方法についてお話したことで，おおよそお分かりいただけると思います．抵抗と転移は「今ここで」の文脈から構成されています．初回面接で最初に考える文脈は治療関係であり，「今ここで」の関係です（転移あるいは逆転移の展開と解釈などのプロセスについては，少し練習した後で専門書に目を通してみてください）．私たちの人生においてまず重要なことは，生きている文脈であり，「今ここで」，そして副詞的なあり方なのだということは確認してもよいでしょう．一般に日常生活では，主語と述語，動詞といった「誰が誰に何をした」ばかりに目を向けがちですが，でもそれらの多くは，無意識に成立している，前提である副詞と文脈とに大きな影響を受けているのです．

場が設けられ，枠作りができたら，セラピストの作業はごく些細なもので，劇的なものではありません．細部に向けられた配慮とでも呼べるでしょう．セラピストは枠組みを守る努力をしながら患者と協力していく，そしてできれば患者が自分自身の問題と対峙していけるように，主体的に関われるようにしていくのです．基本的な発想は，彼の主観がより豊かになり，より治療的な方向に向かうよう，セラピストも同じ方向で見ていくように，(1)治療同盟を作ります．そしてできれば彼が自分自身のことをよりよく理解できるように，セラピストが(2)症状や診断からその人の状態を査定する方向に進みます．さらにできれば，お互いが満足のいく形で(3)治療様式の選択をするのです（緊急対応の場合，このような余裕はありません）．心理療法のなかには大きく分けて葛藤を取り扱う方向性を持つものと，症状を解消する方向性を持つものがあるという話を前にしました．ここで精神分析的な方向付けができれば，(4)症状の詳細を取り扱う，あるいは内面を探求するという作業があります．もちろんこのプロセスは「関係性の変数」つまり患者とセラピストの都合によって変化します．頻度や時間など心理療法の様式によっても異なるものです．

力動的なフォーミュレーションのプロセスのなかでそうした位置づけが決まると，セラピストの仕事はただ話を聞くだけになる，耳を傾けるだけにな

るということもあります。つまらないと思う人もいるかもしれません。また最終的に必ずしも自分が勉強してきた治療法が行えるわけではないのですが，それでもコミュニケーションの細部を面白いと思えるなら，心理療法ほど面白いものはありません。人が徐々にではあるものの変化していく姿を横で見るのは，とてもうれしいことです。世のなかで変化のないものはありませんが，それは細部に顕在化しますから，細部へのまなざしのようなものさえ持てればよいのです。

初回面接の体験のなかで劇的な変化を発見することはあります。たとえば，今まで親を憎んできた少年が，本当は親を好きでたまらない，だからこそ親の一挙手一投足が気になって仕方がないという発見。今まで自分はひどい虐待を受けてきたと思ったが，それが厳しくも愛情に満ちたしつけであったという発見。またはその逆の発見など，視野が逆転してしまうことはいくらでもあります。でも劇的に生じた変化というのは，劇的に忘れ去られ，消えていってしまうことが多いし，多くの場合，初回ではそれほど劇的なことは起きません。本当のところ，長期にわたって持続する視野の逆転や劇的変化は，プラセボにわずかに毛の生えた程度の，些細なものの積み重ねが背景にあります。そして行動や気づきの微細な変化が実を結んでいくというミクロなプロセスの連続が，長い目でマクロに見れば，事後的に大きな変化をもたらしていることのほうが圧倒的に多いのです。

終わりを有効に使う

どんな人生にも終わりがあり，どんな関係にも別離があります。初回面接は今後の治療のための意志決定のひとつではありますが，一区切りとはいえ終わりがあります。フロイトは精神分析に関して，最初と終わりは明確な形を持っていると述べました。私が心理療法を「仮の宿」と述べたのは，居場所がない人が心理療法の場を仮の居場所として（転移を通じて）これまでの人生を振り返る作業をするとしても，その関係はいつまでも続くものではなく，その性質上，それはいつか終わるものだからです。ここで初回面接にも終わりがあるということを強調するのは，それを最初の終わりとして，つまり始まりの終わりとして有効に使うことが大切だと思うからです。治療契約

の文書を取り交わした後に，セラピストのほうから「週1回は多いので」とか「これからは会い方を変えましょう」とか，ころころと対応や設定を変えるようでは疑わしく思われるでしょう。始め方はそれなりに明示的である必要があります。だから始まりの終わりには儀式として契約があるのです。

　これまでお話してきたように，患者の人生の選択はセラピストが決められることではありませんし，心理療法は一定の場と時間を提供するものでしかないという大原則は，フロイトの時代から，というよりおそらく人類の誕生から決められてきたことです。

　終わりをいかにして作り出し，受け入れていくか，ということは，それだけで一冊の本ができてしまうほど大切な問いです。オットー・ランクは終わり方こそ心理療法の最も重要な要素であると考えて，時間制限療法を着想しました。マンは，終わりのある大人の時間を体験できるようになることが成長だと言いました（Solomon, M. F. 2001）。また立場は違いますが，フランスの精神分析家のラカンは，セッションを途中で切り上げるという短時間セッションを発明しました（Fink, B. 1999）。彼らは，心理療法のセッションの終わりに出生，分離，去勢，別離，喪失，死といったさまざまな転移が起きると考えたのです。そしてそれをどのように終わらせるかということは，誕生，自立，修復，回復，新しい生命の継承を心のなかに位置付けるための重要な作業なのです。初回面接でも同様な区切りを利用する価値はあります。始まりを終えることで，本当の始まりを準備する希望が生まれます。初回面接ははじめて人と人とが出会う場面です。できればその出会いを，心理療法という，心の居場所やより所を作り出す，そしてそこを基盤として出立するようなフィールドにつなげるかたちで終えたいものです。契約が成立した時に「それでは来週から心理療法（精神分析）を始めましょう」と言える終わり方です。

　もちろん，治療同盟を作るだけで終わっていく事例は膨大にありますし，投薬治療の方向付けで終わる事例もあります。終わり方が緩やかな「ほどよい」終わり方であれば，それはそれで良い方向に進んでいく可能性もあるでしょう。物事の顛末を受け入れ，そこで次のことを考えられるようになればよい，それが始まりの終わりの希望です。

　本書にも終わりがあり結末があります。でもこれは同時に，皆さんが力動

フォーミュレーションを使ってみるかどうかの分岐点でもあるのです（このまま古本屋さんにいってしまうかもしれませんが）。本書は，あなた方がはじめて患者と出会う，その数回の出会いを想定して書かれています。力動フォーミュレーションは，その人の全体像をひとまず，暫定的でもよいので，仮に作り，できれば心理療法，精神分析につなげていくための手続きです。

　精神分析的な心理療法は，病気を患って止まってしまった人生のなかで，病気を自分へのメッセージとして逆転させ，再出発するために，もう一度これまでの人生を振り返るための場です。初回面接は，なぜ「今ここ」に訪れたか，そのプロセスがどのようなものであったかを振り返り，次からどのようにしていくかを確認する作業で終わります。その区切り，カンマが初回面接のなかで最も重要なモーメントです。ある程度セラピストとの間でお互いが納得のいく方向付けができれば，それでは，と句読点を打つのです。

　最後に，もともと本書がどのようにして作られたかをお話したいと思います。道筋はこうです。私たち精神分析の専門家は自分も治療の体験をすることになっていますから，私にも患者である（分析を受ける）体験があります。私は精神分析を受けているとき，自分がこんな悩みを人前で話すことに戸惑っていましたし，つまらない話をしていると気にしていました。ですから治療の場というのは非常に居心地が悪いものでした。でも治療的なプロセスの結果，このように自分が話していることもまあ良い体験で，自分があれこれ悩んでいることもそれほど無駄なことではないと思うと，とても居心地が良くなってきました。つまり，それまでは自分の居場所やより所がないと思っていたので，どうして自分はここにいるのだろうとか，自分が頼りにしているものがいかに頼りないかという気持ちが強かったのが，まあ大丈夫だと思えるようになったのです。今まで自分の居場所，より所にこだわってきたのは，居場所がなかったからだと気がついたのです。そして大丈夫と思えるようになって，「今ここ」にいるのもまんざら悪いことでもない，どこにいても自分は悪いものではないと思えるようになると，自分のあり方，その居場所やより所のことはそれほど気にならなくなってきたのです。逆に言えば，自分の地位，持ち物，名誉，所属といったものにこだわっている，あるいはしがみついている限りは，そこが居場所になるのでしょうが，「取り付く島」がなくなる不安に付きまとわれます。その人の居場所はとても狭いも

のなのです。それが，どこにいても大丈夫だと思えるようになったということは，自分が自分の居場所になったということなのです。そして「心の居場所やより所」を作るための心理療法を語ることが大切なことだと思いついたのです。そして考えていくうちに，私をはじめ多くの患者がこだわっていること，問題や状況は，自分の居場所だと思っている心（気持ち）が狭まっている，あるときは心が狭い居場所に閉じ込められているから生じていることに気がつきました。

　普通に私たちが「自分」だと意識している範囲はきわめて狭いのです。考えてみてほしいのですが，自分という存在はどこにあるのでしょうか？　哲学者ルネ・デカルトはヨーロッパ各国を放浪し，数学をはじめとしていろいろなことに興味のある文字通り多国籍・多才の人でしたが，あるとき暖炉の前でこの世界で明らかに証明できることは何かと考えて，有名な「我思う，ゆえに我あり」という原理を思いついたのです。この自我の明証性についての議論は哲学・心理学の世界で評判の悪いものですが，彼の人生の文脈と照らし合わせて，それを「私がここにいて大丈夫だと思えれば，どこにいても大丈夫」という意味だと解釈すれば，きわめて治療的に重要な認識です。ただ，心の範囲が自我意識だけというのでは，牢獄のようでかなりきつい感じがします。自我は認識の出発点ではあるかもしれませんが，自分はもう少し広いのです。

　結論として，こう言えるかもしれません。「心の居場所」は心理療法のなかの「今ここ now & here」で見出されます。でも心理療法が「仮の」場であるために，これは転移やある種の錯覚の産物でしかありませんし，いつかは終わるものです。そして発見される居場所は，遍歴流浪の人々がかつて「御身ひとつで」と述べた場に近いものです。それは今ここにあるからこそ，どこにもない場です（now/here，つまり now & where であり，nowhere であること）。これは仏教が語ってきた三法印，すなわち，諸行無常，諸法無我，涅槃寂静の心境に限りなく近いものです。居場所があるということはイコールひとりでいられる，何者でもないということなのです。

　心が居場所をもつこと，これはきっと，自分が大丈夫，自分が好きだ，あるいは自分が世界の中心だ（この人は逆に病気ですが）と思っている人には当たり前のことなのです。でもミスター・チルドレンの歌ではないですが

「当たり前のことが言いにくくなっている時代」ですし，当たり前のことを人に言うのは恥ずかしいかもしれません。もし，自分がだめな人間だ，どうして生きているのだろう，どうしてこうも生きにくいのだろう，と思っているなら，セラピストのドアをたたいてみることです。そうやって精神分析を初めて受け，心理療法家や精神分析家になっていく人はたくさんいます。そしてそこから，自分が自分の居場所であるという単純な事実，そして最終的にひとりでいられることを発見するための，長いようで短い，短いようで直線ではないから回り道の道程を，歩みはじめることになるでしょう。

＊　　　　＊　　　　＊

　本書のもとになったのは『「心の居場所」の見つけ方』という講談社から出版された本で，心理療法家が実際の場面でどんなことに気をつけながら心理療法を始め，そしてそれがどのように進行するのかを，一般向けに書いた本でした。ただちょっと難しい内容だったので，一般向けなのか専門家向けなのか，ピントがぼけてしまったように思い，出版された後で少し後悔していたのですが，幸か不幸か絶版になっていました。

　その後，私は東京国際大学に移って，早稲田で毎週，力動フォーミュレーションセミナーを始めました。卒後数年の臨床家，臨床心理士や精神科医たちが，忙しいなか水曜日の夜に集まって，ビデオで面接を記録しながらその分析をして，その後に事例についての大まかなフォーミュレーションを作っていく作業をしてきました。あっという間に，もう5年になります。お互い臨床で忙しいなかで集まるのは結構ハードなことでしたが，そのセミナーのおかげで，もう一度，私は品切れになっていたオリジナルの本を見直す気になりました。今度はもっと専門家に限って，初回面接のための本にしようと思い，大幅な組み替え作業を行った結果が本書です。そのことを岩崎学術出版社の長谷川さんに伝えたら，出版に乗ってくれましたので，ようやく本書が皆さんの手元に届いているということです。この5年間に力動フォーミュレーションセミナーで一緒に勉強し，お互い議論してくださった先生方には，心から感謝しています。

　最初に書いたように，気にしていたことは治療者，患者という医学用語を使うかどうかということでした。臨床心理学ではクライアントという「お

客」「頼る」といった言葉に近い用語を使うのが一般的です。でも私にとって，苦しんでいる人，痛んでいる人，耐えている人＝「患者 patient」という言葉はなかなか捨てがたいのです。ですから，今回は「患者」にさせていただきました。治療，患者という言葉が医療の世界に限定されていることは，専売特許，特権主義のためでしょうが，私には残念なことです。それらは日常語にしてもよいぐらい優れた言葉だと私は思います。人はどこにいても，多かれ少なかれ patient なのです。

　最後に，これまで私の臨床を支えてくれた多くの人たちに感謝したいと思います。精神分析の訓練は訓練分析による自己分析，スーパーヴィジョンを通した口承伝承が主な媒介です。ですから多かれ少なかれ，私が出会った人々から，人と人との間で学びとられるものなのです。初心者のころ私は東京にいましたから，上智大学で故霜山徳爾先生，福島章先生に師事しました。精神分析を志してからは北山修先生，小此木啓吾先生から学びました。九州に移ってからは西園昌久先生，松木邦裕先生，川谷大治先生，久留米で大学が一緒だった山上敏子先生から影響を受けてきました。5年前に再び東京に戻ってきてからは小倉清先生，狩野力八郎先生，そして北山先生をはじめ南青山相談所の先生方や患者さんに影響を受け，そして支えられてきました。心理療法について本を書くことができるのは，それだけ多くの患者がいたおかげです。

　私事ですが，オリジナルを書き換えて，今回出版するまでの間，私は精神分析のトレーニングをずうっと受けてきました。訓練分析，指導（統制）分析，そしてセミナーを体系的に学べる，精神分析研究所のシステム（日本精神分析協会の制度）は素晴らしいものです。精神分析が週4回以上も患者を抱えてきたおかげで，私はそうではないさまざまな抱え方，対応について考える機会をいただきました。日本の心理療法は大半が週1回，最近では2週間に1回という大雑把なものが増えてきていると思います。でもそれだと，デイケアなどの心理教育以外，心の居場所を失っている深刻な病理をもつ人たちを支えていくにはどうしても無理があります。そうした状況では場合によっては認知行動療法やEMDRのほうが便利ですし，短期間でコミュニケーションに変化を与えるブリーフセラピーを提供したり，短期力動心理療法によって短期間で人生を振り返ってもらったりするほうが，効果があるの

かもしれません。でも週4回以上人と付き合う，抱えることをしているのといないのでは，短期で終わることの意味もだいぶ違うのです。残念なことに，このシステムは海外でも経済的にペイしづらくなっているために退潮気味なのですが，費用便益性のために貴重な魂を売ることが本当に良いとは言い切れません。失ってはいけない伝統芸能のようなものです。私自身も短期的な療法の件数が増えてくればくるほど，そのことを実感します。フロイト以後，多くの精神分析家たちがこの伝統を支えてきてくれたことはありがたいかぎりです。拙著の責任はもちろん私にありますが，本書を書き上げられたのは，フロイト以降のこの人たちの支えのおかげです。

　心理療法はプラセボ（擬暗示効果）であると言う人がいます。実は私もこの意見に大まか賛成で，精神分析のような毎日出会うセッションで与えられる長時間の，デイケア同様の構造以外，心理療法はある種の思い込み＝錯覚（プラセボ）の産物です。でも重要なことは，その思い込みを作り出すために細心の配慮が必要であり，その配慮の細部に精神分析や心理療法の技術が隠されているということです。心理療法の技術とは，この細部への配慮そのものだとも言えるでしょう。心理療法の入口の数回の間にしっかりとした基盤となる技術が必要だということが，本書で言いたかったことです。

参考文献

Allport, G. W. (1960) Personality and Social Encounter. Boston: Beacon Press.
Appelbaum, S. (1966) Speaking with the Second Voice:evocativeness. J. Amer. Psychoanal. Assn., 14: 462-477.
Apter, M. (2001) Motivational Styles in Everyday Life: A Guide to Reversal Theory. Washington: APA.
Argelander, H. (1976) Initial Inerview in Psychotherapy. New York: Human Science Press.
Arlow, J. A. (1979) Metaphor and the Psychoanalytic Situation. Psychoanal. Q., 48: 363-385.
—— (1995) Stilted Listening: Psychoanalysis As Discourse. Psychoanal. Q., 64: 215-233.
Aron, L. (1996) A Meeting of Minds: Mutuality in Psychoanalysis. Hillsdale: Analytic Press.
Balint, M. (1959)『スリルと退行』中井久夫・滝野功・森茂起訳, 岩崎学術出版社, 1991年.
Baranger, W. & Barnger, M. (2009) The Work of Confluence. London: Karnac Books.
Bateson, G. (1972)『精神の生態学』佐藤良明訳, 新思索社, 2000年.
Beres, D. (1957) Communication in psychoanalysis and in the creative process: a parallel American Psychoanal. Assn. 5: 408-423.
Bettelheim, B. (1982)『フロイトとその魂』藤瀬淳子訳, 法政大学出版局, 1983年.
Beutler, L. E. & Clarkin, J. F. (1990) Systematic Treatment Selection: Toward Targeted Therapeutic Intervention. New York: Brunner/Mazel.
Bibring, E. (1954) Psychoanalysis and the dynamic psychotherapy. J. Amer. Psychoanal. Assn., 2: 747-770.
Billing, J. A & Stoeckle, J. D. (1999)『臨床面接技法——患者との出会いの技』日野原重明, 福井次矢監訳, 医学書院, 2001年.
Bion, W. (1967)『再考：精神病の精神分析』松木邦裕・中川慎一郎訳, 金剛出版, 2007年.
Bion, W. (1977)『精神分析の方法1, 2』福本修他訳, 法政大学出版局, 1999年, 2000年.
Birdwhistell, R. L. (1959) Contributions of linguistic-kinesic studies to the understanding of schizophrenia Schizophrenia, ed. A. Auerback New York: Ronald Press.
Blakman, J. S. (2004) 101 Defenses. New York: Brunner-Routledge.

Bloom, H. (1982)『アゴーン』高市順一郎訳, 晶文社, 1986年.
Bollas, C. (1987)『対象の影』館直彦訳, 岩崎学術出版社, 2009年.
―― (1999)『精神分析という経験』館直彦・横井公一監訳, 岩崎学術出版社, 2004年.
―― (2009) The Infinite Question. London: Routledge.
―― (2009) The Evocative Object World. London: Routledge.
Borbely, A. F. (1998) A Psychoanalytic Concept of Metaphor Int. J. Psycho-Anal., 79: 923-936.
Brazil, D. (1975) Discourse Intonation. Discourse Analysis Monograph1. London:University of Birmingham.
―― (1985) The communicative value of intonation in English. Discourse Analysis Monograph 8. London: University of Birmingham.
Brenner, C. (1979) Working Alliance, Therapeutic Alliance, And Transference. Journal of the American Psychoanalytic Association 27S: 137-157.
Busch, F. (1995) The Ego at the Center of Clinical Technique. New York: Jason Aronson.
―― (1998) Rethinking Clinical Technique. New York: Jason Aronson.
Butler, J. (1962) On the naturalistic definition of variables: an analogue of clinical analysis Research in Psychotherapy 2: 178-205, Washington: Psychol. Assn.
Byrne, G. and Long, B. E. (1976) Doctors Talking to Patients. New York: Her Majesty's Stationary Office.
Byrne, R & Whiten, A. (1988)『マキャベリ的知性と心の理論の進化論』藤田和生他監訳, ナカニシヤ出版, 2004年.
Casement, P. (1985)『患者から学ぶ』松木邦裕訳, 岩崎学術出版社, 1991年.
Chapman, A. H. (1978)『サリヴァン治療技法入門』作田明監訳, 星和書店, 1995年.
Chassell, J. O. (1955) Psychoanalysis and Psychotherapy. J. Amer. Psychoanal. Assn., 3: 528-533.
Coltart, N. (1993)『精神療法家として生き残ること』館直彦監訳, 岩崎学術出版社, 2007年.
土居健郎 (1977)『方法としての面接：臨床家のために』医学書院.
Edelson, M. (1975) Language and Interpretation in Psychoanalysis. New York: Chicago Press.
Ehrenberg, D. B. (1992) The Intimate Edge: Extending the Reach of Psychoanalytic Interaction. New York: W. W. Norton.
Eissler, K. (1953) The effect of the structure of the ego on psychoanalytic technique. J. Amer. Psychoanal. Assn., 1: 104-143.
Eissler, K. R. (1965) Medical Orthodoxy and the Future of Psychoanalysis New York: International Universities Press.
Ellman, S. J. & Moskowitz, M. (1998) Enactment: Toward a New Approach to the Therapeutic Relationship New York: Jason Aronson.
Enckell, H. (1999) Transference, metaphor and the poetics of psychoanalysis. Scand. Psychoanal. Rev., 22: 218-238.
Entralgo, P. L. (1969)『医者と患者』榎本稔訳, 平凡社, 1983年.

Etchegoyen, R. H. (1991) The Fundamentals of Psychoanalytic Technique. London:Karnac books.
Fairbairn, W. R. D. (1952) Psychoanalytic Studies of the Personality. London: Tavistock Publications.
Farber, D. J. (1953) Written Communication in Psychotherapy. Psychiatry 16: 365-373, 1953.
Ferro, A. (2005) Seeds of Illness, Seeds of Recovery. Hove: Brunner-Routeledge.
Fink, B. (1999)『ラカン派精神分析入門』中西之信他訳,誠信書房,2008 年.
Fishers, S. & Greenberg, R. P. (1985) The Scientific Credibility of Freud's Theories and Therapy. New York: Columbia University press.
Flanders, S. eds. (1993) The Dream Discourse Today. London: Routeledge.
Fliess, R. (1942) The Metapsychology of the analyst. Psychoanalytic Quarterly 11: 211-277.
Fonagy, I. (1983) La Vive Voix. Paris:Payot.
Fonagy, P. et al. (2002) Affect Regulation, Mentalization and the Development of the Self. New York: Other Press.
Fosshage, J. L. (1983) The psychological function of dreams: a revised psychoanalytic perspective. Psycho-analysis and Contemporary Thought. 6: 641-69.
Foucault, M. (1966)『言葉と物――人文科学の考古学』渡辺一民・佐々木明訳,新潮社,1976 年.
Foulkes, D. (1985) Dreaming: A Cognitive-Psychological Analysis. New Jersey:Laurence Erlvaum.
Freud, A. (1981) Insight: Its Presence and Absence as a Factor in Normal Development. Psychoanal. St. Child, 36: 241-249.
Freud, S. (1913)「分析治療の開始について」小此木啓吾訳『フロイト著作集 9』人文書院,1983 年.
Friedman, L. (1988) The Anatomy of Psychotherapy. Hillside: Analytic Press.
Frye, N. (1957)『批評の解剖』海老根宏他訳,法政大学出版局,1980 年.
藤山直樹 (2003)『精神分析という営み』岩崎学術出版社.
福本修 (2005)「心的外傷の行方」森茂起編『埋葬と亡霊』人文書院.
Garma, A. (1955) Vicissitudes of the Dream Screen and the Isakower Phenomenon. Psychoanal. Q., 24: 369-382.
Gentner, D. (1982) Are scientific analogies metaphors? in Brighton, D. M. eds (1982) Problems and Perspectives. Harvester Press.
Gill, M. M. (1951) Ego psychology and psychotherapy. Psychoanal. Q., 20: 60-71.
—— (1954) Psychoanalysis and exploratory psychotherapy. J. Amer. Psychoanal. Assn., 2: 771-797.
—— (1984) Psychoanalysis and Psychotherapy: A Revision. Int. R. Psycho-Anal., 11: 161-179.
—— (1984) Robert Langs on Technique: A Critique. in Raney, J. (1984) Listening and Interpreting. New York: Jason Aronson.
—— (1994) Psychoanalysis in transition. New York: Jason Aronson.

Gill, M. M. & Hoffman, I. Z. (1982) Analysis of Transference. Vol. 1. 2. New York: International Universities Press.

Gill, M. M., Newman, R., Redlich, F. (1954) The Initial Interview in Psychiatric Practice. New York: International Universities Press.

Glaver, E. (1955) The Technique of Psycho-Analysis. Madison: International Universities Press.

Glucksman, M. L. & Silas, L. W. eds. (1987) Dreams in New Perspective: Royal Road Rivised. New York: Human Sciences.

Goldberger, M. eds. (1996) Danger and Defence: The Technique of Close Process Attention. Northvale: Jason Aronson.

Gray, P. (1994) The Ego and Analysis of Defense. Northvale: Jason Aronson.

Greenson, R. (1967) The Techuiqe and Practice of Psychoanalysis. New York: International Universities press.

── (2004) The Techuiqe and Practice of Psychoanalysis. Vol. 3. New York: International Universities press.

Grinberg, L. (1966) The Relationship between obsessive Mechanism and a state of self disturbance: Depersonalization. Int. Jou. of Psychoanalysis 47: 177-186.

Grünbaum, A. (1984) The Foundation of Psychoanalysis. New York: Univ. of California Press.

Haley, J. (1963) Strategies of Psychotherapy. New York: Grune.

── (1973) Uncommon Therapy. New York: Norton.

Hanson, N. R. (1970) 『知覚と発見』野家啓一訳，紀伊国屋書店，1982年．

長谷川啓三編 (2005)『現代のエスプリ，臨床の語用論1, 2』至文堂．

Heinmann, H. (1950) On Counter-transference. Int. J. Psycho-Anal., 31: 81-84.

東豊 (1997)『セラピストの技法』日本評論社．

Hobson, J. A. (1988)『眠りと夢』井上昌次・河野栄子訳，東京化学同人社，1991年．

Hoffer, A. & Young, V. R. (2003) Is free association still at the core of psychoanalysis? Int. J. Psycho-Anal., 85: 1489-92.

Hughes, J. (2004) From Obstacle to Ally: The Evolution of Psychoanalytic Practice. London: Brunner-Routledge.

Humphrey, N. (1986)『内なる目』垂水雄二訳，紀伊国屋書店，1993年．

Hunt, H. T. (1989) The Multiplicity of Dreams: Memory, Imagination, and Consciousness. New Haven: Yale University.

飯森真喜雄 (1982) 精神分裂病と詩歌（第1報）──俳句を用いた慢性分裂病患者に対する治療的接近の試み．芸術療法 9: 95-103.

── (1986) 詩歌療法における導入技法と治療的諸問題．芸術療法 17: 93-98.

Isakower, O. (1939) On the Exceptional Position of the Auditory Sphere. Int. J. Psychoanal. XX pp. 340-348.

岩崎徹也他編 (1990)『治療構造論』岩崎学術出版社．

Joseph, E. D. & Wallerstein, R. S. (1982) Psychotherapy: Impact on Psychoanalytic Training. New York: International Universities Press.

貝谷久宣 (1997)『脳内不安物質』講談社ブルーバックス.
神尾昭雄 (1990)『情報のなわ張り理論』大修館書店.
神田橋條治 (1984)『精神科診断面接のコツ』岩崎学術出版社.
狩野力八郎他 (2004)『日常診療でみる人格障害——分類・診断・治療とその対応』三輪書店.
——(2005)『重症人格障害の臨床研究』金剛出版.
Kanzer, M. (1972) Superego Aspects of Free Association and the Fundamental Rule. J. Amer. Psychoanal. Assn., 20: 246-266.
Kepecs, J. G. (1952) A Waking Screen Analogous to the Dream Screen. Psychoanal. Q., 21: 167-171.
Kernberg, O. (1982) To Teach or Not to Teach Psychotherapy Techniques in Psychoanalytic Education. In Joseph, E. D. & Wallerstein, R. S ibd.
木村敏 (1979)『人と人とのあいだ』弘文堂.
北山修 (1985)「文字通りの経験が比喩になる過程——「橋架け」の過程」『精神分析研究』29 巻, 第三号.
——(1989)「創造と解釈」北山修・妙木浩之編『言葉と精神療法（現代のエスプリ 264）』至文堂.
——(1988)『心の消化と排泄』創元社.
——(1993)『自分と居場所』岩崎学術出版社.
——(2001)『幻滅論』みすず書房.
——(2005)『共視論』講談社.
Klauber, J. (1981) Difficulties in Analytic Encounter. Northvale: Jason Aronson.
Kleiger, M. J. P. (2002) Beginnings: The Art and Science of Planning Psychotherapy 2nd. New York: Analytic Press.
Koestler, A. & Smythies, J.R. ed. (1969)『還元主義を超えて』池田善昭訳, 工作舎, 1984 年.
Kohon, G. ed. (1999) The Dead Mother: The work of Andre Green. London: Routledge.
Kohut, H. (1969) Introspection, empathy and psychoanalysis. J. Am. Psychoanal. Assoc. 7: 459-482.
古澤平作 (1958)『精神分析的理解のために』日吉病院精神分析学研究室.
Kris, E. (1950) On preconscious mental processes. Psychoanal. Q. 19: 540-560.
Kris, E. (1952) Psychoanalytic Explorations in Art New York: International Universities Press.
Kris, A. O. (1982)『自由連想』神田橋條治他訳, 岩崎学術出版社, 1987 年.
国分康孝 (1982)『カウンセリングと精神分析』誠信書房.
Labov, W. and Franshel, D. (1977) Therapeutic Discourse. Oxford: Academic Press.
Laforgue, R. (1937) Exceptions to the Fundamental Rule of Psycho-Analysis. Int. J. Psycho-Anal., 18: 35-41.
Lakoff, G. & Johnson, M. (1980)『レトリックと人生』渡部昇一他訳, 大修館書店, 1986 年.
——(1998)『肉中の哲学』計見一雄訳, 哲学書房, 2004 年.

Langs, R. (1973, 1974) The Technique of Psychoanalytic Psychotherapy, vol. 2. Northvale: Jason Aronson.
―― (1976) The Bipersonal Field. Northvale: Jason Aronson.
―― (1978) The Listening Process. Northvale: Jason Aronson.
―― (1978) The Technique in Transition. Northvale: Jason Aronson.
―― (1982) The Psychotherapeutic Conspiracy. Northvale: Jason Aronson.
―― (1985) Madness and Cure. New Jergy: Newconcept.
―― (1988)『ラングス精神療法入門』妙木浩之監訳,金剛出版,1997 年.
―― (1988) Decoding Your Dreams: A Revolutionary Technique for Understanding Your Dreams. New York: Ballantine Books.
Laplanche, J & Pontalis, J.-B. (1967)『精神分析用語辞典』村上仁監訳,みすず書房,1977 年.
Leedy, J. J. (1965) Poetry the Healer. Philadelphia: Lippincott Press.
Lemma, A (2003) Introduction to the Practice of Psychotherapy. West Sussex: Wily & Sons.
Levy, R & Ablon, J .S. (2009) Handbook of Evidence-Based Psychodynamic Psycho-therapy: Bridging the Gap Between Science and Practice New York: Human Press.
Lewin, B. D (1946) Sleep, the Mouth, and the Dream Screen. Psychoanal. Q., 15: 419-434.
―― (1948) Inferences from the Dream Screen. Int. J. Psycho-Anal., 29: 224-231.
―― (1954) Sleep, Narcissistic Neurosis, and the Analytic Situation. Psychoanal. Q., 23: 487-510.
―― (1958) Dreams and the Uses of Regression. New York: International University press.
Lichtenberg, G. C. (1771–1779) Aphorismen. Berlin: Manesse.
Lichtenberg, J. D. & Galler, F. B. (1987) The Fundamental Rule: A Study of Current Usage. J. Amer. Psychoanal. Assn., 35: 47-76.
Little, M (1990)『ウィニコットとの精神分析の記録――精神病水準の不安と庇護〔新版〕』神田橋條治訳,岩崎学術出版社,2009 年.
Livingston-Smith, D. (1991) Hidden Conversations: An Introduction to Communicative Psychoanalysis. London: Routledge.
Loewald, H. W. (1960) On the therapeutic action of psychoanalysis. Int. J. Psychoanal. 41: 1-18.
Loewenstein, R. M. (1956) Some remarks on the role of speech in psychoanalytic technique. Int. J. Psychoanal. 37: 460-467.
Low, B. (1935) The psychological compensations of the analyst. Int. J. Psychiat. 16: 1-8.
前田重治 (1976)『図説精神分析』誠信書房.
Mahony, P. J. (1982)『フロイトの書き方』北山修監訳,誠信書房,1996 年.
―― (1986) Freud and The Rat Man. New Haven: Yale Univ. Press.
―― (1987) Psychoanalysis and Discourse. London: Tavistock Publication.
Mannoni, M. (1967) L'enfant, sa "maladie" et les autres. Paris: Seuil.
Markman, E. M. (1989) Categorization and Naming in children. Oxford: MIT press.
Maroda, K. J. (2010) Psychodynamic Techniques: Working with Emotion in the Therapeutic Relationship. New York: Guilford Press.

丸山圭三郎 (1992)『生の円環運動』紀伊国屋書店.
松木邦裕 (1998)『分析空間での出会い』人文書院.
―― (2005)『私説 精神分析的精神療法入門』金剛出版.
松尾太加志 (1999)『コミュニケーションの心理学』ナカニシヤ出版.
Matte-Blanco, I. (1988)『無意識の思考――心的世界の基底と臨床の空間』岡達治訳, 新曜社, 2004 年.
McCulloch, G. (1989) The Game of the Name. Oxford: Clarendon Press.
McCullough, L. (2003) Treating Affect Phobia: A Manual for Short-Term Dynamic Psychotherapy. New York: Guilford Press.
McLaughlin, J. T. (1975) The Sleepy Analyst: Some Observations on States of Consciousness in the Analyst at Work. J. Amer. Psychoanal. Assn., 23: 363-382.
McQuown, N. (1957) Linguistic transcription and specification of psychiatric interview materials. Psychiatry 20: 79-86.
McWilliams, N. (1999)『ケースの見方・考え方――精神分析的ケースフォーミュレーション』成田善弘監訳, 創元社, 2006 年.
Meissner, W. W. (1996) The Therapeutic Alliance. New Haven, CT and London: Yale Univ. Press.
Meltzer, D. (1992) Claustrm: An Investigation of Claustrophobic Phenomena. London: Karnac Books.
Menninger, K. (1952) A Manual for Psychiatric Case Study. New York: Gune & Stratton.
―― (1958)『精神分析技法論』小此木敬吾・岩崎徹也訳, 岩崎学術出版社, 1969 年.
Merlau-ponty, M. (1967)『シーニュ 1, 2』竹内芳郎監訳, みすず書房, 1969 年, 1970 年.
Milner, M. (1952) Aspects of symbolism in comprehension of the not-self Int. J. Psychoanal. 33: 181-195.
―― (1950) On Not Being Able to Paint. London: Heineman.
―― (1969) The Hands of the Living God. London: Hogarth Press.
―― (1987) Suppressed Madness of Sane Men: Forty-Four Years of Exploring Psychoanalysis. London: Routledge.
Minkowski, E. (1927)『精神分裂病』村上仁訳, みすず書房, 1988 年.
Modell, A. H. (1997) Reflections on Metaphor and Affects. Annual Psychoanal., 25: 219-233.
Moore, B. E. & Bernard, D. F. eds. (1990) Psycho-analysis: the Major Concepts. New Haven: Yale University Press.
毛利可信 (1980)『英語の語用論』大修館書店.
守屋直樹・皆川邦直編 (2007)『精神分析的診断面接のすすめかた』岩崎学術出版社.
Morrison, M. R. ed. (1987) Poetry as Therapy. New York: Human Science Press.
妙木浩之 (1994)「『なるほど』について」日本語臨床研究会第一回大会発表.
―― (1995)「臨床的な談話の分析」日本語臨床研究会第二回大会発表.
―― (1989)「『心の治療』のための『言葉』」『こころの健康』(日本精神衛生学会) 第 4 巻 2 号, 30–36 頁.
―― (1991)「メタ心理学の言葉：Bion, W. の言語表現について」『精神分析研究』第 35 巻 3 号, 68–75 頁.

―― (1992)「『心』の日常言語論のために」北山修責任編集『イマーゴ特集号：ことばの心理学』26-41 頁.
―― (1995)「精神療法における『声』」『季刊心理臨床』第 8 巻 4 号，237-42 頁.
―― (2000)『好きで嫌いで好き』NHK 出版.
―― (2001)『フロイト入門』ちくま新書.
―― (2003)「フロイト - クライン論争の臨床的意義」久留米大学文学部心理学科・大学院心理学研究科紀要，第二号，77-87 頁.
―― (2003)『「心の居場所」の見つけ方』講談社.
―― (2004)『エディプス・コンプレックス論争』講談社メチエ.
―― (2004)「メール・コミュニケーションの視点から見た精神分析」『精神療法』第 29 巻 2 号，金剛出版.
―― (2005)『精神分析における言葉の活用』金剛出版.
長山恵一 (2001)『依存と自立の精神構造』法政大学出版局.
中井久夫 (1976)「"芸術療法" の有益性と要注意点」芸術療法 7: 56-59.
―― (1980)『分裂病と人類』東京大学出版会.
―― (1982)『精神科治療の覚書』日本評論社.
―― (1985)『精神医学の経験 1 分裂病』岩崎学術出版社.
中安信夫 (1990)『初期分裂病』星和書店.
成田善弘 (2005)『治療関係と面接――他者と出会うということ』金剛出版.
成瀬悟策編著 (1972)『催眠療法』岩崎学術出版社.
日本プライマリ・ケア学会編 (2004)『診療の質を高める外来でのこの一言！』日本医事新報社.
西坂仰 (2001)『心と行為』岩波書店.
西園昌久 (1967)『薬物精神療法』医学書院.
―― (1983)『精神分析治療の展開』金剛出版.
Ogden, T. (1982) Projective Identification and Psychotherapeutic Technique, New York: Aronson.
―― (1993)『こころのマトリックス』狩野力八郎監訳，藤山直樹訳，岩崎学術出版社，1996 年.
―― (1997)『もの想いと解釈』大矢泰士訳，岩崎学術出版社，2006 年.
岡野憲一郎 (1999)『新しい精神分析理論』岩崎学術出版社.
―― (2002)『中立性と現実――新しい精神分析理論 2』岩崎学術出版社.
小此木啓吾 (1957)「第一次操作反応研究の意義」『精神分析研究』Vol. 4. No. 3: 1-16.
―― (1990)「治療構造論序説」『治療構造論』岩崎学術出版社.
―― (2002)『現代の精神分析』講談社.
小此木啓吾・馬場禮子 (1989)『精神力動論〔新版〕』金子書房.
Olnick, S. (1980) The Psychotherapeutic Instrument. Northvale: Jason Aronson.
大庭健 (1990)『はじめての分析哲学』産業図書出版.
Ormeland, J. (1991) Interpretation and Interaction: Psychoanalysis or Psychotherapy? New York: Analytical Press.
Ornston, D. G. (1988) How Standard is the 'Standard Edition'? In Timm, E. and Segal, N.

(eds.) Freud in Exile. New York: Yale Univ. Press.
Palombo, S. R. (1992) The egos of dreaming. International Journal of Psychoanalysis. 73: 637-646.
PDM Task Force (2006) Psychodynamic Diagnostic Manuel. Silver Spring, MD: Alliance of Psychoanalytic Organization.
Peterfrund, E. (1983) The process of psyhoanalytic therapy. New Haven: Analytic press.
Pizer, S. A. (1996) Building Bridges: The Negotiation of Paradox in Psychoanalysis. Hillsdale: Analytic Press.
Pollner, M. (1982)『エスノメソドロジー』山田富秋他編訳, せりか書房, 1987年.
Pulver, S. E. (1990) The technique of psychoanalysis proper. In Moore, B. E. & Bernard, D. F. eds. (1990) Psycho-analysis: the Major Concepts. New Haven: Yale University Press.
Quinodoz, D. (2002) Words that touch: A Psychoanalyst learns to speak. London: Karnac books.
Rachman, A. W. (1997) Sandor Ferenczi: The psychotherapist of Tenderness and Passion. Northvale: Jason Aronson.
Rapaport, D. (1950) On the psychoanalytic theory of thinking. Int. J. Psychoanal. 31: 1-10.
Reid, J. & Finesinger, J. (1952) The role of insight in psychotherapy. Am. J. Psychiat. 108: 726-734.
Reik, T. (1936) Surprise and the Psycho-Analyst: On the Conjecture and Comprehension of Unconscious Process. London: Routledge.
―― (1948) Listening With the Third Ear. New York: Farrar, Straus.
Richfield, J. (1954) An analysis of the concept of insight. Psychoanal. Q. 23: 390-408 1954.
Roazen, R. eds, Erickson, M. (1982) My Voice Will go with you. New York: Norton.
Rousey, C. & Moriarity, A. (1965) Diagnostic Implications of Speech Sounds. Springfield: Thomas.
Rogers, R. (1978) Metaphor—A Psychoanalytic View. Berkley: University of California Press.
Ruesch, J. (1961) Therapeutic Communication. New York: Norton Books.
Rycroft, C. (1951) A Contribution to the Study of the Dream Screen. Int. J. Psycho-Anal., 32: 178-184.
Rycroft, C. (1968)『想像と現実』神田橋條治・石川元訳, 岩崎学術出版社, 1979年.
―― (1979) The Innocence of Dreams. New York: Pantheon Books.
Ryle, A. (1990) Cognitive Analytic Therapy: Active Participation in Change, Chichester: Wiley.
Ryle, G. (1949)『心の概念』坂本百大・宮下治子・服部裕幸訳, みすず書房.
Safran, J. (2005) Therapeutic Alliance in brief dynamic psychotherapy.
Safran, J. & Muran, J. C. (2000) Negociating The Therapeutic Alliance. New York:Guilford Press.
Sandler, J. et al. (1992)『患者と分析者〔第2版〕』藤山直樹・北山修監訳, 誠信書房, 2005年.
佐々木正人・三島博之編 (2005)『生態心理学の構想――アフォーダンスのルーツと尖

端』東京大学出版会.
Satir, V. (1972/1990) People making. New York: Souvenir Press Ltd.
佐藤悦子 (1986)『家族内コミュニケーション』勁草書房.
佐藤啓二・高橋徹 (1996)『パニック障害の心理的治療法：理論と実際』ブレーン出版.
サトウタツヤ・渡辺茂之 (2005)『「モード性格」論』紀伊国屋書店.
沢田允茂 (1975)『認識の風景』岩波書店.
Schafer, R. (1968) Aspects of Internalization. New York: International Universities Press.
—— (1973) The idea of resistance. Int. J. Psycho-Anal., 54: 259-2285.
—— (1976) A New Language for Psychoanalysis. New Haven: Yale University.
—— (1978) Language and Insight. New Haven: Yale University Press.
—— (1981) Narrative actions in psychoanalysis: Heinz Werner Lecture series 14. Worcester, MA: Clark University Press.
—— (1983) Analytical Attitude. New York: Basic Books.
—— (1992) Retelling a Life. New York: Basic Books.
—— (2002) Insight and Interpretation. New York: Other Press Book.
Scheff, Th. J. (1974)『狂気の烙印』市川孝一・真田孝昭訳, 誠信書房, 1979 年.
Searles, H. F. (1965) Collected Papers on Schizophrenia and Related Subjects. London: Hogarth Press.
Sedgwick, D. (1994) Wounded Healer Countertransference From a Jungian Perspective. London: Taylor & Francis Ltd.
Segal, H. (1991)『夢, 幻想, 芸術』新宮一成他訳, 金剛出版, 1994 年.
Shafton, A. (1995) Dream Reader: Contemporary Approaches to Understanding of Dreams. New York: State University of New York.
Shannon, C. & Weaver, W. (1949) The Mathematical Theory of Communication. Urbana: Ill.: University of Illinois Press.
Shapiro, Th. (1979) Clinical Psycholinguistic. New York: Pleum Press.
Sharpe, E. F. (1937) Dream Analysis: A Practical Handbook for Psychoanalysis. London: Hogarth.
—— (1940) Psycho-Physical Problems Revealed in Language: An Examination of Metaphor. Int. J. Psycho-Anal., 21: 201-213.
—— (1948) An Examination of Metaphor. In Fliess, R. ed (1984) The Psychoanalytic Reade. Madison: International Universities Press.
霜山徳爾 (1968)『人間の詩と真実』中公新書.
—— (1977)『人間へのまなざし』中公叢書.
—— (1985)『黄昏の精神病理学——マーヤの果てに』産業図書.
新宮一成 (2000)『夢分析』岩波新書.
—— (2004)『精神分析を学ぶ人のために』世界思想社.
Sluzki, C. E. and Veron, E. (1976) The Double Bind as a Universal Pathogenic Situation. In Sluzki, C. E. eds. (1976) Double Bind. New York: Grune & Stratton.
Smith, D. (1974)「K は精神病だ」山田富秋他編訳『エスノメソドロジー』せりか書房, 1987 年.

Solomon, M. F. (2001) Short-Term Therapy for Long-term Change. New York: W. W. Norton & Company.
Spence, D. (1982) Narrative Truth and Histrical Truth. New York: W. W. Norton.
—— (1987)『フロイトのメタファー』妙木浩之訳,産業図書,1992年.
Spence, D. (1994) The Rhetorical Voice of Psychoanalysis: Displacement of Evidence by Theory. Cambridge: Harvard University Press.
Sproull, L & Keisler, S. (1992)『コネクションズ——電子ネットワークで変わる社会』加藤丈夫訳,アスキー.
Stekel, W. (1913) The Interpertation of Dreams New Developments and Techniques. New York: Liveright. 1943.
Sterba, R. (1934) The Fate of the Ego in Analytic Therapy. Int. J. Psycho-Anal., 15: 117-126.
—— (1940) The Dynamics of the Dissolution of the Transference Resistance. Psychoanal. Q., 9: 363-379.
Stone, L. (1951) Psychoanalysis and brief psychotherapy. Psychoanal. Q., 20: 215-236.
—— (1954) The widening scope of indications for psychoanalysis. J. Amer. Psychoanal. Assn., 2: 567-594.
—— (1967) The psychoanalytic situation and transference. Postscript to an earlier communication. J. Amer. Psychoanal. Assn., 34: 128-138.
—— (1984) Transference and Its Context: Selected Papers on Psychoanalysis. Northvale: Jason Aronson Inc.
Strachey, J. (1934) The Nature of the Therapeutic Action of Psycho-Analysis. Int. J. Psycho-Anal., 15: 127-159.
菅野盾樹 (1985)『メタファーの記号論』勁草書房.
杉藤美代子 (1989)「談話におけるポーズとイントネーション」『講座:日本語と日本語教育』第二巻,明治書院.
Sullivan, H. S. (1953)『精神医学的面接』中井久夫他訳,みすず書房,1985年.
—— (1953)『現代精神医学の概念』中井久夫他訳,みすず書房,1976年.
Sulloway, F. (1979) Freud, Biologist of the Mind. London: Burnett Books.
鈴木聡子 (2009)「PDMの臨床的な可能性」妙木浩之編『自我心理学の新展開』ぎょうせい.
Szigeti, J. (1963) Composer, conflict, and audience Conflict and Creativity. New York: McGraw-Hill.
高取憲一郎 (1994)『ヴィゴツキー・ピアジェと活動理論の展開』法政大学出版局.
Tarachow, S. (1965) Ambiguity and human imperfection. American Psychoanal. Assn. 13: 85-101.
Thass-Thienemann, T. (1963) Psychotherapy and linguistics Topic. Probl. Psychother. 4 37-45.
Todorov, T. (1984)『バフチン,対話の原理』大谷尚文訳,法政大学出版局,2001年.
十川幸司 (2000)『精神分析への抵抗』青土社.
内海晃 (1979)「医療場面における言語活動の問題」三谷惠一・菅俊夫編『医療と看護の心理学』ナカニシヤ出版.

Veszy-Wagner, L. (1961) The Analytic Screen: An Instrument or an Impediment in the Psycho-Analytic Technique. Int. J. Psycho-Anal., 42: 32-42.
Wachtel, P. L. (1993)『心理療法家の言葉の技術』杉原保史訳,金剛出版,2003年.
Waelder (1956) Introduction to the Discussion on Problems of Transference. Int. J. Psycho-Anal., 37: 367-368.
若島孔文 (2001)『コミュニケーションの臨床心理学』北樹出版.
若島孔文 (2004)『脱学習のブリーフセラピー――構成主義に基づく心理療法の理論と実践』金子書房.
Wallerstein, R. S. (1998) The Talking Cures: The Psychoanalyses and the Psychotherapies. New Haven: Yale University Press.
和辻哲郎 (1935)『風土』岩波書店.
Watzlawick, P., Jackson,D., & Bearin, J. (1967) Pragmatics of human communication. New York: Norton.
Weiner, M. F. (1983) Therapist Disclosure: The Use of Self in Psychotherapy. New Yrok: Univ Park Press.
Weiszäcker, V. (1975)『ゲシュタルトクライス』木村敏・濱中淑彦訳,みすず書房,1995年.
Wiethaeuper, D., Bouchard, M. & Rosenbloom, S. (2004) Linguistic styles and complementarities in analyzing character. Int. J Psychoanalysis. 85: 1455-76.
Winnicott, D. W. (1958)『小児医学から精神分析へ』北山修監訳,岩崎学術出版社,2005年新版.
―― (1965)『情緒発達の精神分析理論』牛島定信訳,岩崎学術出版社,1977年.
―― (1971a)『遊ぶことと現実』橋本雅雄訳,岩崎学術出版社,1980年.
―― (1971b) Therapeutic consultation in child psychiatry. New York: Basic Books.
―― (1986)『抱えることと解釈』北山修訳,岩崎学術出版社,1995年.
Wolf, E. S. (1988)『自己心理学入門――コフート理論の実践』安村直己・角田豊訳,金剛出版.2001年.
Wollheim, R & Hopkins, J. eds. (1981) Philosophical essays on Freud. Cambridge University Press.
Zeig, J. K. (1980)『ミルトン・エリクソンの心理療法セミナー』成瀬悟策監訳,宮田敬一訳,星和書店,1984年.
Zilboorg, G. (1952) The Emotional Problem and the Therapeutic Role of Insight. Psychoanal. Q., 21: 1-24.

索 引

あ行

ICD-10　*123*
悪循環　*94*
アプター，M.　*22*
アレキサンダー，F.　*110*
安心操作　*55*
EMDR　*2, 81, 193*
位置　*59*
一級症状　*137*
陰性転移　*121*
インフォームド・コンセント　*3*
ウィニコット，D.W.　*1, 3, 9, 10, 22, 25, 89, 112, 119, 120, 136, 173~183*
WAIS（WISC）　*147*
上田閑照　*51*
うつ　*80*
エヴィデンス　*144*
ADHD　*59*
エゴグラム　*147*
SCT　*147*
エディプス・コンプレックス　*13*
オグデン，T.　*120*
オクノフィリック　*21*
小此木啓吾　*34~36, 78, 85, 86, 147, 193*
おしゃべりな人　*32*
驚き　*46*
オハンロン，B.　*40*
終わり　*188*

か行

絵画療法　*89*
解決志向療法　*80*
外傷　*134*
外傷性精神障害　*135*
解離性同一性障害　*135*
家族画　*147*
関係　*186*

関係性　*82*
神田橋條治　*58, 59, 125*
緘黙症　*115*
北山修　*3, 10, 34~36, 48, 193*
基本原則　*101*
逆転移　*99, 121*
逆転理論　*22*
共視論　*48*
強迫　*80*
去勢　*189*
ギル，M.　*44, 158, 171*
緊急対応　*128*
緊張　*69*
クライン，M.　*18, 38, 46, 88, 89*
グリーン，A.　*133*
グリーンソン，R.　*44*
グレイ，P.　*105, 106, 164*
クレッチマー，O.　*62~64*
訓練分析　*193*
傾聴　*64*
ケストラー，A.　*11*
幻聴　*137*
合意　*68, 71*
抗うつ剤　*131*
構造と設定　*33, 56*
行動化　*106, 119*
行動療法　*2*
交流　*82*
ゴールドバーガー，M.　*105, 106*
コルタート，N.　*144*

さ行

細部のプロセスへの注目　*105*
作業同盟　*42*
佐々木時雄　*22*
サティア，V.　*63~65*
佐藤啓二　*17*
サリヴァン，H.S.　*55, 71, 110, 125,*

140, 170
死　189
シェルドン，W. H.　63
志賀直哉　12
時間制限療法　189
自己開示　88
自己分析　151
自殺　129
思春期　14
姿勢　66
　——のゼロ地点　66
児童虐待　129, 132
児童相談所　133
霜山徳爾　142
シャープ，E.　121
十牛図　49
修正感情体験　110
自由連想法　87, 151
主訴　40
主体　186
出生　189
症状　78
焦点化　66
情動　163
情動恐怖症　104
初回面接　142, 188
触法　27
自律訓練法　85
自律神経系　53
心身相互作用　54
心理テスト　146, 147
心理力動的な診断マニュアル → PDM
スクィグル　89
　——・ゲーム　174
スクリッブル　89
ステルバ　45
ストレイチー，J.　46
ストロロウ，R.　124
精神医学的ケース研究　143
精神機能　78
精神病　129, 137
精神分析　91, 144, 193

舌圧子　174
設定状況　174
喪失　189
ソーシャルワーカー　133

た行

退行　19
対象　186
対象関係　159
対称性　59
対面法　87
ためらいの段階　174
短期力動心理療法　92, 193
短時間セッション　189
知能検査　147
治療契約　92, 144, 188
治療戦略　92
治療同盟　38, 143
治療の文脈　77
治療様式　75, 172
DSM-IV　123
抵抗　99, 100, 103, 151
デカルト，R.　191
テスト・バッテリー論　143
転移　99, 108, 151
　——の三角形　109, 167, 168
転移神経症　151
土居健郎　22, 143
投影同一化　119
統合失調症　137
トラウマティック・プレイ　132

な行

内観療法　85
内省　44, 82
中井久夫　113, 147
中安信夫　139
夏目漱石　12
認知行動療法　80, 144, 193
認知療法　2
寝椅子　144

は行

場　*186*
パースペクティブ　*44, 96, 97*
パーソナリティ　*78, 79*
迫害的な対象　*15*
場所　*59*
パニック障害　*17*
パニック発作　*155*
馬場禮子　*147*
バランジャー　*125, 145*
バリント，M.　*21, 22, 74*
PTSD　*81*
PDM　*78, 82*
ビオン，W.　*18, 120, 123*
ヒステリー　*79*
独り言　*110, 118*
ビューラー　*113*
費用便益性　*98, 194*
不安　*54, 74, 163*
フィロバティック　*21*
風景構成法　*147*
フェレンツィ，S.　*85, 86*
フェレンツィ的治療態度　*86*
プラセボ　*194*
フリードマン，M.　*16*
ブリーフセラピー　*92, 193*
ブレナー，C.　*38*
フロイト，A.　*88, 103*
フロイト，S.　*14, 34, 42, 45, 52, 85〜87, 100, 102〜104, 121, 126, 142, 144, 150, 151, 163, 188, 189, 194*
フロイト的治療態度　*86*
分析可能性　*92, 97*
文脈　*25, 186*
　治療の――　*77*
分離　*189*
ヘッセ，H.　*12*
別離　*189*
弁証法的行動療法　*2*

防衛　*103, 163*
ボラス，C.　*47, 143, 146*

ま・や行

前田重治　*125*
マキャロー，L.　*104*
マクウィリアムズ，N.　*149*
マクニール，D.　*67*
マッテ-ブランコ，I.　*60*
マラン，D. H.　*103, 109, 160, 167*
マン　*189*
未思考の知　*47*
身振り　*67*
ミンコフスキー，E.　*141*
メニンガー，K.　*143, 148*
物思い　*123*
森田療法　*85*
夢　*181*
抑うつ　*130*
予約　*29*

ら・わ行

ライク，T.　*46, 110*
ラカン，J.　*189*
ラパポート，D.　*143*
ラポール　*41*
ランク，O.　*189*
ラングス，R.　*145, 166, 185*
力動ケースフォーミュレーション　*97, 142*
リフレクティング・チーム　*142*
流離　*22*
料金　*145*
レーウォルド，H.　*110*
レマ，A.　*152*
ロールシャッハ　*147*
ロジャース，C.　*85, 88, 142*
若島孔文　*95*
枠　*145*
和辻哲郎　*9*

著者略歴

妙木浩之（みょうき　ひろゆき）

1987年　上智大学文学研究科博士後期課程満期退学。
　　　　北山研究所，佐賀医科大学助教授，久留米大学文学部助教授を経て現職。

専　攻　臨床心理学・精神分析学

現　職　南青山心理相談室他セラピスト・東京国際大学人間社会学部教授

著　書　『父親崩壊』，『心理経済学のすすめ』（ともに新書館），『こころと経済』（産業図書），『フロイト入門』（ちくま新書），『好きできらいで好き』（日本放送出版協会），『エディプス・コンプレックス論争』（講談社），『精神分析における言葉の活用』（金剛出版），『大人のための精神分析入門』（近刊）他

初回面接入門
―心理力動フォーミュレーション―
ISBN978-4-7533-1006-7

著者
妙木 浩之

2010年9月1日　第1刷発行
2022年5月26日　第4刷発行

印刷　広研印刷(株)　／　製本　(株)若林製本工場

発行所　(株)岩崎学術出版社　〒101-0062　東京都千代田区神田駿河台3-6-1
発行者　杉田　啓三
電話 03(5577)6817　FAX 03(5577)6837
©2010　岩崎学術出版社
乱丁・落丁本はおとりかえいたします　検印省略

精神分析的診断面接のすすめかた
守屋直樹・皆川邦直編
精神分析的な見立てとケースフォーミュレーションの実際を学ぶ

集中講義・精神分析㊤●精神分析とは何か／フロイトの仕事
藤山直樹著
気鋭の分析家が精神分析の本質をダイレクトに伝える

集中講義・精神分析㊦●フロイト以後
藤山直樹著
精神分析という知の対話的発展を語り下ろす待望の下巻

覆いをとること・つけること●〈わたし〉の治療報告と「その後」
北山修著
「抱えること」に貫かれた臨床実践の軌跡とその後

改訂 錯覚と脱錯覚●ウィニコットの臨床感覚
北山修著
ウィニコットを「読みこなし」続け日本語にこだわり続けてきた著者の道標

抱えることと解釈●精神分析治療の記録
D・W・ウィニコット著　北山修監訳
独創的な分析家による綿密・精緻な治療記録

情緒発達の精神分析理論●自我の芽ばえと母なるもの
D・W・ウィニコット著　牛島定信訳
現代精神分析双書第Ⅱ期・2

遊ぶことと現実
D・W・ウィニコット著　橋本雅雄訳
現代精神分析双書第Ⅱ期・4

ウィニコットとの精神分析の記録●精神病水準の不安と庇護
M・リトル著　神田橋條治訳
治療者としてのウィニコットの姿を伝える古典的名著，待望の復刊